2016

Western China Development Review

西部发展评论

杨明洪　主编

民族出版社

目　录

“一带一路”研究

从 GMS 到“一带一路”：云南经济发展合作机制回顾与前瞻

黎尔平*

近二十余年来，云南得到和运用了多种战略合作机制促进经济和社会发展，如何评价和完善这些战略合作机制是一个重要但又很难的问题，因为这些机制是交汇重叠在一起的。已有的研究大多从经济学的自然禀赋等要素进行分析，事实上，从政府及国际合作机制层面分析同样具有很好的解释力。以下便是本文基于政府管理和国际合作机制理论，对云南参与的多种合作机制所进行的分析和未来展望。

一、云南经济发展合作机制的基本情况和作用

首先对战略和机制作一术语阐释。战略（strategy）指在一定时期指导全局的计划和策略；机制（mechanism）是指有机体的构造、功能及其相互关系。将战略和机制连在一起，意味着某一战略制定后被纳入组织机构中，形成了一套制度化的工作程序实施该战略，而战略机制的实现常常需要合作（cooperation）方得实施，故战略与合作机制是合在一起的，很少有不制定实施机制的战略，故本文把战略合作机制简称为合作机制。

根据上面的定义，从 1992 年云南作为中方的主要省份参与到大湄公河次区域经济合作（以下简称 GMS），到 2014 年云南作为国家“一带一路”面向东南亚的桥头堡，22 年来云南一共参与了八种战略合作机制。有鉴于全球经济一体化的时代，一些国内合作机制显然也是涉外的，如云南桥头堡战略是为典型的立足国内向外发展的战略合作机制，故本文把国内合作机制与国外合作机制放在一起讨论。可以把这些战略机制的起始时间、主要目标、涵盖的区域用下表表述：

---

* 黎尔平，昆明理工大学管理与经济学院，教授、博士生导师。研究方向：区域政府管理、国际关系。

表1　云南参与的八种战略机制概况

名称	启动时间	涵盖区域及合作方数量	主要目标
GMS	1992	云桂及湄公河流域5国	交通、能源、电信、环境、农业、人力资源开发、旅游、贸易便利化与投资、禁毒
孟中印缅经济走廊	1999	孟中印缅4国	加强与缅、印、孟三国经贸往来和基础设施建设
西部大开发	2000	中国12个省市	加强西部基础设施建设，缩小东西部差距
泛珠江三角洲合作	2003	港澳和内地9个省	基础设施、产业与投资、商务与贸易、旅游、农业、劳务、科教文化、信息化建设、环保、卫生防疫
云南桥头堡战略	2009	云南和东南亚	中国面向东南亚开放
滇台合作		滇台两省	促进云南与台湾经贸往来和吸引台资
中国—东盟自贸区	2010	中国及东盟10国	促进与东盟10国经贸往来
一带一路	2014	中国和东亚国家	南方丝绸之路向南亚、西亚开放

大量研究和评价上述八个合作机制的文献大都是以合作机制的文本为主线进行的研究，[①] 讨论这些战略合作机制的目的和意义，[②] 以及政府如何抓住机遇贯彻落实等。[③] 伦理学的动机效果论是评价这些机制常用的方法，因为只要是从“善良意志”出发的，不论其是否达到目的和是否产生效果，都不影响它的道德价值。[④] 诚然，云南的经济增长和社会发展与多种因素有关，是多种因素相互作用、重叠交汇在一起的结果。参考已有的研究，本文对上述八个机制所发挥的作用作一总体评价：

第一，云南的地理位置和时空概念正在因为这些合作机制而改变。GMS、云南桥头堡战略和中国—东盟自由贸易区，以及近年开始的孟中印缅经济走廊建设和“一带一路”战略五个涉外合作机制改变了云南的地理位置和时空概念，五个涉外合作机制与三个国内合作机制叠加在一起，涵盖包括北京、港澳台、中国西部六省、东南亚和印度次大陆在内的大半个亚洲，云南从一个边疆省份变成为一个中国走向南亚的桥头堡。若干年后，云南省会昆明市将有可能成为南亚和印度次大陆的国际大都市，这是八个战略合作机制给云南带来的最大变化。

第二，大大加快云南经济和社会发展速度。从西部大开发到桥头堡建设，中央政府对

① 汪阳红：《改革开放以来我国区域协调合作机制回顾与展望》，载《宏观经济管理》，2009（2）。

② 陈迪宇：《云南与“大湄公河次区域经济合作机制”》，载《国际观察》，2008（6）。

③ 毛胜根：《大湄公河次区域合作：发展历程、经验及启示》，载《广西民族研究》，2012（1）。

④ 罗国杰主编：《伦理学》，417～419页，北京，人民出版社，1989。

云南的高速公路、航空和铁路等方面基础设施建设和教育的投入缩小了云南与发达省份的差距，虽然近二十年来云南经济总量一直排在全国中下位置，但基础设施和教育这两大经济发展支柱的长足进步，将为云南今后的发展奠定坚实的基础。

第三，国内和国外合作机制相互承接，融为一体。云南在吸收了西部大开发中从东部转移过来的产业和技术后，又将这些产业和技术推广到南亚。与此同时，云南自 1992 年参与的 GMS “在交通、能源、农业、旅游、贸易与投资、环保、人力资源开发、禁毒和替代种植等多个领域都取得了卓有成效的合作成果”①，与境外的合作反过来促进国内市场机制的更为规范化，形成一种倒逼机制，从而促使云南经济发展模式按国际化的高标准要求自己。

第四，在上述八个战略合作机制的作用下，云南各方面的基础设施的改善吸引了大量浙江、广东、福建、港澳台等全国各地的商人以及日本和欧美企业到云南寻找机会，投资办厂。云南在向东南亚开放的同时，也在向国内资本和技术雄厚的省份开放，云南的自然和人力资源因为外地商人的到来而得到开发。

最后，与 GMS 五国和印度进行了广泛的文化交流。云南接受了大量来自 GMS 和印度的留学生，各种丰富多样的文化交流活动为云南和中国走向南亚和印度奠定了良好的文化基础，文化成为中国政府实施“一带一路”中的陆上丝绸之路的友好使者。

二、云南经济发展合作机制的不足之处

上述八种战略合作机制自然存在着不足之处，特别是实施多年进展不大的合作机制，其不完善之处已凸显出来。本文将结合合作机制的相关理论，通过对合作机制要素和作用机理分析，综合评价八个合作机制中存在的不足。

大量有关合作机制的理论和研究始于 20 世纪 70 年代。通常认为，一个合作机制通常包含四个要素：一是合作机制的组织和结构形式。有通过自然和人为的两种形式形成的组织结构和结构形式。二是合作机制中的指导思想和价值取向是对特定事物内在规律性的反映。三是合作机制的行为规则，包括合作主体达成的协议、条约。四是合作机制的运作过程。② 上述四个要素有机地结合在一起，若能满足科斯定理（Coase Theorem）所认为的三个合作条件：在合法框架下运行、完善的信息和零交易成本，那么，该机制将有效地运作，发挥其作用。因而，一个良好的合作机制其作用可以概括为五个方面，即提供公共产品作用、对合作各方的制约作用、规范行为体的作用、对违反机制行为体的惩治作用、遵

① 云南网：《云南省参与 GMS 合作纪念活动在昆明举行 20 年取得 6 大成就》，http://yn.yunnan.cn/html/2012-11/03/conten，2014-12-7。

② 刘杰：《论转型期的国际机制》，载《欧洲》，1997a（6）。

照合作机制的示范作用。①

参考上述合作机制理论和科斯提出的“完善的信息”和“零交易成本”条件，本文采用“合作主体—合作文件—合作方数量”三要素分析上述八个合作机制在“效力”方面存在的不足之处。② 通常，上述三要素主要通过如下四个方面表现出来：一是合作主体，是国家之间的合作还是地方政府之间的合作，或中央政府与地方政府之间的合作；二是尚处在不具法律约束力的合作，通常只是召开会议或论坛，会后发表宣言，签订协议或谅解备忘录等形式；三是合作各方达成具有法律约束力的协议或条约；四是双边或多边合作。上述四个方面在云南的八种战略合作机制中可以用下表表示：

表2　云南的八种战略合作主体、法律约束力的合作、合作方的情况表

名称	合作主体	不具法律约束力的合作	具有法律约束力的合作	合作方
GMS	国家	《昆明宣言》《内比都宣言》等，《2002—2012 大湄公河次区域经济合作 10 年战略框架》《2004—2008 大湄公河次区域合作行动计划》《2008—2012 GMS 发展万象行动计划》《大湄公河次区域经济合作新十年（2012—2022）战略框架》	《大湄公河次区域政府间电力贸易协定》《大湄公河次区域便利货物及人员跨境运输协定》	多边
孟中印缅经济走廊	国家	《昆明倡议》（1999）、11 次“孟中印缅地区经济合作论坛”	尚无	多边
西部大开发	中央与地方	《中华人民共和国国民经济和社会发展第十个五年计划纲要》（2001）、《西部大开发“十二五”规划》（2012）	尚无	双边和多边
泛珠江三角洲合作	省际	泛珠江三角区域合作与发展论坛和经贸合作洽谈会等，《内地与香港关于建立更紧密经贸关系的安排》《内地与澳门关于建立更紧密经贸关系的安排》	尚无	多边

① 刘杰：《试论国际机制中的西方规范问题》，载《世界经济研究》，1997b（3）。

② 在此只评价合作机制的“效力”（effectiveness），而不是“效率”（efficiency），因为效率通常是指经济学意义上以一定的代价获取最大的收益，是投入与产出之间的比例关系，而效力在管理学上是指一定的组织达到预定目标的程度与等级，在法律上是指行使某项权利的效果和作用力。在云南现有的合作机制中，由于合作的密切程度不高，因此，应该首先关注合作的效力，之后才是效率，如果各合作方只希望以最小的代价获得最大的效益，那么，合作很容易变成一种见机行事的短期行为。

续表

名称	合作主体	不具法律约束力的合作	具有法律约束力的合作	合作方
云南桥头堡战略	中央与地方	各种级别的桥头堡会议和论坛，《云南省加快建设面向西南开放重要桥头堡总体规划》（2013）、《云南向西南开放的重要桥头堡专项规划》（2013）、《云南向西南开放的重要桥头堡专项规划制定指导意见》（2013）	尚无	多边
滇台合作	一国两制	各种招商引资和商品博览会、两岸及东盟经济贸易促进会合作协议书（2013）、《海峡两岸经济合作框架协议》（2010）、《关于支持云南桥头堡战略促进滇台交流合作备忘录》（2012）	尚无	双边
中国—东盟自贸区	国家间	中国—东盟博览会（2004年至今）、中国—东盟商务与投资峰会、《南海各方行为宣言》（2001）	《中国与东盟全面经济合作框架协议》（2002）、《货物贸易协议》（2004）、《服务贸易协议》（2007）、《中国—东盟自由贸易区投资协议》（2009）、《中国—东盟全面经济合作框架争端解决协议》	多边
一带一路	国家间	中国国家领导人在不同场合和会议上的多次讲话	尚无	多边

上述四个方面的相互作用形成了某一合作机制的效力和约束力，其中的第三点——建立在具有法律约束力的协议或条约对合作机制的效力影响最大，因为在具备了一定的合作机制组织机构之后，合作机制是否有效力与合作主体和合作各方签订的协议或条约有关，协议或条约的条款不仅表明了协议方享有的权利，同时还规定了合作方应该接受的义务和责任，没有义务和责任，不具一定约束力的合作机制往往是松散、随意而不持久的，各合作方不会齐心协力克服合作中的困难。因此，越是具有约束力的合作意味着其合作程度愈高，效力越大，在有了合作的效力之后，才是效率问题。以下具体分析八个机制中的不足之处。

第一，基于具有法律约束力的合作机制太少。在合作形式上，通常是从召开会议到签订具有法律效力的协议或条约的合作形式，开始，各合作方不断召开会议，通过相互了解、广泛交换意见之后，达成诸如发表“宣言”（declaration）之类的会议成果，遵循由易到难、由简单到复杂的原则，形成各方可以接受的协议。之后，在协议的基础上，形成具有法律约束力的条约（treaty or convention）。会后达成一个表达此次会议讨论结果的宣言比较容易，但从宣言到形成具有法律约束力的协议或条约则比较困难，甚至很困难，当然，协议或条约门槛的高低也是达成与否的因素。

在云南参与的八个合作机制中，属孟中印缅经济走廊的合作效力和约束力最低，历经15年进展甚微，基本上还处于召开会议、会后发表宣言的阶段。云南参与的国内合作主要是政策指导下的合作，尚未上升到立法的层面规定和保障国内合作机制，如全国人大从2003年开始，一直希望“有针对性地反映到立法中，用法制引导、规范、促进和保障西部大开发战略顺利实施”①。但迄今为止还处于人大提案阶段。只有在GMS和中国—东盟自由贸易区中有一些协议具有法律约束力，而在“GMS区域环境合作的法律基础基本都是软法性质的，以不具有法律约束力的文件为主”②，合作机制约束力低也是亚洲其他合作机制共同存在的问题，譬如，1980年5月由时任孟加拉国总统的齐亚·拉赫曼提出开展南亚区域合作倡议，直至今日，“南亚区域合作联盟现在的发展还远远没有达到通过内部合作加快成员国经济和社会发展的最初目标”③。包括GMS在内，亚洲区域合作与成熟的合作协议或条约——如欧盟的《里斯本条约》相比，还有很长的路要走。

第二，云南开展的双边合作在一定程度上影响到多边合作，并且，尚未在多边合作机制中担当起中坚角色。在云南参与的合作机制中，云台合作是两省之间的双边合作。④ 但实际上，云南与周边国家有大量双边合作，如“2004年10月，在中老两国领导人的倡议下，中国云南—老挝北部合作工作组正式成立，为滇老合作搭建了稳定的沟通交流平台”⑤，云南与越南的河内、老街、海防、广宁四省市建立了经济合作协商会议制度，与泰国的经济合作机制历史更为长久。双边合作是基于双方经济互补情况而设定，并且合作起来也比较为容易。但是，随着全球经济一体化进程的不断深入，多边合作不仅需要，而且是必然，是发展趋势，特别是中国成为世界第二大经济体之后，双边合作机制已经与中国（云南）的经济地位不相适了。此外，在GMS和孟中印缅经济走廊中，在基础设施建设、扶贫、环保、人力资源开发、旅游、禁毒与替代种植等合作中需要巨大资金投入的项目，只有中国可以承担。从此角度而言，云南在涉外多边合作机制中的作用还有待于进一步发挥。

---

① 中国人大网：《国家发展改革委认真落实全国人大常委会审议意见 将立法促进西部大开发战略实施》，http://www.npc.gov.cn/npc/xinwen/jdgz/2014-05/23/content_1864053.htm，2014-12-4。

② 边永民：《大湄公河次区域环境合作的法律制度评论》，载《政法论坛》，2010（7）。

③ 李云霞、樊祎冰：《印度在南亚区域合作联盟中的主导地位及其影响》，载《东南亚南亚研究》，2013（2）。

④ 但对台湾而言，云台合作也是多边合作，因为云台合作只是海峡良好合作的内容之一，台湾与大陆许多省份都签订了合作协议。

⑤ 商务部驻昆明特派员办事处：《云南与老挝深化务实合作》，中华人民共和国商务部网站，http://www.mofcom.gov.cn/article/difang/yunnan/201412/20141200818521.shtml，2014-12-10。

第三，合作过程中经济学意义上的“交易成本”太高。因为云南省政府是一个省级政府，在国内合作中听从中央领导或报批中央同意，在与国外合作中，云南不具国际法主体资格，如在 1994 年就成立了“云南省澜沧江—湄公河次区域经济合作协调小组”只是作为“国家协调组”在云南的对应机构，云南在 GMS 中的任何工作，都需在中央政府授权下与之合作，这种领导和被领导的关系使得向中央要政策和财政支持成为了云南省和地州政府的一项重要工作，如驻京办和各地州驻省办的设立等，省和地州政府都为此付出了大量的时间和精力，从而导致经济学意义上的“交易成本”过高。显然，“交易成本”过高的根本原因是云南地方政府加快经济发展的主动性、迫切性与中央政府全国“一盘棋”的步调在时间上存在着差距，为此，需要云南各级政府在向中央要政策与夯实内功之间找到结合点，通过充分发挥各级地方政府的主动性和创造性，降低实施合作机制过程中信息、政策不对称问题，从而最大限度地降低“交易成本”。

此外，由于中国是以县域经济为单位，区县是“招商引资的主阵地、项目建设的主战场、对外开放的大窗口、经济增长的动力源和吸纳就业的强磁场”①。因此，在中央和地方的合作机制中——如西部大开发，最终内化为云南县域经济之间的相互竞争，一些县区不惜以环境为代价，竞相降低招商引资条件，低水平的不正当竞争使得国内的合作机制效益大为降低，这也是合作机制中交易成本过高的问题。

三、云南经济发展合作机制前瞻

通过对云南经济发展合作机制有待完善之处的分析可以看出，一种合作机制的效力和约束力是正向的递进关系，具有效力和约束力的合作机制需要合作方持久的努力和付出，正如美国学者斯坦利·霍夫曼（Stanley Hofman）所言：“其一，合作机制要求对传统国际利益的狭隘观念进行逐步改革，以合作的长期利益代替争斗利己的短期利益；其二，合作机制并非要求参与国转让国家主权，而是主张国家主权的国际融合。不要求单方面的责任，但强调国际的共同责任和行动；其三，合作机制所包括的准则和决策程序同时为国际关系角色提供限制和机遇，是解决国际争端、实现稳定和平的有效手段。”② 未来云南参与的合作机制的发展趋势应该是：

第一，在国内合作机制方面争取得到中央政府更多的支持。在八个云南经济发展战略合作机制中，至少有六个是直接与外国合作，涉及国家主权问题，因此，作为不具有外交主体资格的云南地方政府在口岸建设中，须要得到中央政府和国家外事部门的大力支持，

① 马金书：《西部大开发十年来西部地区产业结构调整及对策》，载《中共云南省委党校学报》，2013（5）。

② 转引自刘杰：《试论国际机制中的西方规范问题》，载《世界经济研究》，1997（3）。

此外，中央政府在资源配置（政策和财政）起主导作用，因此，争取中央政府的大力支持是口岸建设必不可少的。譬如，改革开放之初深圳等14个首批特区和2013年8月22日经国务院正式批准设立上海自由贸易试验区，都是在中央政府指导下成立的。2012年9月，作为国家三个沿边开放试验区之一的瑞丽国家重点开放开发试验区正式成立，这既是国家桥头堡战略机制下，党中央国务院对云南的大力支持和帮助，同时也是云南省委、省政府和德宏傣族景颇族自治州州委、州政府二十多年来努力的结果。瑞丽口岸建设的成功经验给云南其他地州的边境口岸很好的示范作用，为进一步提高口岸的级别，争取中央和省政府给予更多的政策和资金支持应该是腾冲猴桥和临沧孟定、清水河口岸建设的重要内容。

第二，在涉外合作机制上，云南省政府可以通过中央政府努力达成具有法律约束力的多边合作协议或公约。具有法律效力的多边合作是合作机制的最高程度，它不仅是经济上的合作，同时也是政治和文化上的互信，如有学者认为："学术界和决策者在论证孟中印缅经济走廊的现实意义和未来增长前景时，往往以该地区的市场规模及其潜力作为重要的依据。……但是边境地区作为政治属地，边界具有内部控制和防御外部威胁的功能，这意味着由于治理结构、文化、语言和种族产生的跨领土的一致性，在边境地区突然被中断；要素与商品的流动在边境地区也被阻隔，通过边境地区的市场网络，被政治属地分割成另一个自然的经济空间，于是沿边境地带变成地理上的边缘区。"① 具有法律效力的合作协议的签订正是要打破国界的隔阻，《欧盟宪法条约》的作用即如此。

从GMS到孟中印缅经济走廊，只有中央政府有权与南亚国家签订具有法律效力的合作协议或条约，但是，由于云南与这些国家直接或间接接壤，因此，云南边境口岸是否能给对方国家带来益处，云南及其他省份的企业——包括央企、国企和民企——在这些国家的表现，极大地影响到涉外合作国对该机制的态度。因此，云南沿边口岸和中国企业在南亚的表现将直接影响到合作国家对中国的看法，影响到合作机制的升级问题。时常有中国其他省份和云南的企业在南亚国家不遵守企业社会责任的报道，加强境外中资企业的自律性应该是云南省政府的一项重要工作。

第三，涉外合作机制应该是发展多边合作，减少双边合作。传统上"中国与南亚地区国家的交往局限于双边模式，具体是中国和南亚七国分别以一对一的模式互动"。但实际上，"中国希望在多边机制下一方面发展与南亚所有国家的友好合作关系"②，当今世界多边合作机制最具典范性的应属欧盟，从1951年法国、意大利、比利时、荷兰和卢森堡以及西德签署为期50年的《关于建立欧洲煤钢共同体的条约》，到1993年11月1日《马斯特里赫特条约》生效——欧洲联盟正式成立，再到2004年10月28日《欧盟宪法》生效，

---

① 杨怡爽：《全球化与边缘地带的区域一体化努力——论BCIMEC多维度合作》，载《云南财经大学学报》，2014（3）。

② 龙兴春：《试论中国与南盟多边合作的机制与进程》，载《南亚研究》，2009（4）。

欧盟28个成员国实现了货币统一、政治联盟和国家主权让渡，欧盟给其他区域合作机制树立了一个可资借鉴的样本。发展多边合作的难度虽然大于双边合作，但前者的溢出效应要大于后者。

第四，在涉外合作中，信誉是执行具有法律效力的合作协议或条约的基础和保障，要把信誉放在首位。当今世界依然是国家主权占主导地位，虽然欧洲有了欧盟这样超国家组织，但GMS不是这样的组织，它对国家主权的约束程度很低，因此，执行和监督GMS中的《大湄公河次区域政府间电力贸易协定》和《大湄公河次区域便利货物及人员跨境运输协定》，不可能像执行国内法那样，通过自己本国的公检法部门监督协议或条约的实施，更不可能有军队、警察和监狱等作为保障机构，只有通过道义和舆论的“软”约束实施协议或条约中的规定，因此唯有信誉才是合作的基础和保障。国际法效力来自“人类良知”“人类理性”和各民族法律意识的“共同性”，具体到GMS中，中国国家声誉和云南地方政府和各民族的声誉是实施上述GMS协议的基本保障，当然，五个合作国的国家声誉也是实施GMS法律协议的保障。但是，正如欧盟的许多重大问题主要由德法两国起主心骨作用一样，中国作为一个大国，它在GMS中所起到的作用是中坚性的，大量的基础设施建设需要中国去投资，一些带有主权让渡的协议需要中国（云南）带头。如此，云南和其他省份在GMS国家从事贸易和投资的企业外在表现代表着中国国家声誉，而声誉是GMS具有国际法约束力的协议的实施基础和保障。

由于每个合作主体（国家）都会考虑自己的声誉，如果哪个协议签署国不遵守协议或条约中的条款，羞辱（shame）或毁誉是国际协议或公约中常用的监督方式。以羞辱为主的监督方式通常由第三方如非政府组织和媒体来实施，它们通过各种媒体和场合羞辱和抗议协议签署国违反协议的行为，同样，媒体也同样能发挥羞辱的报道，以此来监督GMS国是否遵守协议或条约的规定。近十余年来，作为非国家行为体的非政府组织已被认为具有了国际法法人资格，它们来监督GMS协议的实施是能得到国际社会广泛认可的。为此，在执行GMS协议过程中，云南各级政府和企业以及其他省份的企业应充分重视和珍惜国家的声誉，充分认识非政府组织是监督GMS协议的主要角色，无论是本地NGO还是西方国际资助的NGO。

第五，云南需要从国际合作机制的参与者变成为核心成员，再到以身作则的榜样示范者。2008年3月GMS六国领导人签署了《领导人宣言》，宣言确立了以“相互尊重、平等协商、注重实效、循序渐进”为主要内容的合作指导原则，而该原则的实施需要作为经济大国的中国通过潜在的、潜移默化的方式，给其他国家提供示范榜样。合作机制中的以身作则示范作用犹如国际政治经济学专家、基欧汉与约瑟夫·奈强所形容的：国际政治由一个水位均等的大湖泊变为被许多堤坝和闸门分割的河流。堤、坝和闸门把不同水平间的河流既相互隔开又相互连接。建立合作制度的设计师们既要考虑到整条大河的整体能力，又要根据不同河段的水平和能力分别进行精心设计。[1] 东南亚各国在政治制度、经济发展水平和文化方面有相当的差异，中国云南应该在这些堤坝和闸门的设计和管理中担当起榜样示范者。

咬住青山不放松，坚定不移向南看。时至今日，云南依然是中国一个不发达边疆省份，与距云南最近的珠江和长江经济带有着一定的距离，物流成本大。要改变云南的地理位置，必须借助中国经济优势，在“主权国家 + 中心城市 + 自由贸易区”三级合作框架下，[2] 当始于昆明的中方泛亚铁路建成之时，昆明将成为名副其实的泛亚国际化大都市。

四、余　论

历经二十余年，云南在实施各种战略及合作机制过程中积累了一定的经验，云南与周边国家的边境地区已经实现了互通有无，2014 年实施的国家“一带一路”战略，将使云南与东南亚的合作关系发生质的飞跃，但这一质的飞跃并非水到渠成之事，是利用合作机制抓住机遇还是不讲规则？基于前面的阐释，本文认为：

第一，从西部大开发到“一带一路”国家战略的实施，意味着云南与东南亚的合作关系将发生质的飞跃，与境外的合作也必将上升到具有法律约束力的合作，因为具有法律约束力的协议或条约将使合作最具持久力，合作各方的效力和效益最大。

第二，具有法律约束力的合作机制是促进和保护云南走向东南亚最佳方式和手段，因为法制对经济不发达地区有扶持和保护的作用，也可以避免云南在与东南亚交通设施大大改善后变成为一个仅仅是物流的通道的尴尬。与此同时，一些不遵守企业社会责任的中资企业将受到合作机制的约束，一些正当利益受到损害的中资企业也有了向合作国申诉和获得救济的渠道。

第三，具有法律约束力的合作意味着中国与南亚国家在政治和文化等方面建立了广泛的互信，而政府和文化互信是经济合作的机制。与南亚各国从互利到互信，再到同甘共苦，所有这一切都取决于中国云南是否能发挥榜样和示范的作用，此责任十分重大。

---

① Putnam，R. D. *Diplomacy and domestic politics：the logic of two－level games.* International Organization，1988，42（3）.

② 马莉莉、王瑞、张亚斌：《丝绸之路经济带的发展与合作机制研究》，载《人文杂志》，2014（5）。

论渤海海峡跨海通道建设的区域开发战略价值*

李靖宇　张晨瑶**

踏上21世纪的历史碑界，党的十八大高扬“建设海洋强国”的战略旗帜，表明中国今后要以海洋强国的姿态走向世界舞台，这是中华儿女共同实现中华民族伟大复兴“中国梦”的正确选择，也是中华民族永续发展、走向辉煌的必由之路。有鉴于此，站在“十三五”开局的战略起点上，中国必须跟进世界潮流，紧扣时代主题，全面经略海洋。而论证与开发渤海海峡跨海通道这一必将引起世人瞩目的国家重大战略工程，无疑是一个实现海洋强国战略目标的重要抓手，将会成为国家面向未来推进陆海统筹一体化的示范工程，成为维护和优化中华民族生存发展空间的战略工程，其区域开发战略价值显而易见，主要表现为：促进山东半岛与辽东半岛互动发展，为海洋强国建设提供战略大后方；强化环渤海经济圈整体开发与协同发展，做大国家第三大经济增长极；加快东北老工业基地全面振兴与全面小康步伐，建设全国重量级战略基地；落实党和国家关于“一带一路”的战略部署，创建开放与发展新格局；力挺中国东北方向陆海丝绸之路经济带，进一步完善亚欧市场大通道。为此，有必要从理论与实践的结合上加以科学论证。

一、促进山东半岛与辽东半岛互动发展，为海洋强国建设提供战略大后方

应当指出，建设渤海海峡跨海通道，将会开创环渤海地区交通运输网络的新格局，不仅对山东半岛、辽东半岛各城市间的经济互动往来产生直接影响，而且其潜在的经济社会

---

* 基金项目：国家自然科学基金“东北地区物流系统与现代物流业发展及布局研究”（40271030）、国家海洋软科学基金项目“中国陆海统筹一体化开发战略取向研究”（OSS 201112）、“中国海域开发安全战略研究”（OSS 201218）的主要成果。

** 李靖宇，世界海洋城市总部高级顾问与中国新丝路经济带开发研究院院长，国家重点研究基地——辽宁师范大学海洋经济与可持续发展研究中心区域经济学科建设学术带头人，山东省环渤海经济协调可持续发展软科学研究基地和广东海洋大学海洋经济与管理研究中心特聘教授。研究方向：区域经济学、海洋经济与海洋产业。

张晨瑶，中国新丝路经济带开发研究院，副研究员。研究方向：区域经济学。

效应也无疑是巨大的，最重要的是会促进正在成为区域经济发展新增长极的环渤海经济圈崛起和上台阶，使之有条件成为建设海洋强国的战略大后方。

（一）补齐环渤海圈短板，协调辽鲁两省开拓跨海大通道

如果说东部沿海地区是拉动中国经济的一架马车，那么从南到北一字排开的珠江三角洲、长江三角洲、环渤海经济圈等众多区域板块则是拉动这架马车的一匹匹骏马。不过，到目前为止，环渤海经济圈还主要是个地域概念，区域经济合作关系虽然早已启动，但这一经济圈却没有像珠江三角洲、长江三角洲那样变成现实，相反却被称为“四分五裂”的经济圈。而其四分五裂的主要原因之一，就是渤海海峡的阻隔作用，也是环渤海经济圈整体开发的短板所在。这一阻隔的客观结果，就是把环渤海经济圈分成三大板块，即京津冀、山东半岛和辽东半岛。而在每一个板块内，都形成了自己的城市群，即京津冀城市群、山东半岛城市群和辽东半岛城市群，但就是缺乏一个辐射作用强大并且能够起到龙头带动作用的区域中心。环渤海区域要想成为一个真正意义上的经济圈，首先必须构建能够沟通区域内城市圈之间的一体化、立体化的交通体系。而开拓渤海海峡跨海通道，则是这一交通体系的核心一环，也是实现辽鲁两省海上牵手进行区域合作的关键步骤。山东半岛与辽东半岛之间最近点距离仅为106公里，但就是这样一段海路，却成了有史以来阻隔关东与华东交流的难以逾越的鸿沟，中国东部南北交通的大动脉也在此被阻塞，被迫绕行山海关，多走1000多公里，这种现状必须改变。

时代在发展，技术已成熟，跨越渤海湾，天堑变通途，构建环渤海区域经济一体化发展的迫切性日渐凸显。应当指出，打通渤海湾天然屏障，实现环渤海经济圈城市群之间的互通关系，目前所需要的各种条件已经基本具备。这一互通关系的形成，能够改变以大连为中心的辽东半岛和以青岛为中心的山东半岛之间对区域经济中心的盲目竞争态势，可以使它们形成相互需要又相互支持的竞合关系。必须看到，环渤海地区各主要城市，由于长期的条块分割，项目安排上呈现了严重的趋同现象，特别是产业的同构性较为突出，区域产业结构的差异性和互补性不明显，相互之间的贸易需求居于弱势。在这一区域背景下，需要相关的各个城市发挥自身优势，找准各自在环渤海经济圈中的角色担当。只有这样，才能抓住因跨海大通道建设和贯通带来的发展机遇。在建设跨海大通道的过程中，不仅必须面对现存问题，而且要有针对性地做出对策创意：达成共识，摒弃只重眼前而忽略长远的发展效益；全面谋划，注重降低对海洋生物及海底文物的不利影响；广纳资金，积极引入民间资本以减轻国家的财政负担；综合布局，避免产业同构现象阻碍地区发挥自身优势；政策安排，引导同级政府避免争夺利益而促进协调发展。

（二）加快两大半岛城市化进程，推动形成“烟—大”跨海城市群

渤海海峡两岸的主要城市，即辽宁省的大连、丹东、营口、沈阳和山东省的烟台、威

海、青岛、济南。尤其是渤海海峡跨海通道两端的大连和烟台市，其发展优势将通过跨海通道建设更加凸显。对于大连而言，作为辽宁沿海经济带开发的龙头城市，同时也是东北东边道沿线经济带的重要组成部分，可以依托其背靠东北腹地、连接华北、面向东北亚的重要地缘优势，着重发展成为东北亚重要国际航运核心，构建东北亚自由贸易先导区的战略平台。应当看到，随着辽宁沿海经济带开发的纵深推进，辽宁东南沿海经济一体化进程不断加快；而东北东边道沿线经济带 13 条铁路的建设工程，有效地贯通了整个东北区域经济体。在这其中，作为东北地区各经济带汇合的南端出海口，大连一直发挥着得天独厚的内陆窗口作用。作为辽东半岛最南端的大城市，大连与东北亚区域的日本、韩国地缘关系最近，也是连接我国华东地区、华南地区、台湾地区，东南亚地区最便捷的海上出口。另外，内蒙古中东部地区的经济复苏，东北老工业基地的全面振兴，环渤海经济圈的整体开发，尽快实现中俄蒙经济走廊铁路、公路、口岸等基础设施的互联互通以及 21 世纪东北方向陆海丝绸之路经济带的开发建设，都迫切需要大连尽快成长为集资金流、物资流、信息流、人才流等于一体的能够充分发挥辐射、整合、牵动等多重功能的重要国际航运中心。关于大连市的这一战略取向，国家“十三五”规划纲要中再次加以部署和督促。

而与大连市隔海相对应，坐落于黄渤海之滨的山东省烟台市，也是山东省唯一的一座跨黄渤二海的重要城市，因此获得了得天独厚的区位地理优势。2006 年，随着烟大铁路轮渡开通，烟台成为“烟—大”交通枢纽的桥头堡，更显现了烟台作为连接东北与华东的关键节点城市的重要地位。该路线的建成投产，一方面依托了烟台自身的地理区位优势和城市综合资源，另一方面也在较大程度上促进了烟台“蓝色经济”的部署与开发。因此，烟台市在探索海洋经济区的过程中，明确了“深度开发海洋、高效利用海岸、科学开发海岛、统筹发展海陆”的总体思路。在此基础上，大力建设渤海海峡蓝海新干线，将会极大地提高两地之间的运输效率——运输距离减少将近 2000 公里，运输时间缩短 4 ~ 6 个小时，运输受天气变化影响变小。可以预见，这条渤海蓝色新干线的建成，其意义不单是提高运输效率，更深层次的含义在于原本位于渤海南北两岸的城市，由于跨海通道的连接完全有条件形成一个以烟台、大连为中心，以两市所辖的县级城市为支撑体系的新城市群，即“烟—大”城市群。由于烟台和大连均为海滨城市，地理相近、特征相似、人文相亲，历史渊源很深，这样的背景更利于城市间的交流融合。还要看到，“烟—大”城市群拥有十余个县一级的中小城市，其中大连市域的瓦房店、普兰店、庄河、长海等县市，烟台市域所辖的龙口、蓬莱等五个县市，均在全国百强县之列，可以为“烟—大”城市群提供支撑和依托。由此可以推断，渤海海峡跨海通道的开发建设，将会促进辽东半岛与山东半岛原本独立发展的城市有机结合，优势互补，进而加快两大半岛城市化进程，推动蓝色经济带的一体和谐发展。

（三）构筑一体化的交通体系，开创渤海海峡交通运输新格局

毫无疑问，建设渤海海峡跨海大通道，最突出的贡献就是能够突破渤海海峡的天堑制约，使海峡两岸在交通上迅捷可达，在经济联系上大大提高两岸城市来往的效率。具体而言，一方面可以完善和优化从大连市到烟台市的交通格局，将东北经济区和华东经济区连成一体，实现立体式交通资源的优化配置，能够形成高效衔接、管理完善的现代化立体交通综合运输体系，有利于加快大连建设东北亚重要国际航运中心的发展进程，同时使大连市、烟台市更好地承担起环渤海经济圈交通枢纽的链接作用，为环渤海区域经济一体化做出贡献。

另一方面，兴建渤海海峡跨海大通道，能够进一步强化和扩展大连、烟台在全国路网南北交通中的重要地位和链接功能，全面沟通环渤海区域高速公路网、铁路网和纵贯我国南北的东部沿海铁路、公路的战略大通道，完善和优化东部沿海地区交通路网格局，进而扩大从山东到辽宁、从华东到东北各大城市与东南沿海发达地区的经济交流与联系；能够沟通长江三角洲和珠江三角洲经济圈，促进和扩大东北地区广袤腹地的市场开放，将资源优势转化为发展优势和竞争优势，并形成直达长江三角洲、珠江三角洲和港澳台地区的现代化、综合性的交通运输体系，为加快东部沿海地区经济发展，扩大同东北亚国家的交流与合作创造重要条件；能够形成北上与横贯俄罗斯的亚欧大陆桥相接，南下与横贯中国的新亚欧大陆桥相交的交通运输格局，进而面向世界市场分享区域经济的发展利益，为我国“一带一路”的战略投放，特别是国家东北方向陆海丝绸之路经济带开发贡献力量。

二、强化环渤海经济圈整体开发与协同发展，做大国家第三大经济增长极

创建环渤海地区成为继珠江三角洲、长江三角洲之后中国第三大经济增长极的务实性举措，必将对中国乃至东北亚区域经济的发展产生引擎式的带动效应，所以已引起国内外各界的广泛关注。在环渤海经济圈粗具规模的形势下，必须注重在其内部加快一体化进程。为此，应当因势利导，在经济全球化和我国倡导区域经济协调发展的大背景下，以建设渤海海峡跨海通道为突破口，加强环渤海区域各省市之间的联合与协作，强化环渤海经济圈在我国区域经济发展格局中的战略地位，以求最终实现环渤海地区经济协调发展战略升级的宏伟目标。

（一）树立各板块之间的合作意识，推进环渤海区域经济一体化取向

应当看到，环渤海经济圈由辽东半岛经济区、京津冀经济区、山东半岛经济区这三大板块构成，是我国经济由东向西梯次扩展、由南向北逶迤推进的过渡板块，其战略地位十

分重要。然而，与长江三角洲、珠江三角洲相比，环渤海经济圈内各省市的经济协作并不紧密，整个区域经济板块内的行政色彩浓厚。特别是环渤海经济圈三大板块相互之间的竞争意识远大于合作意识，产业同构现象严重，区域经济一体化发展的阻力较大。有鉴于此，为了落实环渤海经济圈整体开发的区域一体化战略，三大板块必须在发挥自身优势的同时，注重在经济发展过程中形成利益契合点，都要积极融入环渤海经济圈整体开发的战略进程当中。

而规划和运作渤海海峡跨海大通道建设，实现多元交通运输方式的无缝对接，可以实现辽东半岛、山东半岛、京津冀经济区的优势互补，进一步优化资源配置，加速要素自由流动。应当肯定，这样有利的地缘优势和交通条件，首先，有利于改善我国环渤海地区的对外开放格局，更新环渤海经济圈在东北亚乃至亚太地区的形象和地位，从而对来自国际上的投资者产生巨大的吸引力；其次，有利于推动跨省市企业重组进程，促进区域产业整合分工协作关系，努力把环渤海地区的产业潜力转化为产业优势，在互补的基础上实现区域产业优化组合，以解决经济结构雷同和重复生产建设的现存问题，以求形成布局合理、功能互补、分工协作的产业结构；最后，有利于环渤海地区各省市树立市场一体化观念，加速信息共享，消除板块壁垒，扩大相互开放，建立环渤海地区共同的市场体系，真正实现市场无障碍、贸易无障碍、信息无障碍，从而加速环渤海经济圈一体化进程，使中国第三大经济增长极能够真正名副其实，担当重任。

（二）以区域发展总体战略为导向，推动形成环渤海区域经济增长轴

国家“十三五”规划纲要中提出，要以区域发展总体战略为导向，以“一带一路”建设、京津冀协同发展、长江经济带建设为引领，形成沿海沿江沿线经济带为主的纵向横向经济轴带。应当强调，从“经济带”到“经济轴带”，意味着我国区域发展规划已经由点及面、连接成轴带态势。在当前的国内外经济发展形势下，必须强化我国区域发展总体战略的实施力度，即统筹四大板块（大力建设西部地区、东北地区、东部地区和中部地区）和三个支撑带（一带一路、京津冀协同发展、建设长江经济带）的战略组合关系，最大限度地发挥区域经济辐射带动作用。应当看到，关于“经济轴带”这一提法，预示着我国区域发展要打破板块分割，加速区域经济协调发展的一体化进程。

回顾和借鉴世界各国著名经济轴带的发展历史经验，可以看到经济发展轴线与交通基础设施的空间作用密切相关，这是因为随着交通运输网络的逐渐铺展，将使分隔的板块在区域空间上建立起利益互动的联系纽带，并且通过这样的市场连接引起物质能量的频繁交换。在此基础上，必然会聚集起相当数量的产业带，进而较易形成该区域的经济发展主轴。在世界范围内，随着科技的进步，跨海通道项目在世界各地作为重要的交通走廊绽放出不朽的魅力，跨海通道的全线贯通使通道两端乃至周边区域会逐渐集中铁路、高速公

路、港口码头、机场等多元化的交通运输形式，由此形成了链接区域甚至国家的高等基础设施网络，更易成为国家和国际的经济发展轴。由此可见，兴建渤海海峡跨海通道引起的产业集聚效应，必然会催生区域经济发展轴带，活跃于此的经济活动所带来的区域辐射带动作用，将远远超过这条跨海通道本身价值。

（三）推进海洋产业可持续战略取向，促进环渤海海洋经济协调快速发展

近年来，依靠独特的地缘优势、丰富的海洋资源、便捷的海陆运输，环渤海地区的海洋产业得到迅速发展。2015 年，环渤海经济区主要海洋产业总产值为 23 437 亿元，占全国海洋总产值的比重为 36. 2%；长江三角洲地区海洋总产值为 18 439 亿元，占全国海洋总产值比重为 28. 5%；珠江三角洲地区海洋总产值为 13 796 亿元，占全国海洋生产总值比重为 21. 3%。目前，环渤海经济圈已经是中国海洋产业最为集中、经济效益较高的海域，海洋产业位于全国海域平均发展水平之上，具有海洋产业比较优势。由于海洋产业的聚集程度高，就决定了海域经济的聚集水平。由于环渤海地区通过海洋产业的聚集发展，已经初步形成了国家级海洋经济增长极态势。

应当认定，渤海跨海大通道的启动建设，不仅能够实现交通上的突破，也能产生一种新的持久增长方式，从空间和时间上增强环渤海经济圈的整体开发和开放的合力，为金融、贸易、商品、资金、人才、技术、市场等领域的流通提供可靠支撑。这种多方面推动力的环环相扣，在进入区域经济发展链后将体现得更加明显。首先，渤海海峡跨海通道预计投资近 2000 亿元，是我国三峡工程之后的又一项重大战略工程。这项基础设施的建设将直接大大带动海洋交通运输业、海洋工程建筑业、海洋服务业的发展，将提供大量的就业岗位，这在很大程度上会刺激我国特别是环渤海区域的经济增长，缓解就业压力。从海洋旅游业的角度来看，渤海跨海通道的兴建对构筑沿海旅游大格局、开发海洋资源具有重要价值。因为渤海海峡跨海大通道的开发建设，能够把发达的辽东、胶东两大半岛连为一体，将构成独具特色的环渤海旅游热线，所以对开发海洋旅游资源、发展海洋经济必将发挥重要作用。由此可知，在国家政策的支持下，随着渤海海峡跨海大通道的全面运作，环渤海经济圈必定会在现有的基础之上，通过海洋产业的进一步聚集，通过海洋高新科技对海洋产业的支撑与改造，发展成为海域经济增长极，从而促进全国海域经济快速发展。

三、加快东北老工业基地全面振兴与全面小康步伐，建设全国重量级战略基地

应当看到，振兴战略实施十余载，东北地区改革开放取得了巨大成就，经济社会发展步伐加快，产业结构优化调整不断推进，对外开放水平不断提高，人民生活逐步改善。然

而，在后金融危机时代的新一轮开发开放中，东北区域经济发展仍然面临诸多挑战，计划经济体制时期积累的深层次问题和矛盾犹在，结构调整的阵痛影响超过预期，国家政策的刺激作用还有待消化。由此可见，东北老工业基地要实现全面振兴和全面建成小康社会的任务依然艰巨。当此之际，特别需要借重渤海海峡跨海大通道的开发建设，通过这一重大战略工程来激活东北区域经济的内生动力，在新一轮振兴规划开始实施的新起点上走由内而外的自我振兴之路，为提振东北区域经济充填新内涵、寻求新突破。

（一）有利于实现东北老工业基地振兴的目标体系

可以预见，“十三五”时期将是我国收获改革成果的重要时期，国家关于经济改革的政策将得到进一步的贯彻实施，经济增长方式转变加快，产业发展向质量效益型转变。与此同时，我国将进一步融入世界经济体系，复杂多变的世界经济环境必然会对我国经济运行和实现改革发展目标产生更为重要的影响。从我国区域经济格局发展的新态势来看，中部大崛起、西部大开发战略持续发力，中西部的部分省区经济指标甚至会跑在前面；我国东部沿海地区在全球经济增速乏力的情况下，各项经济指标增速趋向平缓，结构调整有条不紊，新的经济增长点不断涌现。相比较而言，东北区域经济发展形势却令人忧心。根据2015年的经济统计数据显示，东北三省的经济增速排在后五名，辽宁省更是全国垫底。应当指出，东北振兴战略已经实施十余年，国家不断给予利好政策，然而东北区域经济发展至今仍然处于疲软状态，形势不容乐观。

2015年，国家主席习近平和国务院总理李克强分别来到东北调研，了解情况，分析问题，谋划东北地区走出困境的办法和路径。党中央对东北区域的高度关注，瞄准的是这一地区经济社会发展的现实问题。而在这一进程中，恰逢从山东半岛到辽东半岛的渤海跨海大通道的研究和论证工作逐渐走向深入，所以东北地区面对经济提振乏力的态势，应当凝心聚力，转变思路，借重这一渤海蓝色新干线，打破空间、地理上的分割，将整个东北区域作为丝绸之路经济带的一部分进行整体开发，冲破各自为战的狭隘体制束缚，消除市场分割，使区域内经济资源充分自由流动，促其形成覆盖东北全境各种要素市场的统一的、完善的、共同化的市场体系；加大商品交流的广度和深度，形成东北区域商贸网络，推动各类专业市场和特色市场继续以区域优势为依托，形成合理布局与分工态势。只有这样，才能推动东北老工业基地质变为新型工业基地，裂变为现代装备制造业基地，提升为高新技术产业基地，成长为生态农业基地，发展为农畜产品出口加工基地，为全面实现东北老工业基地振兴的这一目标体系创造条件。

（二）有利于拉动东北综合经济区的优势产业集群

在一定的空间范围内，优势产业的高度集中有助于增强区域经济竞争力，有利于形成带动区域经济发展的强劲动力。应当看到，在东北区域内摆放着一批国家重量级大企业。然而，这些企业各自为政，基本是“聚而不集”，产业上缺乏紧密联系，产业集中度和集约化程度都不高，部分产业产能过剩造成了严重浪费。也就是说，东北地区并不缺大型企业，只是缺乏就近相关的配套企业，缺的是产业集聚所能带来的竞争优势。

目前，借重渤海跨海大通道运作连点成线、由线带面的发展模式，可以促进东北综合经济区的产业集群式开发，促进产业集群化和融合化，在统一发展规划的框架内，打破壁垒，做大市场，产生集聚效应。从长远来看，东北区域产业集群，能够有效提高企业运营的市场效率，降低生产成本，降低交易成本，从而形成对外开放的扩张功能，还能够通过集群式的技术创新和组织创新，培育出更具竞争力的市场主体，进而提升东北区域产业竞争力，形成区域经济发展的竞争优势。具体而言，应当借重开拓渤海大通道这一重大战略工程，依托本地资源，强化东北区域产业优势和集群态势，注重发挥产业和技术优势，推动传统产业升级和新兴产业培育，包括具有技术和产业关联的工业产业集群、高新技术产业集群等一批具有高度的关联性和弹性特征的相关产业体系，从而推进生产力合理布局，促进产业分工与协作，既以一地为主发展优势产业，又争取面向全国延伸产业链，以求形成规模效益和核心竞争力，增强东北区域经济的发展后劲，从根本上打破计划经济时期延留下来的区域产业分工格局，进而重振东北雄风，带动加快全国区域产业结构的整体优化进程。

（三）有利于切实加快辽宁沿海经济带的开发进程

辽宁沿海经济带是东北综合经济区唯一的出海通道，也是东北地区对外开放的前沿阵地。面向世界来看，在经济全球化、区域一体化、产业信息化的发展大势下，沿海经济带开发建设首先在发达国家取得成功经验，并已经成为国内沿海区域的主导战略。有鉴于此，在实现全面建设小康社会战略取向的关键时期，从全面振兴东北老工业基地的战略目标出发，国务院早在2009年7月1日就正式通过议案，把辽宁沿海经济带开发上升为国家战略，旨在为东北老工业基地全面振兴打造区域引擎，为此应当持续发力。

对于辽宁沿海经济带的长远发展而言，借重渤海海峡跨海大通道的开发建设，可以从东北区域经济发展统一规划建设的层面实现统筹兼顾原则，促进沿海产业集群的有效开发；可以优化海洋产业结构，在促进第一、二产业发展的同时，加快辽宁滨海旅游业转型升级；可以在国内沿海区域中先行先试，领先一步建成海洋产业结构优化的先导区；可以利用跨海通道建设过程的科技力量和创新动力，实现辽宁沿海经济带开发战略科技兴海和创新旺海；可以打破行政区划壁垒，促进东北优化开发主体功能区的产业配套、金融配套、公共基础设施配套等实现一体化整合；可以有效克服地方本位主义倾向，从一体化建设的角度树立大局意识和全局意识，把辽宁沿海经济带的自身发展与东北区域发展整体利益结合起来，求取水涨船高的市场经济效益。

四、落实党和国家关于“一带一路”的战略部署，创建开放与发展新格局

在当今的世界经济版图上，东北亚经济近年来呈现出前所未有的繁荣景象，已经成为拉动亚洲经济发展的重要引擎。应当认定，建设渤海蓝色新干线，是落实党和国家关于“一带一路”重大战略部署的务实举措，既有利于东北地区的开放和经济的发展，也有利于东北亚地区的整体进步和催生区域经济合作机制的建立与完善，从而创造条件使得东北亚地区在与世界经济更为深度的交往中持续显现巨大的发展潜力，并逐渐成长为一个更具活力的世界经济增长中心。因此，在兴建渤海海峡跨海通道的进程中，应当注重参与融入“一带一路”国家战略通道，与沿海、沿线城市一道，着力创建国家开放与发展的新格局。

（一）坚持陆海统筹战略取向，统一构建中国大“S”型海域经济带

在当今世界上，由于陆域资源、环境、人口的压力不断增大，所以已经把21世纪推升至海洋世纪。尽管这在一定程度上来说是被迫的，但到目前还是形成了一股浩荡的时代潮流。跟进这一时代潮流，国务院早在2003年就颁发了《全国海洋经济发展规划纲要》，以期把沿海省市区的海洋开发统一纳入新划定的11大海洋功能区之中。这种全国性的规划导向，虽然暂时遏制了各自为战的混乱局面，但终因缺乏统一的行为主体，致使效果并不显著。在这种情况下，为了推进全国海洋事业，自2009年7月辽宁沿海经济带发展规划出台，至2011年年末河北省沿海地区发展规划实施，国务院先后批复了沿海11省市区海洋经济发展纲要，从而逐一把地方规划上升到了国家战略层面，于是又在沿海地区掀起了新一轮各自为政的海域开发新浪潮，不仅项目建设重复现象泛化，盲目竞争，劳民伤财，而且重化项目投放密集，污染加剧，隐患难料，无法把生态文明建设融入中国特色社会主义事业的全过程。有鉴于此，必须力挺陆海统筹上升为国家大战略，并且在大力推进陆海统筹战略取向下协调沿海11省市区的海洋开发规划，从北到南统一构建中国大“S”型海域经济带，以利于为落实党的十八大关于“优化国土空间开发格局”的战略部署提供支撑。

为了达到这一目的，作为大“S”型海域经济带的重要组成部分，环渤海经济带处于东部地区，发挥着贯通南北、连接陆海的重要作用。而开发建设渤海海峡大通道，能够从环渤海经济圈整体开发乃至大“S”型海域经济带建设的层面进行科学布局。具体而言，可以加强海陆互动关系，促进我国沿海产业集群的有效开发；可以打破行政分割局面，实现各大海域统一管理；可以维护海上通道安全，保障拓展国家利益；可以加大对外开放步伐，面向东北亚和亚太地区加强国际合作。而只有这样努力下去，才能造就中国大“S”

型海域经济带，才能筑成“美丽中国”的前沿区域，才能开创出“风景这边独好”的繁荣景象。

（二）借重渤海海峡跨海通道，力挺大连创建东北亚自由贸易先导区

随着经济全球化和区域一体化进程的加快，推进东北亚自由贸易合作已势在必行。作为中国东北对外开放窗口的大连，正在成长为东北亚重要国际航运中心、东北亚国际物流中心与区域性金融中心。而在这一进程中，从山东半岛到辽东半岛的渤海跨海大通道项目开发恰逢此时，这不仅对于相关各省市都是事关长远发展利益的大事，对于大连市创建东北亚自由贸易先导区更是意义重大。因此，大连应当采取积极作为的进取姿态，借重这一渤海蓝色新干线，以自身的地缘优势、经济资源、开放条件为基础，下功夫打造东北亚自由贸易先导区。为此，应当认定大连市域提升为东北亚自由贸易先导区的战略价值，整合大连市域的综合优势，分析现存问题，并且有针对性地提出借重渤海大通道力挺大连提升为东北亚自由贸易先导区的推进对策加以实施。只有这样，大连市域开发才能跟上时代步伐，在“十三五”期间全力铸就现代化国际名城品牌。

鉴于当今世界上自由贸易区的发展态势和市场价值，党的十八大做出了“统筹双边、多边、区域次区域开放合作，加快实施自由贸易区战略，推动同周边国家互联互通”的战略部署；国家主席习近平在参加十二届全国人大三次会议上海代表团审议时进一步明确指出：“加快实施自由贸易区战略，是我国新一轮对外开放的重要内容”，再次明确了国家要加快自由贸易区建设、构建开放型经济体制的战略导向。而大连市域地处东北的龙头地位、东北亚区域的枢纽位置，有条件承担国家使命，成长为东北亚自由贸易先导区。具体来说，就是要努力把中日韩自由贸易区、中俄蒙朝自由贸易区的推进功能整合在一起，充分发挥两区的启动与运作功能，并且借重开拓渤海海峡大通道这一国家重大战略工程，使大连抢先一步成长为东北亚自由贸易先导区，使之真正成为“盘活改革开放全局的棋眼”，同时作为国家“一带一路”战略推进的重要节点城市发挥出应有的支撑作用。对此，大连市域责无旁贷，必须主动担当。

（三）全面规划中俄海洋合作，借道出海开拓东北大方向海上新丝路

在俄罗斯联邦总统普京开始他的第三个任期以来，多次表示要把对华关系放在俄罗斯外交的优先位置，并且在2012年6月访华期间双方共同签署了《关于进一步深化平等信任的中俄全面战略协作伙伴关系的联合声明》，其中突出了“全面”二字，包括了政治、经济、科技、能源、人文、安全、国际等多项条款，但却没有涉及海洋合作的具体内容。而在后来，由于美国战略重心逐渐转移到亚太地区，公然纠集有关国家有针对性地频繁进行海上军事演习，致使中俄两国均有来自太平洋方向的大兵压境之感。鉴于此，应当把海

洋领域的合作充实到中俄两国全面加强战略协作伙伴关系的内涵之中，以体现其重要性与紧迫感。

应当指出，无论是从经济全球化的发展趋势来看，还是从地缘经济利益的视野来看，中俄两国共同提升政治互信水平、加强双方海洋领域战略合作，对于两国经济社会的发展与睦邻关系的巩固，都具有重要的战略价值。尤其要看到，为了有效衔接“一带一路”经济带的宏伟版图，也为了将“一带一路”经济带延展到中国东北地区及东北亚地区，应当把开拓东北方向的海上新丝路提到日程，这就更需要全面规划中俄海洋合作。鉴于此，应当加快链接山东半岛和辽东半岛的渤海海峡跨海大通道开发建设，并且依托这条蓝色新干线创建中国东北方向的陆海丝绸之路经济带。为此，要加快长吉图区域交通枢纽建设，因为这里是东北亚地理中心和新欧亚大陆桥的起点，是东北亚各国经贸合作与交流的枢纽地带，向西毗邻俄罗斯亚洲区域腹地及蒙古国，东部则是俄罗斯东部和朝鲜的港口群；要加快以蒙古国乔巴山为起点，途经中国阿尔山、白城、松原、长春、吉林、珲春等重要铁路节点的城市群资源整合，最终借道俄罗斯和朝鲜港口在日本海形成出海口的“中蒙大通道”工程推进，争取使“中蒙大通道”工程上升到国家战略层面，进而形成在21世纪东北方向陆海丝绸之路经济带内纵横交错的与俄罗斯港口群相连的综合性经济路网，大力推进中俄海洋合作开发，从而达到中国借道出海的目的。这样看来，此举既能构建四通八达的经济网络，也能够完善我国战略安全新一轮的重要布局。

五、力挺中国东北方向陆海丝绸之路经济带，进一步完善亚欧市场大通道

必须看到，合理规划与科学开发建设渤海海峡跨海大通道，既有利于东北亚区域的联动开发与合作关系的综合提升，也有利于环渤海经济圈、环日本海经济圈的互动往来，所以应把建设东北方向陆海丝绸之路经济带作为长远目标和发展动力，首先要加强辽东半岛和山东半岛各中心城市的支撑作用，使之成为21世纪东北方向陆海丝绸之路经济带以及“一带一路”战略规划的重要组成部分，以利于从北到南统一构建中国大“S”型海域经济带，进而与沿线城市共同打造新亚欧大陆桥，进一步完善亚欧市场大通道，以期共同实现沿线国家开放合作的宏大市场经济愿景。

（一）告慰先人开拓丝路英灵，筑就21世纪中国东北方向陆海丝绸之路

追溯历史印记，中国古代的海上丝绸之路，起步于两千多年的秦汉时期，延至闭关锁国的明清之际。在这期间，实际上已经形成了四大航线：一是由中国北部的沿海城市大连、天津、青岛等地出发，进入俄罗斯、东欧诸大公国；二是由中国中部的沿海城市上海、连云港、宁波等地出发，进入日本、琉球与朝鲜；三是由中国南部的沿海城市香港、

台北、厦门等地出发，进入东南亚诸国；四是由中国沿海的西南港口城市广州、湛江、南宁等地出发，进入南亚、西亚、北非与东非沿海诸国。大体如此，亦有交叉。由此可见，在中国古代，已经开发出四大方位、取向明确的海上丝绸之路。凭借着这些海上商道，满载着丝绸、瓷器、茶叶等货物的商船频繁往来，极大地繁荣了沿途国家经济，全面地丰富了当地居民生活，一路传播着和平福音与文明佳话，留下了许多“美丽的传说”。

值得一提的是，在中国的版图上，东北方向的一带一路，有着令人刻骨铭心的历史印迹。长久以来，东北区域作为蛮荒之地且人烟稀少，是我国少数民族的游牧、渔猎场所。关于东北方向的一带一路，肇始于唐宋之际，特别是历经了元、明、清各个朝代才粗具规模，主要是山东人、河北人闯关东踩出来的，是在长期的历史演进中形成的，由先辈们流着泪、流着汗、流着血开拓出来的，其过程是极其悲壮的，正可谓“浩歌正气动天地，创业艰辛泣鬼神”，才有今天的丝路走势与发展格局。有别于其他区域的显著标志是：东北方向的一带一路相互连通，所以应当面向未来建设21世纪中国东北方向陆海丝绸之路经济带。应当看到，开发建设渤海海峡跨海大通道，对于支撑和完善中国东北方向陆海丝绸之路意义重大：一是根据实际情况，明确陆海丝绸之路经济带连通一体化的建设导向，是为理论意义；二是感念区域乡愁，深情告慰从山东、河北两个方向闯关东悲壮历程的先辈英灵，是为历史意义；三是根据山东、东北应领使命，建议领衔区域以求获得“水涨船高”的发展效益，是为经济意义；四是依据北疆民族演化，强调全面落实国家民族政策利于安邦固边，是为政治意义；五是可以通江达海，与俄、蒙、朝等国协调建设陆海丝绸之路经济带，是为引领意义；六是由于所居方位，山东半岛、辽东半岛具有重要国防军事价值，是为战略意义。如此等等，充分体现了的面向未来建设21世纪中国东北方向陆海丝绸之路经济带的重要性和迫切性，不容漠视。

（二）完善海上通道体系，实现“东进西拓南下北上”的通道格局

应当认定，作为陆海丝绸之路经济带，东北方向客观上存在着两条主线和两条辅线：即哈大线与京哈线及其各自的延长线。两条主线在沈阳重合与汇集，到长春、哈尔滨又分道扬镳，分别朝着海参崴方向、满洲里方向前进。前者通过图们江借道海参崴进入俄罗斯海域，成就了目前中国东北方向的21世纪海上丝绸之路；后者通过满洲里进入西伯利亚大通道，形成了另一条到达欧洲市场的陆域丝绸之路经济带。东北方向丝绸之路经济带的两条辅线，分别是东北东边道和内蒙古狭长通道，具有巨大开发潜力，所以不可忽视。在长期的建设积累中，东北方向陆海丝绸之路经济带上出现了京津冀经济圈、山东半岛经济区、辽东半岛经济区以及烟台、大连、沈阳、长春、哈尔滨、海参崴等重要的发端区域、中心城市和节点城市，代表了沿线的开发与繁荣。需要引起重视的是，开拓从山东半岛到辽东半岛的渤海湾蓝色新干线，是东北方向陆海丝绸之路经济带建设的重要一环，跟进时

代潮流，承担国家使命，必须认定这一具有操作价值的思路与出路。

因此，在这方面，应当达成共识，尽快采取行动。可以预见，建设东北方向陆海丝绸之路经济带，有利于唤醒当年山东人、河北人勇闯关东、建设东北的历史记忆；有利于唤醒人们对“赶崴子”大集、“江东六十四屯”悲惨遭遇的历史记忆；有利于唤醒东北抗日联军浴血奋战、甘为救亡图存而慷慨赴死的历史记忆；有利于唤醒毛主席当年号召东北建设工业基地支援全国、遭到多次多方面区域性透支而至今尚未得到补报的历史记忆。当然，在此基础上，中国作为负责任的世界大国，要注重确立和提升责任感和使命感，凝心聚力共同开创面向21世纪的东北方向陆海丝绸之路经济带，以便为实现东北老工业基地全面振兴的国家战略目标，为国家新一轮对外开放而促成“东进西拓南下北上”的陆海大通道格局，为实现历代志士仁人所追求的中华民族伟大复兴梦想，努力做出新的业绩与贡献。

（三）整合全球海洋城市关系资源，领衔与运作世界海洋城市总部

在世界近现代史上，大连经历了在旧中国由于长期沦为殖民地而被动国际化和新中国建设时期特别是改革开放而主动国际化的特殊历史进程，使之在国内外均具有很高的城市知名度，所以不仅被邓小平认定为“东北之窗”，被江泽民题词为“北方明珠”，被朱镕基希望为“世界名城”，而且由党中央首次单独地向一座城市投放了国家战略，明确要求大连建设为东北亚重要国际航运中心，目前正在逐渐地步入现代化国际名城的理想境界。而在这一进程中，大连应当借重渤海蓝色新干线而加强自身的开发和开放潜力，领衔创建与运作世界海洋城市总部，面向世界和未来整合全球海洋城市关系资源，把占世界经济总量72%的海洋城市包括沿海城市与海岛城市所拉动的海域经济带联系起来，为国家全面经略海洋、建设海洋强国和21世纪海上丝绸之路提供战略支点，以利于中国在国际海洋领域提高话语权和影响力。

鉴于世界著名的海洋城市如纽约、伦敦、东京等的成长历程，可以看到它们有着类似的发展规律和特征：以相对较小的国土面积，集中了大量的人口和各种先进的生产力要素，创造出极高的市场经济价值，并成为该国的核心命脉区域和最重要的政治、经济、文化中心地带；又由于海洋开发与保护是当前国际社会的重要议题，海洋城市自然会成为世界海洋经济、海洋社会发展的重要载体和重点研究对象。鉴于此，在全世界范围内，各个海洋国家、海洋城市发展水平不同，发展环境不同，评测标准不同，需要一个统一的平台促进相互了解，推进合作事宜，所以世界海洋城市总部这一战略平台便会应运而生。而大连作为中国重要的海洋城市，又是东北方向陆海丝绸之路经济带的区域引擎，要勇于担当，以得天独厚的地缘优势，以国内巨大的市场为吸引力，借重开拓渤海海峡大通道这一国家重大战略工程，注重整合山东半岛与辽东半岛的综合优势，以总部经济模式吸纳全国

乃至全球海洋城市政府代表、国际海洋机构、涉海企业家为会员，积极创办世界海洋城市总部。应当明确，构建世界海洋城市总部，能够以市场功能逐步集聚和利用全球海洋资源，能够为大连创建东北亚重要的国际航运中心，成长为现代化国际名城打造品牌，能够有效充实中国东北方向陆海丝绸之路经济带的运作功能，打造“一带一路”的智慧城市共同体，并以此促进落实国家全面经略海洋、建设海洋强国的重大战略部署，所以有必要加以战略推进。

参考文献

［1］李靖宇．以海洋强国为取向倾力推展重大战略工程．决策咨询，2014（2）．

［2］刘良忠，于敏．渤海海峡跨海通道对环渤海经济圈形成影响力研究//魏礼群，柳新华，刘良忠，等著．渤海海峡跨海通道若干重大问题研究．北京：经济科学出版社，2007.

［3］杨洁．东北优化开发主体功能区建设能够为国际合作提供广阔市场空间．学理论，2008（16）．

［4］柳新华，宋长虹．关于兴建渤海海峡跨海通道的思考//魏礼群，柳新华，刘良忠，等著．渤海海峡跨海通道若干重大问题研究．北京：经济科学出版社，2007.

［5］孙东琪等．国外跨海通道建设的空间社会经济效应．地理研究，2013（1）．

［6］张媛媛．近年跨海大桥区域及效应研究的进展．中国城市研究，2012（2）．

［7］李天舒．东北地区工业比较优势及产业升级途径．经济纵横，2007（4）．

［8］2015辽宁省政府工作报告全文．辽宁日报，2015－01－27（01）．

［9］中华人民共和国国民经济和社会发展第十三个五年规划纲要．人民日报，2016－03－18（01）．

“绿色”发展研究

成渝城市群 AQI 的空间特征及其关联规律*

胡秋灵　游艳艳**

一、引　言

成渝城市群作为国家一级城市群，是长江经济带战略和西部大开发板块的"契合点"，同时，成渝城市群还是"一带一路"战略的重要支撑。成渝城市群的经济战略地位不言而喻，但是随着经济的发展，资源能源消耗巨大，大气污染物排放集中，污染天气在成渝城市群大范围出现。政府部门在推动经济发展的同时也时刻关注生态环境污染问题并提出相应措施，2016 年 4 月获批复的《成渝城市群发展规划》中，就将保护生态环境放在成渝城市群发展的支撑位置。成渝城市群作为一个有机整体，空气流通没有边界，一个城市污染物的排放在不同城市之间输送、转化、耦合，导致大气污染进入多物种共存、多尺度关联、多过程演化的复合型阶段，因此单靠一个城市自身的力量，各个城市各自为政的方式难以有效解决目前的大气污染问题，区域性的联防联治已成为大势所趋。成渝城市群作为区域性城市群，其环境污染具有明显的区域性特征。

2012 年国家环保局用空气质量指数（Air Quality Index，AQI）替代原有的空气污染指数（Air Pollution Index，API），将 PM2.5 和 O_3 的监测和评价新增至空气质量监测指标中，并且加严了 PM10 和 NO_2 的浓度限值。2012—2014 年，环保部组织分三个阶段完成全国地级及以上城市空气质量新标准监测实施工作，从 2015 年 1 月 1 日起实时发布所有 338 个城

* 基金项目：教育部人文社会科学项目"基于 AQI 高频大数据的西部城市群空气污染统计规律挖掘及治污减霾对策设计"（15XJA910001）；陕西省软科学研究计划项目"基于 AQI 高频大数据的关中城市群空气污染统计规律挖掘及治污减霾对策设计"（2016KRM096）。

** 胡秋灵，陕西师范大学国际商学院金融发展研究所所长、副教授。研究方向：金融市场计量分析、金融工程、农村金融。

游艳艳，陕西师范大学国际商学院，硕士研究生。研究方向：金融工程。

市监测的AQI数据，其中包括成渝城市群的重庆、成都、绵阳、宜宾、泸州、自贡、德阳、南充、遂宁、内江、乐山、眉山、广安、达州、雅安和资阳16个城市。本文利用环境保护部实时发布的空气质量指数（AQI）重点探讨成渝城市群雾霾天气的特征及污染物的空间关联规律。

二、文献综述

雾霾天气的形成及相互作用过程非常复杂，气溶胶粒子化学组成及其辐射变化等都会引起空气污染状况发生变化（Heintzenberg，1989；zhang等，2012；张建忠，2014；郭丽君等，2015）。国内外学者对雾霾的探讨主要集中于雾霾与气候变化的关系、区域性的雾霾天气特征等。Quinn P. K. 等（2003）、Sachwen M. 等（1995）、Stein等（2003）分析得出雾霾与气候变化存在密切关系。由于雾霾天气往往呈现区域性特征，近年来国内外学者针对区域性的雾霾特征做了不少工作：Malm W. C. （1992）分析了美国大陆性雾霾天气的时空特征。R. Lanzafame等（2015）、Anikender Kumar等（2011）分别分析了意大利卡塔尼亚、印度德里近年来的AQI特征，冯建社等（2014）和熊洁等（2015）分别分析了秦皇岛市和武汉市的AQI特征。刘瑞琪等（2013）、高敏等（2014）、常清等（2015）对北京地区雾霾形成的气象条件进行了分析，发现雾霾的形成是高浓度的大气颗粒物、燃煤污染的区域输送以及一定的温度、湿度等共同作用的结果。于庚康等（2013）发现影响南京的污染物来源于黄海、安徽地区、北方污染物的输送和本地区的污染。钱峻屏等（2006）、王咏梅等（2014）、张小红等（2014）和王珊等（2014）分别分析了广东、山西、长沙和西安雾霾天气现象的长期气候特征发现，近年来各地区雾霾日数逐渐增多，雾霾多发生于冬季和春季，气温、相对湿度以及能见度等气候特征的变化形成了有利于雾霾出现的天气条件。虽然国内学者对全国不少地区的空气污染特征做了分析，但是主要集中于中东部地区，针对成渝城市群的探讨却比较少。

由于大气污染物在不同城市间输送转化，单靠各个城市自身的力量、各自为政的方式难以有效地解决大气污染问题（王金南等，2012），因此治理雾霾应靠区域之间的联防联治。Petrosjan等（2003）、薛俭等（2014）从治污成本角度探讨不同地区之间联防联治的治污效率。高庆先等（2015）、刘冰等（2015）分析APEC期间京津冀地区天气特征，得出加强区域间的预案协同，强化减排措施可以明显改善空气质量。姜丙毅等（2014）提出地方政府之间应构建合作平台，实现对雾霾天气的有效治理。因此针对成渝城市群雾霾的治理，区域联防联治将是趋势所在。

早期关于雾霾的探索使用的大多都是针对大气污染物的统计性描述，近几年有学者开始将空间计量模型应用于对大气污染物的探索。Rupasingha et al（2004）最早将空间计量模型运用到对大气污染的探讨，这篇文章显示了空间变量的引入提高了计量模型的准确度。Poon et al（2006）运用空间计量研究能源、交通以及对外贸易对中国大气环境的影响，发现 SO_2 和烟尘在中国省域之间存在空间溢出效应。国内学者将空间计量方法运用到对空气污染的探讨起步较晚，马丽梅等（2014）利用空间计量模型得出全国 31 个省市之间 PM10 存在显著的空间正相关性。王金南等（2014）利用测算空间相关性指标的莫然指数（Moran's I）分析中国 10 千米二氧化碳排放的空间特征。东童童等（2015）利用空间滞后模型、空间误差模型和空间杜宾模型探讨工业集聚对雾霾污染的影响。目前国内外学者针对大气污染物的研究多基于年度数据或日度数据，本文利用分时数据建立空间面板模型分析成渝城市群 AQI 空间特征及其关联规律，数据量比较大，研究结果比较令人信服，为成渝城市群对空气污染区域联防联治提供新思路与新的科学依据。

三、理论分析、变量选择与模型构建

（一）理论分析

蒋家文（2004）针对美国 20 世纪 90 年代出现的“空气流域”概念进行了整理，指出“空气流域是由于地形构造和气候条件的限制，使得污染物进出量较小的地区”。各城市污染物之间的空间相关性就是以“空气流域”理论为基础的。从某地排放的大气污染物，一般会污染与它相邻的局部地区，并不会立即在全球范围内均匀混合。因此，虽然大气作为一个整体，没有一个严格的界定边界，但是大气中存在以“空气分水岭”为相对边界的气团，各个不同气团之间相对孤立，由这些气团所笼罩的地理区域，叫做“空气流域”。“空气流域”受地形、气象和气候的影响，而行政区域是人为界定的边界，因此，“空气流域”与行政区域不一定重合。如果两个行政区域同属于一个“空气流域”，则两个行政区域之间污染物的流向可能是单向的也可能是双向的，即两个行政区域一方扮演“污染排放者”，另一方扮演“污染接收者”，两个行政区域的角色也可能是双重的。在考察某单个城市的空气污染物时，需要考察与其相邻地区空气污染情况。各城市之间的污染物在理论上存在空间相关性，本文利用地理空间矩阵建立空间计量模型来探讨成渝城市群各城市大气污染物的关联特征。

（二）样本选取、数据来源和模型构建

1. 样本选取与数据来源

样本选取成渝城市群中的城市有重庆、成都、绵阳、宜宾、泸州、自贡、德阳、南充、遂宁、内江、乐山、眉山、广安、达州、雅安和资阳共 16 个城市。利用空气质量指数

（AQI）来描述成渝城市群各城市的空气质量。AQI 指数是一个综合指数，参与空气质量评价的主要污染物由细颗粒物（PM2.5）、可吸入颗粒物（PM10）、二氧化硫（SO_2）、二氧化氮（NO_2）、臭氧（O_3）、一氧化碳（CO）六项。本文所采用的 AQI 数据为中华人民共和国环境保护部公布的 2015 年 1 月 2 日至 2015 年 12 月 31 日的分时数据，时间长度为 8736。

2. 模型构建

首先，基于普通面板模型回归的残差构建出衡量成渝城市群各城市污染物空间相关性的莫然指数（Moran' I），若莫然指数通过显著性检验则说明成渝城市群污染物存在空间相关性，可以建立空间计量经济学模型；其次，利用 Hausman 检验，判别成渝城市群污染物空间计量模型采用固定效应还是随机效应；然后，利用 LM 检验，判别成渝城市群污染物空间计量模型采用哪种固定效应或哪种随机效应；最后，利用 Wald 检验，判别成渝城市群污染物采用哪种空间计量模型。下图为构建成渝城市群污染物模型的流程图。

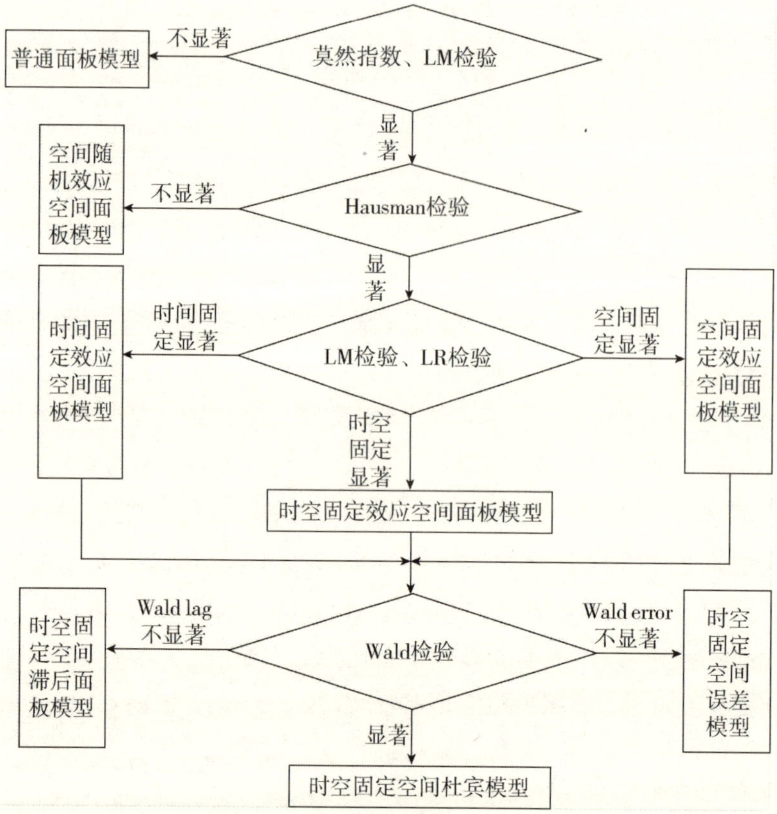

成渝城市群污染物模型构建流程图

（1）污染物空间相关性测度

分析成渝城市群各污染物之间的空间相关性，通过对普通面板模型的残差构建出莫然

指数（Moran's I）进行空间相关性检验。莫然指数（Moran's I）计算公式为：

$$I=\frac{\sum_{i=1}^{n}\sum_{i=1}^{n}\omega_{ij}(A_i-\bar{A})(A_j-\bar{A})}{S^2\sum_{i=1}^{n}\sum_{i=1}^{n}\omega_{ij}} \tag{1}$$

其中，I 是指数，$S^2=\frac{1}{n}\sum_{i=1}^{n}(A_i-\bar{A})^2$，$\bar{A}=\frac{1}{n}\sum_{i=1}^{n}A_i$，$A_i$ 表示第 i 个城市污染物的观测值，n 为成渝城市群城市个数 16，W 为空间权重矩阵，ω_{ij} 为空间权重矩阵中的元素。I 的取值范围为 $-1\leqslant I\leqslant 1$。当 I 接近 1 时，表示各城市污染物呈现空间正相关，接近 -1 表示呈现空间负相关，接近 0 表示地区间不存在空间相关性。本文的空间权重矩阵以地理位置的一阶邻近为基础，即：

$$\omega_i j=\begin{cases}1 & \text{城市 } i \text{ 与城市 } j \text{ 相邻}\\ 0 & \text{城市 } i \text{ 与城市 } j \text{ 不相邻}\\ 0 & \text{城市 } i=\text{城市 } j\end{cases}$$

相邻是指地区 i 与地区 j 有共同的边界或交点。空间权重矩阵 W 是利用所选取 16 个城市的地理坐标生成的。

（2）空间面板模型的设定

在探讨成渝城市群各城市空气污染物空间相关性的基础上，对成渝城市污染物可以构建包括空间滞后面板模型（SLM）、空间误差面板模型（SEM）以及空间杜宾模型（SDM）。如果由于空气流动等可观测因素造成成渝城市群污染物的空间溢出效应，可以利用空间滞后模型（SLM）通过加入污染物浓度的空间滞后因子进行分析；在模型设定的过程中，可能会遗漏一些与污染物有关但具有隐蔽性的变量，由于这些变量存在空间自相关性导致成渝城市群污染物产生空间溢出效应，可以建立空间误差模型（SEM）分析成渝城市群污染物的空间相关性；如果成渝城市群污染物的空间溢出效应不仅由内生的交互效应和误差项的空间相关性造成，还与外生的交互效应有关，则需要建立空间杜宾模型（SDM）。

空间滞后模型（SLM）设定形式为：

$$\begin{gathered}y_{it}=\rho\sum_{j=1}^{n}\omega_{ij}y_{jt}+\beta x_{it}+\mu_i+\lambda_t+\varepsilon_{it}\\ \varepsilon_{it}\sim i.i.d(0,\delta^2)\end{gathered} \tag{2}$$

其中，i 表示截面维度，$i=1$，2，3……16；t 为时间维度，$t=1$，2，3……8736；ρ 是空间自相关系数，反映各城市空气污染物的空间溢出效应；μ_i 若为常数项表示空间固定效应，它控制所有不随时间变化的因素，μ_i 若为随机项表示空间随机效应；λ_t 若为常数项表示时间固定效应，它控制所有不随空间变化的因素，λ_t 若为随机项表示时间随机效应。

空间滞后模型（SEM）设定形式为：

$$y_{it} = \beta x_{it} + \mu_i + \lambda_t + \varphi_{it}, \varphi_{it} = \eta \sum_{j=1}^{n} \omega_{ij}\varphi_{jt} + \varepsilon_{it}$$
$$\varepsilon_{it} \sim i.i.d(0,\delta^2) \tag{3}$$

其中，φ_{it}表示空间自相关误差项；η 为误差项空间相关系数，表示不可观测或无法测量因素的空间溢出效应。

空间杜宾模型（SDM）其模型设定形式为

$$y_{it} = \rho \sum_{j=1}^{n} \omega_{ij}y_{jt} + \beta x_{it} + \gamma \sum_{j=1}^{n} \omega_{ij}x_{jt} + \mu_i + \lambda_t + \varepsilon_{it}$$
$$\varepsilon_{it} \sim i.i.d(0,\delta^2) \tag{4}$$

其中，γ 反映解释变量的空间交互效应。

（3）模型估计与检验

根据 Elhost 在 2003 年提出的空间面板计量模型的估计和检验框架，估计与检验过程着重回答：应该选择哪种空间面板模型和应该包括哪种固定效应。

a）对不考虑空间交互效应的传统混合面板数据模型进行估计和检验，然后对模型的残差进行空间相关性检验，判断 SLM 与 SEM 哪个更适合描述数据以及模型中应该包括哪种固定效应。非空间面板数据模型的估计采用普通最小二乘法（OLS），残差的空间相关性通常采用拉格朗日乘数及其稳健形式（LMlag，LMerror，R－LMlag，R－LMerror）进行检验，拉格朗日乘数及其稳健形式的零假设 H_0 为：$\rho=0$，即原模型不存在空间效应，若拉格朗日乘数及其稳健形式显著拒绝原假设，则面板数据存在空间效应。

b）利用 Hausman 空间面板模型采用固定效应还是随机效应，其零假设 H_0：应该采用随机效应模型，如果 Hausman 统计量的伴随概率小于 1% 则拒绝原假设，模型采用固定效应。

c）判别空间计量模型是否既存在截面效应又存在时序效应，可以采用 LR 检验。LR 检验利用空间效应模型和空间、时序效应模型的对数极大似然值进行对比，其零假设 H_0 是空间效应模型和空间、时序效应模型的对数极大似然值相等，若检验结果显著拒绝原假设则证明需要建立同时存在空间和时序效应模型。

d）检验 SDM 能否简化为 SLM 或 SEM，可被简化为空间误差模型的零假设为 H_0：$\gamma+\rho\beta=0$，经过 Wald 检验，若结果通过了 1% 显著性水平则拒绝原假设。可被简化为空间滞后模型的零假设为 H_0：$\gamma=0$，经过 Wald 检验，若结果通过 1% 显著性水平则拒绝原假设，采用 SDM 模型。

e）Lesage & Pace 指出空间回归模型中使用点估计的方法检验是否存在空间溢出效应会导致错误的结论，应在截面模型的背景下使用偏微分来检验变量的直接效应和空间溢出效应（Lesage James & Pace R. Kelley，2009：34）。Elhorst 将这种方法推广到空间面板模型，并以 SDM 为例阐释它的原理。将 SDM 改写为向量形式：

$$Yt = (I-\rho W)^{-1}(\beta X_t + WX_tY) + (I-\rho w)^{-1}\varepsilon_t^* \tag{5}$$

其中，误差项包括 ε_t 和固定效应，以第 k 个解释变量为自变量对上式进行求导，可得到偏微分矩阵：

$$\left[\frac{\partial Y}{\partial X_{1k}} \cdot \frac{\partial Y}{\partial X_{Nk}}\right] = \begin{bmatrix} \frac{\partial Y_1}{\partial X_{1k}} & \cdots & \frac{\partial Y_1}{\partial X_{Nk}} \\ \cdot & \cdots & \cdot \\ \frac{\partial Y_N}{\partial X_{1k}} & \cdots & \frac{\partial Y_N}{\partial X_{Nk}} \end{bmatrix} = (I-\rho W)^{-1}\begin{bmatrix} \beta_k & \omega_{12}\lambda_k & \cdots & \omega_{1N}\lambda_k \\ \omega_{21}\lambda_k & \beta_k & \cdots & \omega_{2N}\lambda_k \\ \omega_{N1}\lambda_k & \omega_{N2}\lambda_k & \cdots & \beta_k \end{bmatrix} \tag{6}$$

式中：直接效应被定义为等式右边主对角线元素的平均值，反映第 k 个变量对因变量的边际效应；间接效应被定义等式右边为除对角线以外的元素的平均值，反映截面单元第 k 个变量对其他单元因变量的边际效应或所有其他截面单元的第 k 个变量对某一单元因变量的影响。

四、成渝城市群 AQI 的统计性特征

（一）成渝城市群各城市污染现状

利用环保部 2012 年发布的《环境空气质量指数（AQI）技术规定（试行）》并在 2016 年 1 月 1 日实施的空气质量标准，分别统计 16 个样本城市从 2015 年 1 月 2 日 0 点至 12 月 31 日 23 点的空气质量等级，表 1 为各城市在各空气质量等级的时数占总时数的比例，反映各城市在 2015 年空气质量情况。此空气质量标准中指出三级及三级以上分别属于轻度污染、中度污染、重度污染和严重污染，表 2 为各城市分别在各月中空气质量处于轻度污染、中度污染、重度污染和严重污染的时数占所有时数的比例，反映各城市在各月空气污染情况。

表 1　成渝城市群各城市空气质量情况

城市 \ 空气质量	优	良	轻度污染	中度污染	重度污染	严重污染
雅安	0.4495	0.4657	0.0711	0.0116	0.0021	0.0001
资阳	0.228	0.624	0.1089	0.0309	0.0083	0.0000
绵阳	0.3322	0.508	0.1175	0.0287	0.0135	0.0000
广安	0.2547	0.5772	0.1028	0.0334	0.0316	0.0002
重庆	0.222	0.6017	0.1039	0.0397	0.0326	0.0001

续表

空气质量 城市	优	良	轻度污染	中度污染	重度污染	严重污染
遂宁	0.2365	0.575	0.1358	0.0406	0.0122	0.0000
南充	0.1959	0.5839	0.1454	0.046	0.0286	0.0001
德阳	0.2182	0.5591	0.1442	0.0483	0.0295	0.0007
宜宾	0.2701	0.4989	0.1424	0.0393	0.0494	0.0000
乐山	0.292	0.4745	0.1545	0.0505	0.0272	0.0013
泸州	0.239	0.5127	0.1542	0.0497	0.0405	0.0039
达州	0.2514	0.4989	0.1622	0.0401	0.038	0.0095
内江	0.233	0.5104	0.1374	0.0675	0.0499	0.0017
眉山	0.188	0.5232	0.1835	0.0649	0.038	0.0024
成都	0.1649	0.5239	0.2037	0.052	0.0539	0.0015
自贡	0.1248	0.5254	0.1924	0.066	0.0853	0.0062

由表1可以看出，雅安、资阳、绵阳的空气质量等级为优和良占比较高，而眉山、成都、自贡的空气质量等级为优和良占比较小；雅安、资阳、绵阳的空气质量处于污染的时数比例较低，眉山、成都、自贡的空气质量处于污染的时数比例较高。因此，成渝城市群各城市中，雅安、资阳、绵阳的空气质量整体较好，而眉山、成都、自贡的空气质量整体较差。

表2　成渝城市群各城市各月空气污染现状

月份 城市	1月	2月	3月	4月	5月	6月	7月	8月	9月	10月	11月	12月
自贡	0.77	0.67	0.47	0.29	0.26	0.09	0.13	0.14	0.06	0.42	0.35	0.59
达州	0.79	0.57	0.32	0.14	0.18	0.05	0.05	0.10	0.07	0.23	0.08	0.43
成都	0.81	0.53	0.39	0.30	0.32	0.12	0.26	0.17	0.03	0.30	0.08	0.45
南充	0.74	0.64	0.26	0.13	0.14	0.01	0.06	0.02	0.04	0.23	0.02	0.39
宜宾	0.72	0.60	0.33	0.19	0.11	0.02	0.04	0.03	0.00	0.26	0.13	0.42
内江	0.77	0.64	0.20	0.28	0.42	0.06	0.12	0.03	0.02	0.27	0.03	0.29
眉山	0.73	0.49	0.39	0.26	0.34	0.16	0.18	0.10	0.08	0.31	0.07	0.38
泸州	0.70	0.62	0.36	0.20	0.25	0.06	0.03	0.12	0.07	0.26	0.10	0.26

续表

月份/城市	1月	2月	3月	4月	5月	6月	7月	8月	9月	10月	11月	12月
重庆	0.79	0.50	0.17	0.13	0.02	0.00	0.10	0.05	0.01	0.08	0.02	0.28
德阳	0.69	0.43	0.21	0.25	0.22	0.05	0.05	0.10	0.03	0.21	0.02	0.44
乐山	0.71	0.41	0.28	0.24	0.13	0.02	0.02	0.11	0.07	0.26	0.20	0.42
广安	0.72	0.48	0.11	0.08	0.03	0.01	0.16	0.08	0.05	0.08	0.02	0.23
遂宁	0.68	0.55	0.25	0.17	0.15	0.00	0.09	0.02	0.03	0.21	0.00	0.17
绵阳	0.62	0.32	0.09	0.15	0.12	0.01	0.04	0.01	0.02	0.14	0.02	0.44
资阳	0.66	0.38	0.14	0.19	0.14	0.00	0.10	0.00	0.00	0.06	0.00	0.14
雅安	0.37	0.17	0.11	0.01	0.02	0.00	0.00	0.00	0.00	0.09	0.03	0.23

由表2可以看出，各城市基本表现出在1月、2月、12月中，空气质量处于污染时数较多，空气质量较差；而在4月到11月中，空气质量处于污染的时数较少，空气质量较好。自贡、达州、成都的空气质量分别在1月、2月、12月时的污染时数较多，空气质量最差，而绵阳、资阳、雅安整体表现都很好，空气质量较好。

（二）成渝城市群各城市首要污染物

利用环保部2012年发布的《环境空气质量指数（AQI）技术规定（试行）》中规定的计算首要污染物的方法，分别计算所选16个样本城市分时首要污染物，表3为各城市中排名前三的首要污染物及其在所选样本时长中作为首要污染物的比例。由表3可以看出，各个城市的首要污染物中，PM2.5和PM10占比都较高，因此，本文在利用模型分析成渝城市群AQI关联规律时，主要对PM2.5和PM10进行分析，观察成渝城市群各城市之间PM2.5空间关联性以及PM10的空间关联性。

表3　成渝城市群各城市首要污染物情况

城市	首要污染物	首要污染物所占比重*①
重庆	PM2.5	53.53%
	PM10	23.49%
	O_3	0.68%

① 表示各城市的各污染物作为首要污染物在所有首要污染物中所占的比重。

续表

城市	首要污染物	首要污染物所占比重 *
成都	PM2. 5	49. 56%
	PM10	28. 93%
	O_3	3. 83%
绵阳	PM2. 5	43. 69%
	PM10	20. 32%
	O_3	0. 78%
宜宾	PM2. 5	59. 22%
	PM10	13. 62%
	O_3	0. 06%
泸州	PM2. 5	63. 33%
	PM10	12. 14%
	O_3	0. 45%
自贡	PM2. 5	69. 44%
	PM10	16. 96%
	NO_2	0. 02%
德阳	PM2. 5	44. 31%
	PM10	29. 90%
	O_3	1. 77%
南充	PM2. 5	63. 18%
	PM10	17. 00%
	O_3	0. 12%
遂宁	PM2. 5	43. 28%
	PM10	31. 14%
	O_3	0. 58%
内江	PM2. 5	62. 32%
	PM10	10. 94%
	O_3	1. 77%
乐山	PM2. 5	55. 83%
	PM10	11. 65%
	O_3	0. 97%

续表

城市	首要污染物	首要污染物所占比重 *
眉山	PM2. 5	59. 59%
	PM10	18. 16%
	O_3	2. 21%
广安	PM2. 5	30. 21%
	PM10	37. 03%
	O_3	3. 35%
达州	PM2. 5	62. 02%
	PM10	12. 64%
	O_3	0. 49%
雅安	PM2. 5	23. 18%
	PM10	32. 34%
	SO_2	0. 05%
资阳	PM2. 5	20. 31%
	PM10	51. 18%
	O_3	2. 1%

五、成渝城市群污染物的空间特征及关联规律

（一）变量选择

大气污染主要由燃煤、工业废气、机动车尾气、扬尘等引起，同时受温度、湿度、风力及风向一系列气候因素的影响，另外周边城市空气质量对本城市空气质量也会产生一定影响。所以一个地区的空气污染受多种因素的共同影响，其中多种因素都是无法测量的，因此在建立模型时，将各污染物当期浓度的时间滞后项作为其解释变量，由于各城市的 PM2. 5 和 PM10 的自相关函数值在时间滞后 1 期和时间滞后 2 期时均大于 0. 95，因此，本文选择的解释变量分别为 PM2. 5 的时间滞后 1 期和时间滞后 2 期，PM10 的时间滞后 1 期和时间滞后 2 期，反映 PM2. 5 和 PM10 时间滞后效应。表 4 为各变量表示：

表4　变量表示

污染物	被解释变量		解释变量	
	变量表示	含义	变量表示	含义
PM2.5	$CEPM_{2.5}$	表示PM2.5浓度值	$CEPM_{2.5}$lag1	表示PM2.5浓度值的时间滞后1期
			$CEPM_{2.5}$lag2	表示PM2.5浓度值的时间滞后2期
PM10	$CEPM_{10}$	表示PM10浓度值	$CEPM_{10}$lag1	表示PM10浓度值的时间滞后1期
			$CEPM_{10}$lag2	表示PM10浓度值的时间滞后2期

（二）空间面板模型选择检验

为使模型拟合得更精确，需要确定模型最优形式。利用由普通面板回归模型得到的残差计算莫然指数（Moran' I）进行空间相关性检验，并利用经典的LM统计量和Robust LM统计量检验是否采用空间面板模型，对比普通面板回归模型与空间面板模型的适用性；在选择空间面板模型的基础上，利用Hausman检验选择空间面板模型采用固定效应还是随机效应；在选择固定效应空间面板模型的基础上，利用经典的LM统计量和Robust LM统计量检验在时间固定效应、空间固定效应及时间和空间双向固定效应中选择最佳形式，LR检验进一步验证所选的模型；最后利用Wald检验在空间滞后模型、空间面板模型和空间杜宾模型中选择最佳的模型。各检验的检验结果如表5和表6所示。

表5　PM2.5模型选择的检验结果

模型类型	Lmlag	R－LMlag	LMerror	R－LMerror	Moran's I
普通面板VS空间面板	179.3104 (0.000)	93.6895 (0.000)	330.8673 (0.000)	245.2464 (0.000)	0.1183 (0.000)
空间固定效应空间面板模型	353.3677 (0.000)	210.2394 (0.000)	346.5176 (0.000)	203.3893 (0.000)	
时间固定效应空间面板模型	6.3636 (0.012)	20.4702 (0.000)	28.7091 (0.000)	42.8157 (0.000)	
时空固定效应空间面板模型	18.6312 (0.000)	47.7697 (0.000)	25.1531 (0.000)	54.2916 (0.000)	

续表

模型类型	Lmlag	R－LMlag	LMerror	R－LMerror	Moran’s I
空间效应联合显著性检验 LR	1076.1540 (0.000)				
时间效应联合显著性检验 LR	36546.1086 (0.000)				
Hausman 检验	10655.3686 (0.000)				
Wald 检验（空间滞后）	1.61E+03 (0.000)				
Wald 检验（空间误差）	1.45E+03 (0.000)				

注：1. LMlag、LMerror、R－LMlag、R－LMerror 分别表示空间滞后面板模型、空间误差面板模型的 LM 统计量及稳健 LM 统计量。2. 数字为相关检验统计量的值。3. 表中括号内的数字为相关统计量的伴随概率。表 6 中表示与表 5 相同。

表 6　PM10 模型选择的检验结果

模型类型	LMlag	Robust LMlag	LMerror	Robust LMerror	Moran’s I
普通面板 VS 空间面板	263.518 (0.000)	129.736 (0.000)	425.903 (0.000)	292.120 (0.000)	0.124 (0.000)
空间固定效应空间面板模型	432.077 (0.000)	237.947 (0.000)	441.873 (0.000)	247.743 (0.000)	
时间固定效应空间面板模型	11.774 (0.001)	32.183 (0.000)	22.010 (0.000)	42.510 (0.000)	
时空固定效应空间面板模型	22.174 (0.000)	54.519 (0.000)	19.467 (0.000)	51.811 (0.000)	
空间效应联合显著性检验 LR	726.593 (0.000)				
时间效应联合显著性检验 LR	36658.523 (0.000)				
Hausman 检验	10936.318 (0.000)				
Wald 检验（空间滞后）	1.97E+03 (0.000)				
Wald 检验（空间误差）	1.72E+03 (0.000)				

由表5和表6得出：（1）莫然指数均显著为正，表明样本城市之间的PM2.5及PM10存在着较为明显的正向空间相关性，即对于PM2.5较高的地区，往往存在一个或多个PM2.5较高的地区与其相邻（高—高正相关），对于PM10较低的地区，往往存在一个或多个PM10较低的地区与其相邻（低—低正相关）。此外经典LM统计量及Robust LM统计量均表示在1%显著性水平下选择空间面板模型。（2）在空间面板模型的条件下，Hausman统计量的结果表明，在1%显著性水平下选择固定效应空间面板模型。（3）利用经典LM统计量检验时，在1%显著性水平下除PM2.5的时间固定效应的空间滞后模型被拒绝外，其余模型均通过显著性检验；利用R－LM统计量检验时，所有模型均通过1%的显著性检验，所以应该采用时间和空间双向固定的空间面板模型。LR统计量通过1%显著性检验，进一步检验空间固定效应或时间固定效应联合不显著的假设，证明了将模型扩展为包含空间固定效应和时间固定效应的合理性。（4）在1%的显著性水平下，由于Wald检验均拒绝了空间滞后和空间误差模型，因此分别对PM2.5和PM10建立时间和空间双向固定的空间杜宾模型。

（三）模型估计结果及分析

在确定选择时间和空间双向固定的空间杜宾模型的基础上，利用极大似然方法得到参数估计结果与相关统计量，结果如表7、表8所示。

表7　PM2.5估计结果

	模型1（双向固定SDM）	
	参数值	P值
Intercept		
$CEPM_{2.5}$lag1	1.135	0.000
$CEPM_{2.5}$lag2	－0.210	0.000
$W*CEPM_{2.5}$lag1	0.305	0.000
$W*CEPM_{2.5}$lag2	－0.159	0.000
$W*CEPM_{2.5}$	0.100	0.000
R－squared	0.976	
Corr－squared	0.896	
Sigma^2	37.631	
Log－likelihood	－451926.25	

由表7得出：模型1双向固定的空间杜宾模型的参数估计值在1%显著性水平下均显

著，进一步证明了样本城市的 $CEPM_{2.5}$ 存在空间依赖性。$W*CEPM_{2.5}$ 系数显著为正，即 $CEPM_{2.5}$ 空间溢出效应显著为正，表明一个城市的 $CEPM_{2.5}$ 增加会增加其相邻城市的 $CEPM_{2.5}$。$CEPM_{2.5}$lag1 前参数显著为正，反映 $CEPM_{2.5}$lag1 会使当期 $CEPM_{2.5}$ 产生正向影响，而 $CEPM_{2.5}$lag2 的参数显著为负，反映 $CEPM_{2.5}$lag2 的浓度增加会使得当期 $CEPM_{2.5}$ 有所降低，但是其影响明显小于 $CEPM_{2.5}$lag1 对当期 $CEPM_{2.5}$ 的影响。$W*CEPM_{2.5}$lag1 前参数显著为正，表明一个城市 $CEPM_{2.5}$lag1 对与其相邻城市的 $CEPM_{2.5}$lag1 有明显的正向影响，而 $CEPM_{2.5}$lag2 前的参数显著为负则显示出其空间溢出效应显著为负，表明一个城市的 $CEPM_{2.5}$lag2 增加会降低与其相邻城市的 $CEPM_{2.5}$lag2。

表 8　PM10 估计结果

	模型 2（双向固定 SDM）	
	参数值	P 值
Intercept		
$CEPM_{10}$lag1	1.108	0.000
$CEPM_{10}$lag2	-0.194	0.000
$W*CEPM_{10}$lag1	0.330	0.000
$W*CEPM_{10}$lag2	-0.162	0.000
$W*CEPM_{10}$	0.112	0.000
R - squared	0.969	
Corr - squared	0.879	
Sigma^2	91.073	
Log - likelihood	-513718.48	

由表 8 得出：模型 2 双向固定的空间杜宾模型的参数估计值在 1% 显著性水平下均显著，进一步证明了样本城市的 $CEPM_{10}$ 存在空间依赖性。$W*CEPM_{10}$ 前的参数显著为正，即 $CEPM_{10}$ 空间溢出效应显著为正，表明一个城市的 $CEPM_{10}$ 增加会增加其相邻城市的 $CEPM_{10}$。$CEPM_{10}$lag1 前的参数显著为正，反映 $CEPM_{10}$lag1 对当期的 $CEPM_{10}$ 影响是正向的，而 $CEPM_{10}$lag2 前的参数显著为负，反映 $CEPM_{10}$lag2 与当期 PM10 浓度值呈反向关系。

$W*CEPM_{10}$ lag1 前的参数显著为正，即空间溢出效应显著为正，表明一个城市 $CEPM_{10}$lag1 对与其相邻城市的 $CEPM_{10}$lag1 有明显的正向影响，$W*CEPM_{10}$lag2 前的参数为负，即 PM10 滞后 2 期的空间溢出效应显著为负，表明一个城市的 $CEPM_{10}$lag2 的增加会降低与其相邻城市的 $CEPM_{10}$lag2。

一般情况下，时间和空间双向固定的空间杜宾模型由于纳入了空间滞后解释变量和被解释变量，因此不能直接反映其边际效应，其参数估计值也难以准确衡量 PM2.5 与 PM10 的时间滞后效应。因此，需要计算各自变量的直接效应和间接效应（又称溢出效应），其结果如表 9 和表 10。

表 9　PM2.5 以系数估计结果为基础的直接效应和间接分解效应

	模型 1		
	直接效应	间接效应	总效应
$CEPM_{2.5}lag1$	1.132 (0.000)	0.178 (0.000)	1.310 (0.000)
$CEPM_{2.5}lag2$	-0.207 (0.000)	-0.128 (0.000)	-0.335 (0.000)

由表 9 得出：$CEPM_{2.5}lag1$ 和 $CEPM_{2.5}lag2$ 的直接效应分别为 1.132、-0.207，且均通过 1% 的显著性检验。$CEPM_{2.5}lag1$ 每增加一个单位，$CEPM_{2.5}$增加 1.132，$CEPM_{2.5}lag1$ 对当期 $CEPM_{2.5}$值的影响明显大于 $CEPM_{2.5}lag2$ 对当期 $CEPM_{2.5}$值的影响。间接效应又称反馈效应，表明某一个城市的 $CEPM_{2.5}$通过影响相邻城市的 $CEPM_{2.5}$再反过来影响本城市的 $CEPM_{2.5}$。这种效应一部分来自空间滞后的被解释变量，另一部分来自空间滞后的解释变量。$CEPM_{2.5}lag1$ 和 $CEPM_{2.5}lag2$ 的间接效应分别为 0.178、-0.128，表明各城市 $CEPM_{2.5}lag1$ 和 $CEPM_{2.5}lag2$ 的变动不仅对本城市当期 $CEPM_{2.5}$产生影响，也会对相邻城市 $CEPM_{2.5}$ 产生影响，但其在影响大小和方向存在差异。如果一个城市 $CEPM_{2.5}lag1$ 发生变动时，相邻城市 $CEPM_{2.5}$会有所增加，相邻城市 $CEPM_{2.5}$的变动与本城市 $CEPM_{2.5}$变动之比约为 0.157，而一个城市 $CEPM_{2.5}lag2$ 发生变动时，相邻城市 $CEPM_{2.5}$会有所减少，相邻城市 $CEPM_{2.5}$变动与本城市 $CEPM_{2.5}$变动之比约为 0.618，$CEPM_{2.5}lag2$ 对相邻城市的影响高于对本城市的影响。

表 10　PM10 以系数估计结果为基础的直接效应和间接效应

	模型 2		
	直接效应	间接效应	总效应
$CEPM_{10}lag1$	1.103 (0.000)	0.190 (0.000)	1.293 (0.000)
$CEPM_{10}lag2$	-0.191 (0.000)	-0.130 (0.000)	-0.321 (0.000)

由表 10 得出：$CEPM_{10}$lag1 和 $CEPM_{10}$lag2 的直接效应分别为 1.103 和 -0.191，且均通过 1% 的显著性检验。$CEPM_{10}$lag1 每增加一个单位，$CEPM_{10}$ 当期值增加 1.103，$CEPM_{10}$lag1 对当期值的影响明显大于 $CEPM_{10}$lag2 对当期值的影响。$CEPM_{10}$lag1 和 $CEPM_{10}$lag2 间接效应分别为 0.190 和 -0.130，这种间接效应分别来自空间滞后变量 $W*CEPM_{10}$lag1、$W*CEPM_{10}$lag1 和 $W*CEPM_{10}$的交互作用形成的综合效应。如果一个城市发生 $CEPM_{10}$lag1 变动时，相邻城市 $CEPM_{10}$会有所增加，相邻城市 $CEPM_{10}$的变动与本城市 $CEPM_{10}$变动之比约为 0.172，而一个城市 $CEPM_{10}$lag2 发生变动时，相邻城市 $CEPM_{10}$会有所降低，相邻城市 $CEPM_{10}$变动与本城市 $CEPM_{10}$变动之比约为 0.681，$CEPM_{10}$lag2 对相邻城市的影响高于对本城市的影响。

六、结论与建议

（一）结论

样本选取成渝城市群 16 个样本城市 2015 年 1 月 2 日 0 点至 2015 年 12 月 31 日 23 点的 AQI 分时数据，通过描述性统计分析成渝城市群各城市的污染现状，眉山、成都、自贡三城市污染时数比其他城市污染时数高，空气质量较差，而绵阳、资阳、雅安三城市空气质量较好；成渝城市群各城市在 1 月、2 月和 12 月空气质量较差，其中自贡、达州和成都空气质量最差，而成渝城市群在 4 月至 11 月空气质量整体较好；成渝城市群 16 个城市的首要污染物多数为 PM2.5 和 PM10。

利用时间和空间双向固定的空间杜宾模型得出：成渝城市群污染物呈现显著的空间正相关关系，即一个城市的污染物浓度增加往往会增加与其相邻城市的污染物浓度；成渝城市群污染物不仅存在空间滞后效应，还存在时间滞后效应，其中时间 1 期滞后效应为正向，而时间 2 期滞后效应为反向，时间 1 期滞后效应大于时间 2 期滞后效应；成渝城市群污染物的时间滞后效应亦存在空间相关关系，其中时间 1 期滞后效应呈现空间正相关关系，而时间 2 期滞后效应呈现反向的空间相关关系。

由于近几年雾霾天气在我国多个城市群频繁出现，针对雾霾问题的探讨也成为全社会热点和学术研究的前沿领域，包含特征成因探讨、经济与雾霾关系探讨等。本文采用空间面板计量方法对成渝城市群污染物之间的关联性进行探讨，较好地揭示了成渝城市群 PM2.5 和 PM10 的空间相关性。但是，本文在 PM2.5 和 PM10 的空间自相关分析中，主要依据已有案例研究成果，采用地理上的空间邻接关系建立空间权重矩阵，没有考虑人口、贸易和经济等对空间权重的影响。因此，如何更科学地建立空间权重矩阵，仍然值得深入探讨。另一方面，时间和空间双向固定的空间杜宾模型考虑到了系统内部各城市污染物间的相关性，但是位于成渝城市群边界的城市还受到成渝城市群之外的城市空气污染物的影响，如绵阳和达州等还会受到广元和巴中的影响等，本文建立的空间杜宾模型并没有将这些因素考虑进来，因此，如何将这些影响纳入模型也值得更进一步的探讨。

（二）建议

本文探讨的成渝城市群 AQI 的空间特征及其关联规律为成渝城市群建立大气污染治理的区域联防联控机制提供了一定的理论依据。从 2010 年至今，成渝城市群在区域联防联控机制建设方面已取得一定进展。2015 年四川省和重庆市人民政府联合出台的《关于加强两省市合作共筑成渝城市群工作备忘录》中提到两地在治理雾霾方面要建立成渝城市群相邻城市的大气污染预警应急及联防联控工作机制、空气重污染天气应急联动机制等，打破行政界限共同治理雾霾。目前成渝有些城市已建立区域联防机制，如以成都、自贡、南充为主的成都平原城市群、川南城市群等大气污染联防联控工作机制，四川广安与重庆合川也在治理雾霾方面有合作。虽然成渝城市群在雾霾区域联防联控方面取得一定的进展，但要建立整个成渝城市群的区域联防联控还有一段路要走。由于目前成渝城市群各城市首要污染物多数为 PM2.5 和 PM10，因此，第一，成渝城市群在建立区域联防联控机制时，可以重点加强针对 PM2.5 和 PM10 的预警应急及联防联控机制；第二，根据已监测到的 PM2.5 和 PM10 数据，也可以利用空间模型预测未来的 PM2.5 和 PM10 情况，为成渝城市群应对未来的空气质量变化提供一定的依据；第三，由于成渝城市群在 1 月、2 月和 12 月时的空气质量较差，因此成渝城市群在建立区域联防联控机制时，应重点加强在 1 月、2 月和 12 月的预警和防控；第四，成渝城市群在建立区域联防联控机制可以建立成渝城市群治污减霾局长联席会，更好地促进成渝城市群各城市之间的横向合作。

参考文献

[1] 常清，杨复沫，李兴华等．北京冬季雾霾天气下颗粒物及其化学组分的粒径分布特征研究．环境科学学报，2015（2）．

[2] 东童童，李欣，刘乃全．空间视角下工业集聚对雾霾污染的影响——理论与经验研究．经济管理，2015（9）．

[3] 冯建社，张婷，张明月，田静毅．秦皇岛空气质量指数 AQI 现状分析．中国环境管理干部学院学报，2014（5）．

[4] 高庆先，刘俊荣，王宁等．APEC 期间北京及周边城市 AQI 区域特征及天气背景分析．环境科学，2015（11）．

[5] 郭丽君，郭学良，方春刚，朱士超．华北一次持续性重度雾霾天气的产生、演变与转化特征观测分析．中国科学：地球科学，2015（4）．

[6] 蒋家文. 空气流域管理——城市空气质量达标战略的新视角. 中国环境监测, 2004 (6).

[7] 刘冰, 彭宗超. 跨界危机与预案协同——京津冀地区雾霾天气应急预案的比较分析. 同济大学学报, 2015 (4).

[8] 马丽梅, 张晓. 中国雾霾污染的空间效应及经济能源结构影响. 中国工业经济, 2014 (4).

[9] 钱峻屏, 黄菲, 杜鹃等. 广东省雾霾天气能见度的时空特征分析 I: 季节变化. 生态环境, 2006 (6).

[10] 王金南, 蔡博峰, 曹东等. 中国 10km 二氧化碳排放网络及空间特征分析. 中国环境科学, 2014 (1).

[11] 王金南, 宁淼, 孙亚梅. 区域大气污染联防联控的理论与方法分析. 环境与可持续发展, 2012 (5).

[12] 王珊, 修天阳, 孙杨等. 1960—2012 年西安地区雾霾日数与气候因素变化规律分析. 环境科学学报, 2014 (1).

[13] 王咏梅, 武捷, 褚红瑞等. 1961—2012 年山西雾霾的时空变化特征及其影响因子. 环境科学与技术, 2014 (10).

[14] 熊洁, 陈楠, 操文祥等. 武汉市一次重雾霾天气 AQI 演变及气象因子特征分析. 环境科学与技术, 2015 (12).

[15] 薛俭, 李常敏, 赵海英. 基于区域合作博弈模型的大气污染治理费用分配方法研究. 生态经济, 2014 (3).

[16] 于庚康, 王博妮, 陈鹏等. 2013 年初江苏连续性雾—霾天气的特征分析. 气象, 2015 (5).

[17] 张建忠, 孙瑾, 缪宇鹏. 雾霾天气成因分析及应对思考. 中国应急管理, 2014 (6).

[18] 张小红, 刘炼烨, 陈喜红. 长沙地区雾霾特征及影响因子分析. 环境工程学报, 2014 (8).

[19] Heintezenberg J. Fine particles in the global troposphere: A review. *Tellus Series B – Chemical Physical Meteorology* 41B, 1989.

[20] J. P. Elhorst. Specification and estimation of spatial panel data models. *International Regional Science Review*, 2003, 26 (3).

[21] Jessie, P. H. Poon, Irene Casas, Canfei He. The Impact of Energy, Transport, and Trade on Air Pollution in China. *Eurasian Geography and Economics*, 2006, 47 (5).

[22] Kumar Anikender, P. Goyal. Forecasting of daily air quality index in Delhi. *Science of*

Total Environment, 2011, 409 (24) .

[23] Lesage James, Pace R. Kelley. *Introduction to Spatial Econometrics*. New York: CRC Press, 2009.

[24] Malm W. C. Characteristics and origins of haze in the continental united – states. *Earth – Science Reviews*, 1992, 33 (1) .

[25] Petrosjan L, Zaccour G. Time consistent Shapley value allocation of pollution cost reduction. *Journal of Economic Dynamics and Control*, 2003, 27 (3) .

[26] Quinn P. K. , Bates T. S. North American, Asian, and Indian haze similar region impacts on climate. *Geophysical Research Letters*, 2003, 30 (11) .

[27] R. Lanzafame, P. Monforte, G. Pntane, S. Strano. Trend analysis of Air Quality in Catania from 2010 to 2014. *Energy Procedia*, 2015, 82.

[28] Rupasingha Anil, Stephan J. Goetz, David. L, Debertin, Angelos Pagoulatos. The Environmental Kuznets Curve for US Countries: A Spatial Econometric Analysis with Extensions. *Paper in Regional Science*, 2004, 83 (2) .

[29] Sachweh, M. , Koepke P. Radiation fog and urban climate. *Geophysical Research Letters*, 1995, 22 (9) .

[30] Stein D. C. , Swap, R. J. , Greco, S. , et al. Haze layer characterization and associated meteorological control along the eastern coastal region of southern Africa. *Journal of Geophysical Research*, 2003, 108 (13) .

[31] Zhang Xiaoyin, Wang Yaqiang, Niu. T, Sun Junying. Atmospheric aerosol compositions in China: Spatial/temporal variability, chemical signature, regional haze distribution and comparisons with global aerosols. *Atmospheric Chemistry and Physics*, 2011, 11 (14) .

海绵城市建设绩效评价指标体系构建及对策研究

——以国家级新区贵安新区为例*

郭　琳　焦　露　吴玉鸣**

一、引　言

海绵城市建设是近年来我国在新型城镇化过程中大力倡导和城市建设的新模式，是我国生态基础设施建设更高层面的表达，也是我国水生态文明建设新的战略路径。2013 年 12 月习近平总书记在《中央城镇化工作会议》讲话中首次提出海绵城市建设，并强调："建设自然存积、自然渗透、自然净化的海绵城市"。此后，全国各地陆续开展海绵城市建设工作。2015 年 4 月，财政部、住房城乡建设部、水利部批准了第一批试点海绵城市，包括 1 个直辖市，4 个副省级城市，9 个地级市以及 2 个国家级新区。2016 年 5 月又增加 14 个城市成为试点海绵城市（图 1），西部地区总共有 8 个省区成为试点省份。与此同时，中央财政也对这些海绵城市建设试点城市给予了资金补助，按照城市规模划分不同的补助数额。从 2015 年第一批试点城市获批至今，在住房城乡建设部、财政部、水利部的联合推动下，我国海绵城市试点城市建设已粗具规模。据相关数据显示，截至目前，已开工建设并形成实物工作量的项目占计划建设项目的 59.8%，完成投资 184 亿元，占计划投资总

* 基金项目：贵州省软科学研究项目"贵安新区资源环境承载力评估与生态保护研究"（黔科合 LH［2014］7281 号）；贵州财经大学 2015 年在校学生（研究生）科研项目"贵安新区海绵城市建设路径及对策研究"。

** 郭琳，贵安新区研究院、贵州省高等学校人文社会科学研究基地中国西部现代化研究中心，硕士研究生。研究方向：城市与区域发展规划研究。

焦露，贵安新区研究院、贵州省高等学校人文社会科学研究基地中国西部现代化研究中心、贵州省连片特困区贫困与发展协同创新中心。

通讯作者吴玉鸣，华东理工大学城市与区域分析实验室，教授、博士生导师。研究方向：城市与区域发展、空间计量经济学研究。

额的66.1%。①

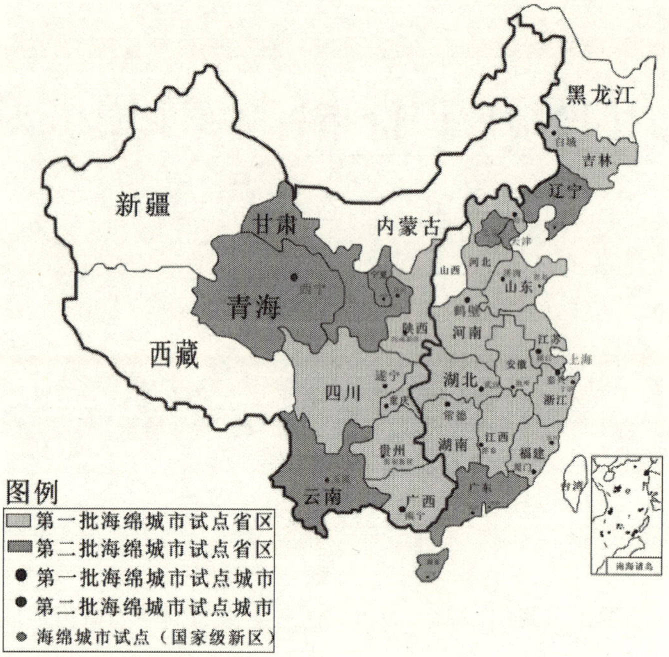

图1　海绵城市试点分布图（根据全国海绵城市试点绘制）

海绵城市建设在我国刚刚起步，对于试点建成效果的绩效评价办法经验匮乏，2015年7月住房和城乡建设部出台了《海绵城市建设绩效评价与考核办法（试行）》，指标中着重解释了建成水环境的评价。海绵城市作为一项重大工程，涉及多个建设领域，需要对不同环节做出绩效评价。针对海绵项目建成效果、试点海绵城市建设资金管理，研究制定相应的项目绩效评价能提高资金使用的规范性、安全性和有效性，保证资金的合理利用及建成效果的科学评价。本文构建包括资金管理、项目管理、后期运营、水环境等为框架的海绵城市建设绩效评价指标体系，并以国家级新区贵安新区海绵城市建设为例进行实证分析，以期反映贵安新区海绵城市的建设成效与不足。

二、理论综述

海绵城市，顾名思义就是城市能够像海绵一样，一方面下雨时吸水、蓄水、渗水、净水，另一方面将海绵具有压缩、回弹的特性运用在城市建设中，需要时将蓄存的水“释

① 资料来源：刘伟宏：《看“点”——海绵城市建设的试点进展》，http://www.mohurd.gov.cn/zxydt/201605/t20160510_227414.html，2016-05-05。

放”并加以利用，通过渗、滞、蓄、净、用、排等多种技术，完成对雨水的吸收和释放双重功能，实现城市良性水循环，确保水生态安全。

在《海绵城市建设技术指南——低影响开发雨水系统构建（试行）》（建城函〔2014〕275号）中对海绵城市的定义如下：海绵城市是指城市能够像海绵一样，在适应环境变化和应对自然灾害方面具有良好的“弹性”，下雨时吸水、蓄水、渗水、净水，需要时将蓄存的水“释放”并加以利用。[①] 住房和城乡建设部原副部长仇保兴对海绵城市内涵进行了解读，他指出海绵城市的本质就是为了解决城镇化与资源环境的协调和谐。[②] 伴随着城镇化的快速发展，依靠传统的城市建设理念，粗放式的城市开发模式带来了诸多环境问题，城市原有水生态遭到破坏、地表径流量增加。与传统城市建设理念不同，海绵城市建设将以保护原有水生态系统健康为基本原则，保持地表径流量不变，这与低影响开发模式内涵一致。我们认为，海绵城市的概念和内涵主要有三方面：首先，海绵城市建设推行现代雨洪管理体系，视“雨洪是资源”[③]。把雨水作为重要的资源加以利用，运用工程和非工程的措施，分散实施、就地拦蓄，使其及时就地下渗，补充地下水，从而减少地表径流。其次，海绵城市建设会减少面源污染、降低洪峰和减小洪流量，缓解城市水污染问题，保证城市防洪安全。海绵城市足够的容水空间及良好的就地下渗系统，能有效提高城市防洪能力。最后，海绵城市是对低影响开发含义的延伸。最初提出的管理雨洪径流和控制污染的低影响开发模式，是利用小规模的源头控制机制和技术手段，重点放在了源头控制径流及污染，以便达到维护水生态平衡和节约自然资源的功效。然而，随着城市建设过程中的径流污染、水资源短缺、城市内涝发生频繁，原因复杂，仅依靠源头控制已无法有效应对。而海绵城市建设理念认为，在城市开发建设过程中，需要综合运用源头削减、中途转输、末端调蓄等多种手段，方能奏效。

类似于国外先进的雨水管理理念，作为一种形象的比喻，海绵城市的主要目的是构建先进的城市雨水管理系统，应对城市水危机、水资源短缺、水质污染等问题。早在20世纪70年代，发达国家就已经开始对雨水管理展开研究，经过实践探索，国外先后经历了水量管理、水质管理两个时期，目前已经进入可持续雨水管理时期。[④] 无论技术手段，还是法律政策制定，都已形成了一套雨水利用的完整体系，进入成熟发展阶段。[⑤] 在各个国家的实践中，也出现了很多得到广泛应用的雨水管理新理念。最具代表性的主要有美国的低影响开发（Low Impact Development，LID）理念，其核心是在源头采用分散式、小尺度

---

① 住房和城乡建设部：《海绵城市建设技术指南——低影响开发雨水系统构建》（试行），2014。

② 仇保兴：《海绵城市（LID）的内涵、途径与展望》，载《给水排水》，2015（1）。

③ 车伍、赵杨、李俊奇：《海绵城市建设热潮下的冷思考》，载《南方建筑》，2015（4）。

④ 王思思：《国外城市雨水利用的进展》，载《城市问题》，2009（10）。

⑤ Geiger W F. Sponge City and LID Technology—Vision and Tradition. *Landscape Architecture Frontiers*, 2015, 3（2）.

的技术手段来管理雨洪径流[①]；而最佳管理措施（Best Management Practice，BMP）理念，则是运用工程性方法，控制雨洪过程中的污染和洪涝，结合非工程措施保障实施，实现场地在开发建设过程中及以后都能模拟开发前的水文状态。[②] 此外，美国提出的绿色基础设施（Green Infrastructure，GI），通过一系列绿色雨水设施削减城市径流和污染物的排放[③]；澳大利亚的水敏感城市（Water Sensitive Urban Design，WSUD），通过工程措施和非工程措施，强调最佳规划实践和最佳管理实践的有机结合[④]；英国的可持续排水系统（Sustainable Urban Drainage System，SUDS），采取源头控制来减少径流量，通过建造水塘、湿地、绿地等自然处理系统净化水体，强调对自然水环境和水生态系统的保护。[⑤]

综上所述，海绵城市建设在我国刚刚起步，绩效评估的考核办法还处于边摸索边进行阶段，缺乏经验。有关低影响开发模式的绩效评价也只是对有关水文控制及 LID 技术设施的评价，现有研究已利用暴雨管理模型（Storm Water Management Model，SWMM）对实施 LID 建设后对雨洪效果、对路面及滞留池采取 LID 措施后的水文效应进行评估。[⑥] 首批试点的海绵城市建设评估还需在实践中逐渐形成科学有效的绩效评估办法，为其他城市海绵城市绩效评估做出示范发挥带动作用。

三、贵安新区海绵城市建设绩效评价指标体系构建

（一）贵安新区海绵城市建设基本情况

1. 贵安新区海绵城市建设进展

海绵城市建设是生态城市建设的关键。作为唯一的以生态文明建设为定位的国家级新区，在城市规划建设中，贵安新区大力推进海绵城市建设理念，贯彻“节水优先、空间均衡、系统治理、两手发力”的治水思路，坚持以“规划引领、尊重自然、因地制宜、统筹建设、全面协调”为原则开展海绵城市建设。[⑦] 在贵安生态新城的中心区、马场科技新城南部及花溪大学城 3 个区域重点建设海绵城市的项目中，共有 8 大类 67 个配套项目，总

---

① Tu X，Tian T. Six Questions towards a Sponge City—Report on Power of Public POLICY：Sponge City and the Trend of Landscape Architecture. *Landscape Architecture Frontiers*，2015，3（2）.

② 张新鑫：《BMPs 技术及其在我国城市绿地中的应用研究》，北京林业大学，2012。

③ 张伟、车伍、王建龙等：《利用绿色基础设施控制城市雨水径流》，载《中国给水排水》，2011（4）。

④ 王思思、张丹明：《澳大利亚水敏感城市设计及启示》，载《中国给水排水》，2010（20）。

⑤ Van Rooijen，D. J.，Turral，H.，Wade Biggs T. Sponge city：water balance of mega - city water use and wastewater use in Hyderabad，India. *Irrigation and drainage*，2005，54（S1）.

⑥ 牛帅、黄津辉、曹磊等：《基于水文循环的低影响开发效果评价》，载《建筑节能》，2015（2）。

⑦ 资料来源：周清：《贵安新区列入全国海绵城市建设试点》，http://news.eastday.com/eastday/13news/auto/news/world/u7ai3762814_K4.html，2015 - 04 - 11。

投资46.7亿元。[①] 建设初期，成立了海绵城市建设指挥部，出台了海绵城市建设三年行动计划。在建设理念上，新区应用推广低，影响开发建设模式，加大城市径流雨水源头减排，实现经济发展与资源环境的协调。在实施制度上，建立了海绵城市建设项目台账管理制度，对每个海绵城市建设项目的建设进度进行跟踪。在运作模式探索方面，新区将污水处理厂网一体化项目整体打包，并委托专业咨询公司进行PPP实施方案编制、资产、财政可承受能力评估等工作。[②] 据目前建设进展，海绵城市建设部分项目已完成，如新区在贵安大道、百马大道等多道路采用生态砂基透水砖铺设路面，其透水性好、透水速度快，能有效缓解城市内涝；在开阔区域设下凹式绿地、卵石渗井采用低影响开发设施。

2. 贵安新区建设海绵城市的特色

海绵城市试点城市中，大部分都是旧城改造项目，需要在现有城市建设基础上融入海绵城市建设理念。与其他海绵试点城市相比，受地理位置、地形地貌、气候条件以及属于在建城市新区等因素影响，贵安新区海绵城市建设的切入点及侧重点都形成了自有特色。

（1）先天条件良好，天然"海绵体"众多。利用拥有天然"海绵体"的自然环境优势，贵安新区实现了以低影响开发建设模式保护和利用原有的海绵体。新区内河流众多，淡水资源丰富，湿地面积占24%，地表河流域面积占80%，这些先天的"海绵体"为海绵城市建设提供了良好的生态条件。[③] 林地、河流、湖泊、湿地等海绵体作为雨水积存、净化的载体，对海绵城市建成起到良好的支撑和保障作用。在遭遇到较大强度降雨时，新区这些天然海绵体能足够涵养水源。

（2）创新开发模式，选用环保材料。首先，贵安新区在城市管线规划建设中，铺设了雨水、污水、供水基本的常规管线管理城市用水，增加铺设了再生水管线，以提高雨水利用率。其次，创立了"城市再生水循环利用系统"的新开发模式，实现了水资源有效利用和减少尾水外排的双重效果。[④] 该创新开发模式有效缓解了新区绿化、景观、施工等领域及部分工业的大量用水需求。最后，改变传统的路面铺设材料，选用生态环保透水砖。新区在月亮湖新建设的中心广场、停车场地面都铺设了生态砂基透水砖，通过生态砂基透水系统将雨水通过物理和生物净化后排放到月亮湖，减少雨水地表径流及面源污染。

（3）借力大数据，建设信息化平台。利用贵阳大力发展大数据产业的契机和全国首个大数据产业发展集聚区的优势，规划用信息化手段建立海绵城市信息化管控平台，整合共

---

① 资料来源：朱可翔：《贵安新区打造"全国海绵城市"样本总投资46.7亿》，http://www.gywb.cn/content/2015-04/04/content_2778702.htm，2015-04-04。

② 资料来源：刘伟宏：《看"点"——海绵城市建设的试点进展》，http://www.mohurd.gov.cn/zxydt/201605/t20160510_227414.html，2016-05-05。

③ 贵安新区规划建设管理局：《贵安新区海绵城市建设总体规划》，2015a。

④ 资料来源：孙晓蓉：《深呼吸　在海绵城市里畅游——贵安率先全面开发生态新城　走绿色崛起之路》，http://env.people.com.cn/n/2015/0709/c1010-27277196.html，2015-07-09。

享城市管理资源，实现海绵城市智慧化管理。建立综合管理云平台，实现智慧化管理雨水收集、排放；同时，改变固有的监控、数据收集方式，新区规划建设安装道路、水系监测点，实现监测数据智慧化收集与分析。

3. 贵安新区海绵城市建设的目标

贵安新区致力打造留足生态空间与水域用地，实现城市和自然共生的“生态海绵”；结合城市水景观塑造，为新区注入更多活力的“活力海绵”；应对洪涝灾害具有一定弹性，构建良好水生态系统的“弹性海绵”；引入智慧化的技术和手段，实现智慧化管理的“智慧海绵”愿景。① 到2017年，规划重点完成海绵城市示范区建设，达到《海绵城市建设技术指南——低影响开发雨水系统构建（试行）》中规定年径流总量控制率III区标准80%（75%≤α≤85%），雨水资源利用率达到4%；逐步实现民生海绵城市建设，做到“小雨不积水，大雨不内涝，水体不黑臭，热岛有缓解”。到2030年，完成整个中心区建设，最终实现整个区域达到年径流总量率80%，雨水资源率达到8%，污水再生利用率为40%；车田河干流规划开发建设后对水质无不利影响，维持现状三类水质标准，且不小于现状河质流量。②

（二）指标设计原则

海绵城市建设是一个庞大的系统，该项工作的实施涉及水利、市政、交通、城建、国土、财政、气象、环保、生态及景观等多个部门的管理与合作。因此，构建海绵城市评价指标体系不能局限于某一项目、某一领域取得的成果，应该综合、全面地评价海绵城市建设及系统运行状况。根据贵安新区海绵城市的建设目标及绩效评价指标体系设计的目的，贵安新区海绵城市绩效评价指标体系的构建遵循以下原则：

1. 科学性原则

指标的甄选要建立在科学分析的基础上，计算方法明确，定性评价和定量观测计算相结合。同时，还要能科学反映海绵城市建设本质及最终成效。

2. 综合性原则

指标要能全面、综合地反映海绵城市从投入资金到最终建成效果的全过程，需要包含评价城市在开发建设过程中涉及的各个部门职责，能够涵盖各个方面。指标不仅考虑建成后水环境的变化，还应包括建设技术路线等建设过程。

3. 可查性和时效性原则

指标体系所需的指标必须是可得到的，数据完整，可通过计算获得。同时，指标在时间上要体现一定的连贯性及阶段性，能有时间段来定期反映城市建设阶段性情况。

---

① 贵安新区规划建设管理局：《贵安新区海绵城市建设总体规划》，2015a.

② 贵安新区规划建设管理局：《贵安新区中心区海绵城市建设专项规划》，2015b。

4. 定性和定量相结合原则

海绵城市建设的资金使用和管理、融资情况以及建成项目效益等评价指标，要做到量化，便于科学直观评价，而且，在海绵城市建设执行情况方面，还要参照海绵工程技术、设计施工相关标准、相关法规政策文件等，对海绵城市建设执行进程做出定性评价。

（三）指标体系

根据以上四个设计原则，本研究采用专题性指标体系框架，依据贵安新区海绵城市建设目标，参照国家《海绵城市建设绩效评价与考核办法（试行）》建办城函〔2015〕635号，以资金合理利用、项目建设成效、后期运营畅通、水环境改善四个目标作为目标层，在每个目标层下设置衡量目标完成情况的专题，用不同的指标衡量专题的成效，建立贵安新区海绵城市建设绩效评价指标体系框架（图2）。

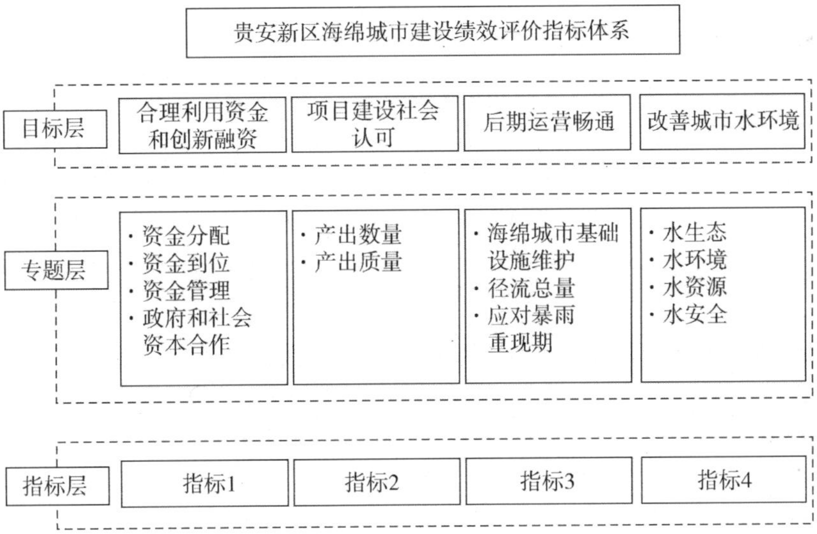

图2 贵安新区海绵城市建设绩效评价指标体系框架

（四）指标计算方法与说明

1. 贵安新区海绵城市建设资金及项目建设绩效评价指标体系

表1 贵安新区海绵城市建设资金及项目建设绩效评价指标体系

目标层	专题层	指标层
合理利用资金和创新融资	资金分配	分配依据：资金去向
	资金到位	到位率：到位时效

续表

目标层	专题层	指标层
合理利用资金和创新融资	资金管理	资金使用：管理规范性，按相关规定使用
	政府和社会资本合作	PPP 模式运用情况：以 PPP 模式吸引社会资本投资额度占试点工作总投资额比例
项目建设社会认可	产出数量	完成率：实际完成建设面积占计划建成面积数
	产出质量	年径流总量控制率/毫米数

指标说明：

（1）资金利用情况。财政局查阅海绵城市建设各项目资金的分配、到位及后期建设运营管理情况，计算资金执行率。

（2）政府和社会资本合作。新区海绵城市建设资金中，计算以 PPP 模式吸引的社会资本投资额度。

（3）项目建设。查阅规划建设局等部门资料，计算项目产出数量与质量情况。

2. 贵安新区海绵城市建设后期运营绩效评价指标体系

表 2　贵安新区海绵城市建设后期运营绩效评价指标体系

目标层	专题层	指标层	单位
后期运营畅通	维护海绵城市基础设施	市政雨水管道检修维护长度占总长度比例	%
		土壤渗透检测合格比例	%
	径流总量消减量	径流消减率平均值	%
	新增雨洪工程应对暴雨重现期	新增雨洪工程应对暴雨重现期能力	%

指标说明：

（1）定期维护海绵城市基础设施。对海绵城市建设基础设施的定期维护能够保障设施的正常工作，提高设施的运营效率。基础设施维护效果主要由市政雨水管网检修维护长度占总长度比例（A_1）与土壤渗透检测合格比例（A_2）组成，雨水管道的正常运行将促进雨水的排放，预防管道溢流会造成城市内涝，定期检修可避免雨水排放不畅通；海绵城市理念是通过“滞、蓄、渗、用、排”的措施，减少雨水径流，最大化利用雨水，基础设施建设下渗雨水的能力，需要测定土壤渗透力。①

① Van Rooijen，D. J.，Turral，H.，Wade Biggs，T. Sponge city：water balance of mega – city water use and wastewater use in Hyderabad，India. *Irrigation and drainage*，2005，54（S1）.

基础设施维护得分 = $(A_1 + A_2)/2$

市政雨水管网检修维护长度占总长度比例（A_1）= 检修维护管道的总长度（km）/总雨水管道长度（km）×100%

土壤渗透检测合格比例（A_2）= 合格样品/总抽样样品数 ×100%。

（2）径流总量消减量。消减地表径流总量，从而减少城市内涝灾害，是《海绵城市建设技术指南——低影响开发雨水系统构建（试行）》中所提出的重要措施，因此，径流总量的消减情况，是海绵城市基础设施绩效评价的一个重点。

计算方法：

总径流总量 = 降雨量 × 硬质铺装总面积（单位：km^3/yr）

海绵城市设施径流抵消量 = 坑塘底面积 × 降雨量 + 其他海绵设施 × 降雨量 × 土壤渗透率（单位：km^3/yr）

径流消减率 = 海绵城市设施径流抵消量/总径流量 ×100%

（3）新增雨洪工程应对暴雨重现期的能力。在城市建设中规定市政管道应满足至少25 年的暴雨重现期，重视雨洪工程的建设，实现能应对突发暴雨状况。

计算方法：新增雨洪工程应对重现期≥25 年的设施/总新增雨洪设施 ×100%

3. 贵安新区海绵城市建设水环境绩效评价指标体系

表 3　贵安新区海绵城市建设水环境绩效评价指标体系

目标层	专题层	指标层	单位
改善城市水环境	水生态	年径流总量控制率	%
		生态岸线保持率	%
		天然水域面积保持率	%
		城市热岛效应	—
	水环境	水环境质量	—
		面源污染控制（SS）	%
	水资源	污水再生利用率	%
		雨水资源利用率	%
		管网漏损控制率	%
	水安全	暴雨内涝灾害防治	—
		饮用水安全	—

指标说明：

（1）水生态。①年径流总量控制率：年径流总量控制率的确定，一方面要考虑开发建设前的径流排放量与地表类型、土壤性质、地形地貌、植被覆盖率等因素；另一方面要考虑贵安新区水资源禀赋情况、降雨规律、开发强度以及低影响开发设施的利用率等因素。[①] 利用 GIS 地理数据空间分析技术，对贵安新区所在汇水区域地形和下垫面进行分析，构建该流域水文模型。通过模型构建计算年径流总量控制率。根据《海绵城市建设技术指南——低影响开发雨水系统构建（试行）》年径流总量控制分区，贵安新区属于 III 区（75% ≤α≤85%）。

计算公式：

$$\text{雨水径流总量控制率}=\frac{\text{年雨水入渗量}+\text{年雨水滞蓄量}}{\text{全年全部雨量}}$$

②生态岸线保持率：通过查看相关图纸、规划文本，对海绵城市建设以来贵安新区内车田河、兰花沟、冷水沟河以及月亮湖、寅贡水库、桃花湖水库等河湖水系的现有生态岸线，共计 22 千米进行生态保护的情况进行现场检查，达到蓝线控制要求。③天然水域面积保持率：在海绵城市建设前，贵安新区中心区内天然水域主要是月亮湖、车田河及其支流、寅贡水库以及桃花湖水库，新区开发建设前区域内天然水域面积约为 140. 57 公顷，水域面积保持率约为 3. 2%（占中心区）。参考《贵安新区海绵城市建设总体规划》，测量海绵城市建设后，水域面积的保持情况。④城市热岛效应：查阅气象资料，通过红外遥感监测评价新区热岛强度与建设前对比。

（2）水环境。①水环境质量：对新区内车田河及其支流、月亮湖、寅贡水库、桃花湖水库等水体水质进行检测，水质是否达到《地表水环境质量标准》IV 类以上标准，与海绵城市建设前属于 III 类标准进行对比，建设后是否有所改善。②面源污染控制：对面源污染的控制，一方面要控制分流制径流污染物总量，另一方面要控制合流制溢流的频次或污染物总量。[②]

计算公式：

年面源污染控制（SS）总量去除率 = 年径流总量控制率 × 低压影响开发设施对 SS 的平均去除率

（3）水资源。①污水再生利用率：再生水包括污水经处理后，通过管道及输配设施、水车等输送用于市政杂用、工业农业、园林绿地灌溉等用水，以及经过人工湿地、生态处理等方式，统计新区内污水处理厂的污水再生利用量和污水处理量。②雨水资源利用率：查看相应计量装置、统计数据，雨水收集并用于灌溉、浇洒、市政杂用等的雨水总量与年

① 住房和城乡建设部：《海绵城市建设技术指南——低影响开发雨水系统构建》（试行），2014。

② 住房和城乡建设部：《海绵城市建设技术指南——低影响开发雨水系统构建》（试行），2014。

平均降雨量（折算成毫米数）的比值，是否达到规划期雨水资源利用率为8%。③管网漏损控制率：查看水务公司相关数据统计，供水管网漏损率达到新区规划标准10%。

（4）水安全。①暴雨内涝灾害防治：查看新区内降雨记录、监测记录等，通过构建模型检测新区内涝防洪标准是否符合《贵安新区海绵城市建设总体规划》城市内涝防治标准为50年一遇。②饮用水安全：《贵州省水务功能区划》确定红枫湖水库为未来新区主要饮用水水源，查看红枫湖水库水源水质监测报告和自来水厂、管网水、龙头水水质监测报告。

（五）贵安新区海绵城市建设绩效评价存在的问题

由于贵安新区海绵城市绩效评价涉及多个领域，评估需要多领域共同合作完成，导致建立一套海绵城市绩效评价指标体系的不确定因素是多方面的。据目前海绵城市评估现状来看，主要是数据缺乏、方法缺乏、经验缺乏。贵安新区本身属于新区在建项目，数据监测系统还没有形成，针对水环境评估所需相关数据来源受到限制，亟待建设海绵城市建设监测系统。海绵城市建设在我国刚刚起步，是一个新的城市建设理念，涉及领域众多，需要依靠多领域共同建设。无论是市政设计院和建筑设计院的设计经验，还是社会企业采用的技术，基本上没有接触过海绵城市建设的相关工作，对于评估方法更是边摸索边进行，还需要边干边学，逐步积累经验。

贵安新区海绵城市作为首批试点城市，评估其建设效果还是一个全新的探索与尝试。以上三个方面的不够成熟，对海绵城市绩效评级带来一定的难度，还有待于在实践中不断完善。

四、结论与对策建议

（一）结论

本文结合国家级新区贵安新区海绵城市建设特色、目标，对贵安新区海绵城市建设绩效评价从资金管理、项目建设、后期运营及水环境四个方面进行了初步探讨，构建了一套适合于贵安新区特色的分层次的绩效评价指标体系。从指标体系构建中发现目前贵安新区海绵城市绩效评价存在数据缺乏、方法缺乏、经验缺乏，在后期海绵城市建设中亟须解决数据监测系统建立等问题。由于贵安新区正在建设过程中，数据缺乏，本文仅提出了贵安新区海绵城市绩效评价指标体系，指标体系的适用性还有待进一步检验，这也是今后研究的重点方向。

（二）贵安新区海绵城市建设的对策建议

1. 培育海绵城市建设产业，推进海绵项目建设进度

海绵城市建设项目的落实，除了需要政府做引导作用，还需要海绵城市建设企业的参与。为了能有效引导试点城市海绵项目实践和激发市场参与建设的活力、力度，还应培育海绵城市建设行业。[①] 据相关调研数据显示，全国从事海绵城市建设企业有84家，而西部地区仅有4家，分别为重庆1家、陕西1家、广西2家。[②] 贵安新区亟须培育海绵城市建设企业，发展海绵城市建设产业链，形成从规划设计、建材提供、运营服务等一体的参与，推进新区海绵城市建设项目的进度。

2. 建立海绵监测系统，构建数据库共享服务

通过雨量监测数据、地下潜水水位监测数据、气象资料、污水利用量等大量数据，才能保障海绵城市水环境评价指标的确定。其中包括海绵城市建设前数据、建设后数据，做出对比，得出建设后带来的成效；低影响开发基础设施的规模、计算也需要完整的资料。海绵城市建设所涉及的领域应加强贵安新区海绵城市相关数据的收集与应用，将所有数据形成一个庞大的数据库，增强各行业的数据共享，有利于各个部门查阅相关资料，确保数据来源的真实可靠性。同时，应加强检验低影响开发设施应用效率、设施维护等工作，提供基础数据保障。

3. 加强各部门之间合作，形成协调联动机制

海绵城市建设是与水资源配置、城市防洪排涝、水生态环境建设等密切相关，水力部门要在海绵城市建设中发挥主导作用。同时住房和城乡建设部、市政规划、国土局、财政局、园林等涉及的相关部门要各有侧重，发挥其主体引导作用。新区政府部门加强顶层设计，编制及修订海绵城市建设专项规划设计，各领域分属部门，各司其职，明确责任主体。部门间形成协调联动机制，加强各部门间的沟通、配合，确保新区海绵城市建设项目的顺利实施，落实海绵城市建设目标。

参考文献

伍业钢．海绵城市设计：理念、技术、案例．南京：江苏凤凰科学技术出版社，2016.

① 徐振强：《“十三五”不再看海，重在培育中国特色海绵城市产业》，http://news.xinhuanet.com/info/2016-02/16/c_135103356.htm，2016-02-16。

② 徐振强：《十三五不再“看海”系统做实城市“海绵经济”》，http://news.163.com/16/0121/13/BDRVN79H00014JB5.html，2016-01-21。

西部后发地区低碳发展之路

——以四川省广元市为例

曾 薇*

长久以来，各国各地区的经济发展忽视资源环境的承载能力，使得经济增长与资源环境之间产生了不可调和的矛盾。伴随着人口的剧烈膨胀、工业化和城市化的迅猛发展，这一矛盾愈演愈烈。为了缓和经济发展与环境保护的两难困境，2003 年英国《能源白皮书》率先提出“低碳”概念，并积极倡导发展低碳经济，可见工业文明的创造者逐步抛弃“旧我”，开始寻找一种新的经济发展模式，以期实现经济社会的可持续发展。

改革开放后，我国经济不断发展，取得了显著的成果，成为仅次于美国的世界第二大经济体，但是高消耗、高投入、高排放的“三高”模式一直是经济发展中存在的主要问题，尤其表现在西部地区①的经济发展中。因为经济发展区域不平衡，加之经济发展技术、观念上的滞后以及历史遗留等因素，导致我国西部地区的经济发展水平一直落后于中东部地区，经济发展中的“三高”（高投入、高消耗、高污染）现象更为明显，生态环境破坏严重。而西部地区大多处于我国长江上游地区，是我国生态的天然屏障，这种不顾资源环境承载能力、涸泽而渔的经济发展模式必然会祸及子孙。低碳发展是一种以低耗能、低污染、低排放为特征的可持续发展模式，有利于“资源节约型，环境友好型”社会的建设，促进人与自然和谐相处，对经济和社会的可持续发展具有重要意义。

在低碳发展势在必行的大背景下，西部后发地区广元市认真审视市情，把握国内外发展形势，率先提出并实施低碳建设的思路，充分发挥资源优势，努力探索并实践西部后发地区低碳发展模式。

---

* 曾薇，四川大学社会发展与西部开发研究院，人口学硕士研究生。研究方向：人口、环境与可持续发展。

① 西部地区包括重庆、四川、贵州、云南、西藏自治区等 12 个省、自治区、直辖市，面积为 685 万平方千米，占全国国土总面积的 71.4%，人口约占全国的 28.8%。

一、理论基础与文献回顾

（一）低碳发展的理论基础

1. 可持续发展理论

“可持续发展”概念最早是在1972年斯德哥尔摩举行的联合国人类环境研讨会上正式讨论提出的。1987年联合国世界环境与发展委员会的报告《我们共同的未来》中将可持续发展定义为：“既满足当代人的需要，又不对后代人满足其需要的能力构成危害的发展。”① 其实质就是追求人类社会、经济发展和自然环境三者的协调发展，从而建立起以“收益高污染低、效益好消耗少”为特征的低碳发展模式。可持续发展的实质与低碳发展的目标不谋而合，低碳发展的目的就是消除长久以来经济发展与资源环境保护之间的尖锐矛盾，实现人与自然的和谐共生。

2. 环境库兹涅茨曲线

诺贝尔奖获得者、美国著名经济学家库兹涅茨提出的库兹涅茨曲线，又称为“倒U曲线”，是用于阐明经济发展对环境污染程度影响的一种理论曲线，它是通过人均收入与环境污染指标间的演化转变模拟来说明的。环境库兹涅茨曲线指出，当一个国家经济发展水平较低的时候，环境污染的程度较轻，但其恶化的程度随经济的增长而加剧；当该国的经济发展达到一定水平后，其环境污染的程度逐渐减缓，环境质量逐渐得到改善。这个拐点被称为库兹涅茨拐点。当今世界各国纷纷发展低碳经济，正是对环境库兹涅茨曲线的最好解读。根据我国经济发展的现状，走低碳发展之路也是我国经济发展的必然选择。

3. 脱钩发展理论

“脱钩”理论是在西方尤其是在欧洲国家被广泛采用的关于阐述经济关系发展过程的一种理论，最早由德国学者提出。“脱钩”指的是在工业化之初，物质消耗总量随着经济总量的增长而一并增长，但在以后的发展过程中，会于某个特定时期呈现逆向变化，从而出现物质消耗降低的同时经济保持增长的现象。

脱钩理论的基本思想在于揭示经济增长与经济增长对环境的压力关系。低碳经济模式一直保持环保状态，当经济发展不再危害环境，他们之间自然就实现了“脱钩”。

（二）文献回顾

我国正处于工业化、城市化快速发展阶段，人口增长、消费结构升级和城市基础设施

---

① 《世界环境与发展委员会报告》，载《我们共同的未来》，1987（2）。

建设使得对能源的需求和温室气体排放不断增长。加之经济发展粗放特征明显，高碳行业比重高，导致资源环境压力大，因此实现经济发展的低碳化是必然趋势。新型工业化道路的提出与实施，进一步证实了这一点。“低碳”发展相对于传统的“高碳”发展，付加锋认为低碳化具有两方面的含义：一是能源消费的碳排放比重不断下降，即能源结构的清洁化；二是单位产出所需要的能源消耗不断下降，即能源利用效率不断提高。① 我国经济发展低碳化势在必行，何建坤也指出未来世界经济发展的趋势必将是低碳经济时代，低碳经济将与经济全球化及信息网络技术紧密结合，形成新的经济增长点，成为继信息革命后，世界经济革命的又一强大动力。②

国内学者对这一领域的研究主要集中在低碳经济概念的界定、发展模式以及对策建议等方面。关于低碳经济概念的界定，庄贵阳指出，清洁能源结构和提高能源效率是发展低碳经济的本质，制度创新和能源技术创新是核心问题，减缓气候变暖和促进人类可持续发展是发展目标。发展低碳经济本质上与“两型”社会的指导思想基本是一致的。③ 付允、马永欢等认为，低碳经济是以低能耗、低排放、低污染和高效率、高效能、高效益为基础，以节能减排为发展方式，以碳中和技术为发展方法，以低碳发展作为发展方向的一种绿色经济发展模式。④ 鲍健强等认为，低碳经济是经济发展、能源消费、人类生活等方式的一次新变革，能使现代工业文明转向生态经济和生态文明。⑤ 冯之浚、牛文元认为，低碳经济是绿色生态经济，是低碳产业、低碳技术、低碳生活和低碳发展等经济形态的总称，其实质在于提升能源的高效利用、推行区域的清洁发展、促进产品的低碳开发和维持全球的生态平衡。⑥ 梁中认为，低碳经济指的是以低能耗、低污染、低排放为基础的经济发展模式，核心是通过新能源革命、制度创新和产业结构的调整，改变建立在传统石化能源基础之上的经济增长方式，以实现从高碳排放的工业文明向低碳消耗的生态文明的革命性转型。⑦ 可以看出，尽管不同的学者对低碳经济的概念界定说法不一，但其本质都是一样的，即低碳经济是低能耗、低排放、低污染的可持续发展模式，是相对于传统高碳经济的绿色发展模式，是工业文明的一次重大变革，将有效推动人类发展与资源环境的和谐共处。

关于低碳经济发展模式及对策建议方面，鲍健强指出，发展低碳经济的重点是产业和能源结构的调整，在促进经济发展的同时转变传统发展方式，在生产性产业链中进行各环节的优化组合，促进产业结构优化和技术进步，着力构建低碳文化，将低碳节能传递到工

① 付加锋：《低碳经济的概念辨识及评价指标体系构建》，载《中国人口·资源与环境》，2010（8）。
② 何建坤：《全球低碳经济潮流与中国的响应对策》，载《世界经济与政治》，2010（4）。
③ 庄贵阳：《中国低碳经济发展的途径与潜力分析》，载《太平洋学报》，2005（11）。
④ 付允、马永欢等：《低碳经济的发展模式研究》，载《中国人口·资源与环境》，2008（3）。
⑤ 鲍健强等：《低碳经济：人类经济发展方式的新变革》，载《中国工业经济》，2008（4）。
⑥ 冯之浚、牛文元：《低碳经济与科学发展》，载《中国软科学》，2009（8）。
⑦ 梁中：《低碳产业创新系统的构建及运行机制分析》，载《经济问题探索》，2010（7）。

业、农业、建筑、交通、日常生活各个方面，形成低碳经济发展的良好社会环境。[①] 付允、马永欢等人则从中国发展低碳经济的必要性出发，提出了我国实施低碳经济模式的四点政策建议：首先是优先节能，提高能源利用效率；其次要鼓励石化能源低碳化，大力发展可再生能源；再者是设立低碳基金，激励低碳技术的研究和开发；最后应当确立国家碳交易机制。[②] 杨敏英主要从日常生活方面给出了建议，她认为随着人民生活水平的提高，照明、炊事、取暖、降温等家用电器方面的建筑耗能迅速增长，必须采取降低建筑耗能的措施来实现低碳经济。[③] 金乐琴、刘瑞认为低碳经济作为一种新的经济发展模式，是我国走可持续发展之路的必然选择。我国应结合本国国情，通过结合政策机制、扶持碳基金、发展低碳技术等多种手段选择适宜自身发展的经济模式。[④] 郑烨通过创建低碳营销的 SWOT 分析，从内部条件与外部环境两方面分析了低碳营销模式所面临的优劣势、机遇及挑战，并在此基础上从低碳理念与技术创新、构建相关法律法规、倡导个人低碳消费行为、发展非营利中介组织四方面分析了低碳营销模式的战略选择。[⑤] 罗春华、左小明从我国低碳经济发展的条件、目标与动因入手进行分析，研究了以减少温室气体排放为核心的低碳经济发展模式，构建了适宜于我国发展的低碳经济发展模式驱动机制。从规划产业布局、借鉴他国经验、发展低碳技术、倡导低碳理念、培养社会意识、探索低碳经济五个方面确立了我国低碳经济发展的路径选择。[⑥] 吕传俊探索性地研究了后发展地区低碳发展路径，认为后发展地区的低碳发展道路应该按照“高碳产业低碳化、低碳产业支柱化、能源结构清洁化、碳汇资源商品化、区域布局功能化”五个方面统筹发展，从而在保证经济快速发展的基础上实现后发展地区的低碳与可持续发展。[⑦]

综上所述，低碳经济是今后我国经济发展的主要模式，后发地区经济发展的可塑性高，只要坚持立足本土资源，树立低碳发展理念，完善相关法律法规，那么走低碳发展之路的潜力和前景还是巨大的。本文以广元市为例探讨西部后发地区在低碳发展道路上的举措，论证低碳发展作为后发地区科学发展的新模式，有利于发挥后发优势和保持良好生态环境，推动经济社会可持续发展。

二、四川省广元市低碳发展的举措

广元，古称利州，地处四川盆地北部山区、嘉陵江上游、川陕甘三省交界处，是典型

① 鲍健强：《低碳经济：人类经济发展方式的新变革》，载《中国工业经济》，2008（4）。
② 付允、马永欢等：《低碳经济的发展模式研究》，载《中国人口·资源与环境》，2008（3）。
③ 杨敏英：《实现低碳经济必须强化节能》，载《西南民族大学学报》（人文社会科学版），2010（6）。
④ 金乐琴、刘瑞：《中国低碳发展：市场失灵与产业政策创新》，载《江西社会科学》，2010（9）。
⑤ 郑烨：《基于 SWOT 分析法的低碳营销模式研究》，载《技术与创新管理》，2011（2）。
⑥ 罗春华、左小明：《中国低碳经济发展模式及研究路径》，载《三峡大学学报》（人文社会科学版），2012（3）。
⑦ 吕传俊：《中国后发展地区的界定与低碳发展策略》，载《中国人口·资源与环境》，2014（2）。

的西部欠发达地区，更是长江上游重要的生态屏障。

（一）广元市低碳发展的背景

2008年"5·12"特大地震导致广元全部成为重灾区，基础设施遭受严重破坏，灾后重建任务紧迫，经济发展形势严峻。地震前广元的工业化、城镇化水平低，企业的科技含量低，经济结构不合理。地震发生后，大量的废旧建筑需要拆除，大量的地质灾害需要治理，大量的灾后重建项目需要建设，灾后重建碳排放的需求与环境保护、节能减排之间的矛盾十分突出。国家在《汶川地震灾后恢复重建总体规划》中将广元市确定为新设立的六大循环经济产业集聚区之一，这是该市走低碳发展之路前所未有的机遇，有望实现以经济发展的"绿猫"模式取代"黑猫"模式，避免在灾后重建中片面追求经济增长先污染后治理的"弯路"，实现经济社会跨越式发展。广元市内生资源丰富，清洁能源储量可观，风能、太阳能以及可再生能源丰富，旅游和服务等低污染的行业颇具发展潜力。同时，2012年广元市被确定为国家低碳试点城市，加之广元市正处于工业化和城市化初期加速向中期迈进的发展阶段，经济模式和工业体系的可塑性较大，产业向低碳经济调整和转型具有成本低、阻力小、动作快的独特优势。在这样的背景和机遇面前，广元市积极探索低碳城市发展路径，实现经济发展方式的转型。

（二）广元市低碳发展模式

可持续发展理论强调社会、经济和环境的协调发展。低碳发展主要是发展低碳经济，而低碳产业是低碳经济发展的载体，低碳城市是低碳经济发展的平台，低碳生活是低碳经济发展的支撑。广元市秉承可持续发展理念，坚持发展低碳经济、建设低碳城市以及培育低碳生活三同步，推动"低碳广元"的建设，争取做到经济发展与环境污染的"脱钩"，实现经济增长与生态保护的双赢局面。

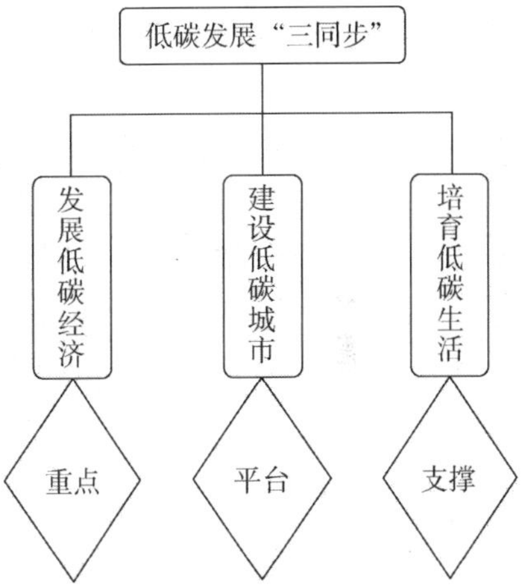

广元市"三同步"低碳发展模式

三、广元市低碳发展的成效与问题

发展低碳经济在于能源利用效率的提高、清洁能源结构的构建和碳排放的减少，是一场涉及生产模式、生活方式、价值观念和国家权益的全球性革命。其实质就是用低的能源消费、低的碳排放和污染保证经济和社会的可持续发展。广元市逐步形成的低碳经济、低碳城市、低碳生活“三同步”模式有力地推动和促进了该市的低碳发展，呈现灾后重建低碳特色彰显、产业结构低碳导向突出、能源体系低碳特征明显、生活方式低碳理念树立、森林碳汇能力增强的特点。广元市的生产生活模式也发生了巨大的变化，低碳观念深入人心，低碳行为处处体现，初步实现了生态效益、经济效益、社会效益的良性互动。

（一）发展低碳经济

“低碳广元”战略实施以来，广元市在经济发展中，一方面大力调整能源结构，着力构建低碳能源体系。主要表现在提高天然气、沼气等清洁能源在全市一次能源消费结构的占比；加快发展水电能源，提高水电能源比重；大力推进东河流域梯级开发；加快太阳能、风能、地热开发利用等。另一方面全力推动低碳产业发展，构建产业低碳化。灾后重建中坚持优先重建清洁能源、电子机械、旅游、服装纺织、新能源、新材料等低碳产业，“十二五”时期加大产业结构调整的力度，加大高碳产业技术创新的力度，促进高碳产业的快速低碳转型，并积极构建示范园区和产业集群，调整区域产业布局。同时大力发展现代林业，充分发挥现代林业在低碳经济发展中的作用。表现在植树造林增加碳汇，改善人居环境，促进生态文明；保护湿地和林地土壤，减少碳排放；发展以森林资源为经营对象的林业一、二、三产业（绿色低碳产业）等。可见广元市在经济发展中依托自身的绿色资源优势，积极推进产业结构转型升级，不断引导发展低碳、绿色产业，并且大力调整能源结构，重点开发利用清洁能源，坚持经济发展与环境保护同步，初步形成了低碳经济基础。

截至2014年，广元市已探明天然气储量4000亿立方米，天然气年生产量达1.8亿立方米，发展民用天然气26.2万户，气化率超过80%；累计建设沼气池35.85万口，占宜建农户总数的75%，被省政府命名为沼气化市，全市清洁能源占一次能源消费结构的比重达23.36%，“气化广元”成效显著。[①] 2015年广元市城区环境空气质量优良天数为349天，市城区生活污水集中处理率达89%，市城区生活垃圾无害化处理率达97.6%，城市各集中式饮用水水源地水质达标率100%，城市水环境功能区水质达标率100%。[②]

2015年全市国内生产总值（GDP）为605.43亿元，比2014年增长8.6%，增速分别比全国、全省快1.7、0.7个百分点。其中，第一产业增加值为99.76亿元，增长3.7%；第二产业增加值为285.53亿元，增长9.6%；第三产业增加值为220.14亿元，增长9.7%。一、二、三产业对经济增长的贡献率分别为7.5%、52.6%和39.9%，分别拉动

① 田中文：《经济新常态下广元低碳发展的思考》，载《绿叶》，2015（6）。

② 资料来源：广元市统计局：《广元市2015年国民经济和社会发展统计公报》，载《广元日报》，2016年3月第A02版。

经济增长 0.64、4.52、3.44 个百分点。[①] 同时低碳指标显著提升，低碳竞争力凸显。按照“十二五”节能规划万元 GDP 综合能耗比 2010 年下降 15% 的目标要求，广元市前 4 年 GDP 综合能耗情况分别为：2011 年下降 3.22%，2012 下降 5.1%，2013 年下降 5.39%，2014 年下降 6.69%，2015 年省政府下达广元市万元 GDP 综合能耗比上年下降 2%，1—9 月广元市全年 GDP 综合能耗下降 3.39%。2010—2015 年（1—9 月）年累计下降 23.79%，已超“十二五”目标 8.79 个百分点，居全省前列。[②] 可见，广元市的经济总量与产业结构得到显著提高与改善。

（二）建设低碳城市

建设低碳城市是一个长期、持续变革的过程，必须因地制宜、科学布局、系统规划，根据城市的自身特点逐步实现“低碳化”。广元市在低碳城市建设中依托其山区地形地貌，构建总体分散、局部集中的空间格局；总体上实施“绿楔嵌入式”区域公共交通导向的空间布局模式；构建职能分工合理、规模适度的市域城镇体系；构建以中心片区为核心，以元坝片区为东翼、宝昭片区为西翼的“一心两翼”的人字形带状组团结构。[③] 其次通过引导城市用地在轻型产业、居住、公共和商贸服务多种功能的复合利用，提高设施和能源利用率；积极推广低碳建筑，建设尺度适宜和居民可达性良好的公共服务设施布局。再者，顺应地貌原有条件进行城市布局与建设，引导城乡布局与自然环境和谐共生，构建城市生态廊道，维护城市自然水气循环，促进污染扩散，避免热岛效应。最后，广元市构建了低碳城乡基础设施体系，内容包括道路交通、河网水系、给水排水、电力、通信、燃气供热、管线综合、环卫以及综合防灾系统规划。

顺应自然地貌的城市规划布局、基础设施建设不仅从空间上落实了低碳发展理念，而且在保障城市经济发展和社会和谐的前提下最大限度地减少了温室气体的排放，实现城市的可持续发展。

（三）培育低碳生活

低碳发展不是一蹴而就的，一个国家或者一个城市要长久地走低碳发展之路，除了政府经济政策上的鼓励支持、城市建设的低碳考虑外，更离不开大众行动的支持。只有人人了解低碳理念，明白低碳生活的意义，才能从行动上配合低碳发展，为绿色、低碳城市（国家）贡献一份力。广元市通过电视、社区宣传栏、网络、广播、报刊等新闻媒体普及

---

① 资料来源：广元市统计局：《广元市 2015 年国民经济和社会发展统计公报》，载《广元日报》，2016 年 3 月第 A02 版。

② 资料来源：广元市发展改革委环保资料，2016 年 1 月。

③ 侯莉：《低碳经济背景下城市可持续发展模式研究——以四川省广元市为例》，成都，成都理工大学，2013。

清洁能源、低碳经济和循环经济知识，提高社会对低碳发展意义的认识；大力营造低碳消费文化氛围，把每年的8月27日确定为广元“低碳日”，同时开展“倡导低碳生活、建设低碳城市”系列主题活动，在重点领域和关键环节推进消费低碳化；构建低碳交通网络，全力推行公交车、出租车“油改气”工作，最大限度地降低城市交通行业的废气排放；在城区规划建设了150多公里的自行车步行绿道和生态廊道，投放1000余辆便民自行车，倡导市民低碳出行；大力促进商贸流通业低碳发展，在餐饮住宿行业减少一次性用品的使用，积极开展争创“绿色饭店”等活动，在家电销售场所推行节能标识制度，抑制流通领域中商品过度包装，在经营性服务场所严格执行室内空调温度设置相关规定等。

在市民中普及低碳知识、倡导低碳行为，提供低碳出行设施等方面不仅使低碳理念不断深入人心，培育了市民的低碳消费意识、低碳生活态度，而且推动了市民在日常生活的衣、食、住、行、用等全方面践行低碳、节俭、绿色的生活方式和消费方式。

可见，广元市低碳发展成效明显，经济发展与资源环境的开发、利用和保护相得益彰。然而低碳发展之路道阻且长，广元市初步探索出了一条贫困地区加快发展的低碳路径，但也有待破解的瓶颈制约。例如广元尚未有系统的低碳经济发展框架、完整的温室气体排放数据统计和管理体系、明确的低碳发展的指标体系、健全的低碳城市建设评价机制，也没有详细的、可操作的优惠政策支持低碳发展或开展低碳试点工作。[①] 只有完善的公共政策、健全的低碳发展框架，才能从根本上保证“低碳广元”战略的不断前行，才能从根本上实践可持续发展理念，迎接“库兹涅茨拐点”，实现经济发展与环境污染的“脱钩”。广元市在低碳发展中的这些瓶颈也是很多其他想要选择或者正在实践低碳发展之路的城市会面临的问题，还需要得到国家层面的支持，要通过法律、法规规范地方政府发展低碳经济的权利和义务，促进低碳发展的步伐和成效。

四、总结——关于低碳发展的未来

广元市作为西部地区的后发城市之一，在坚持发展低碳经济、建设低碳城市、培育低碳生活“三同步”低碳发展模式下，区域内生资源得到充分利用，经济显著增长，环境也得到大力保护，经济发展与环境污染的负相关关系弱化。可谓既发挥了后发优势又保持了良好的生态环境，向经济社会可持续发展的目标迈进了一大步。

实践证明，经济欠发达的后发地区走低碳发展之路不是“慢发展”，更不是“不发展”，而是科学发展，又好又快发展。低碳发展作为后发地区科学发展的新模式，是在世界发展大趋势下，面对能源和资源的约束，我国贯彻落实科学发展观的最好战略取向。这

---

① 张立东：《广元市委书记王菲建议推行“低碳GDP”考核制度》，载《四川日报》，2016年3月14日第4版。

有利于发挥后发优势和保持良好生态环境，推动经济社会可持续发展。

当然，我国整体的低碳发展水平还远远落后于发达国家水平，为了促进低碳发展。全国人大代表、广元市委书记王菲认为推行“低碳 GDP”考核制度，建立适合我国国情的低碳经济指标体系，从现行的 GDP 指标扣除因环境污染、自然资源消耗、生态环境退化等因素引起的经济损失成本，并且将实施低碳发展的评价指标纳入地方的经济核算体系和政府官员的政绩考核等方法有助于推动低碳之路的发展。① 同时龙头企业和大学共同建设培训基地，培育本地低碳领域管理、制造和技术人才等方法都可以逐步策划并实施，用以发展低碳之路。

参考文献

[1] 龚治名．广元市绿色低碳发展模式探索．四川林业科技，2014（4）．

[2] 广元市统计局．广元市 2015 年国民经济和社会发展统计公报．广元日报，2016 年 3 月 6 日第 A02 版．

[3] 鲁丰先，王喜．低碳发展研究的理论基础．中国人口·资源与环境，2012（9）．

[4] 田中文．经济新常态下广元低碳发展的思考．绿叶，2015（6）．

[5] 杨小杰，杜受祜．后发地区低碳经济发展模式研究——以四川省广元市为例．农村经济，2012（8）．

[6] 张厚美．广元低碳城市发展调查．环境经济，2011（9）．

[7] 庄贵阳．广元市：低碳发助推后发地区“发展起跳”．中国科技投资，2011（7）．

[8] 张立东．广元市委书记王菲建议推行“低碳 GDP”考核制度．四川日报，2016 年 3 月 14 日第 4 版．

① 张立东：《广元市委书记王菲建议推行“低碳 GDP”考核制度》，载《四川日报》，2016 年 3 月 14 日第 4 版。

民族和区域发展研究

发展、稳定与安全：边疆视野下的西藏可持续发展

孙　勇　朱金春*

1949 年新中国成立以后，边疆地区一直存在着发展本质性的定义问题：即广义的发展指经济整体状态伴随着社会结构变化的持续前进；狭义的发展指经济本身在结构的变化下总量趋于增多的累积。严格地讲，无论是广义的发展还是狭义的发展，都包含着一个重要的命题，即必须将经济社会整体的变动置于前进的方向上，置于结构性的优化过程之中，置于社会文明进步的本质性规定下。这种意义上的发展，必然是先进的上层建筑对落后的上层建筑的革新，必然是先进的经济基础对落后的经济现状的改建。边疆发展在本质上就是如此，边疆地区可持续发展的深层内涵也在于此。①

一、边疆稳定经常是边疆发展的前置性问题

中国边疆地区稳定的问题，主要是指政治体系对于社会矛盾的变化是否具有较强的调适功能，能否及时化解社会矛盾、有效控制社会不稳定因素，使社会不出现政治动乱，呈现经济协调发展、社会稳步前进的有序稳定状。转型时期中国社会的稳定模式应是发展中的稳定、动态的稳定。仅就事关发展的改革来看，在实际的改革进程中，通过合理选择改革起点和渐进性改革模式，去成功地把握转型时期的社会稳定问题。实践证明，有系统的渐进性改革具有互动的结构，能不断发展经济和改善人民生活，既有助于克服僵化观念和习惯势力的干扰，也有助于缓解利益调整过程中出现的冲突，从而争取更多的社会阶层支

* 孙勇，四川大学社会发展与西部开发研究院教授，四川大学边疆安全与发展同创中心副主任，四川大学涉藏问题研究中心主任。曾任西藏党委副秘书长，党史研究室主任，西藏社会科学院党委书记、副院长；国家社会科学基金重大招标项目首席专家、国家社科基金项目民族学科评审专家。研究方向：西藏社会经济发展研究、边疆问题和理论研究。

朱金春，四川大学社会发展与西部开发研究院助理研究员。研究方向：边疆政治与民族关系研究。

① 这个观点贯穿在本文第一作者2008 年申请的国家社科基金重大招标课题“西藏地区社会稳定对策研究”之中，也成为近年来我们研究边疆地区和西藏问题的一个视角。

持改革。[1] 同理，西藏地区的可持续发展不能仅仅理解为保护生态平衡，搞好生态建设，建设绿水青山的家园等，这样的理解是不完整的，因为它不符合“经济整体状态伴随着社会结构变化的持续前进”这个广义的发展内涵。一个总是潜伏着不稳定因素或经常发生涉安事件的边疆地区，所谓的可持续发展是难以为继的。

由此以观，西藏地区社会稳定问题，不仅仅是我国地理边疆的治理，同时也是国家利益边疆、文化边疆、战略边疆的治理，其中自然涵盖政治、经济、文化、军事、资源控制等因素。西藏的社会稳定问题，事实上进入了中国在全球化时代维护国家主权和制定国家战略的重要基点，完全可以视为中国“战略边疆”的重点之一，舍此所谈论的西藏可持续发展将是无本之木。

在西藏这个特殊的边疆少数民族地区，发展、稳定和安全三大基本问题应当纳入思想库的视野和实证研究。这三个基本问题的视野，要由最基本的理论以及理论创新的研判来框定。而这三个问题的实证研究，要置于最基本理论以及理论创新的指导之下。边疆治理中的西藏问题对中国决策层来说，不仅是一个历史的主题，也是一个现实的主题，还是一个未来的主题。亦即西藏社会稳定与发展的对策除了战略的目标指向“长治久安”外，还存在着一个时间指向——西藏的“跨越式发展”和“长治久安”谋划的时间表至少要有30年乃至更长的时间段，要有超视距的眼光。[2]

西藏在中国的边疆治理之中，具有其特殊的内容和形式，既包括边疆发展、边疆建设、边疆的生态与环保等方面的内容，也包括边疆稳定的民族问题、宗教问题和利益分化与利益协调等方面的内容，还有边疆安全如意识形态反渗透、边疆社会管理和边防建设等方面的内容。这些问题从总体上看，与国家边疆治理的理论认识取向有关。其中，存在着帕累托改进[3]的问题，需要按照帕累托改进的准则，应该将边疆地区事关发展、稳定、安全三大主题的诸多决策予以优化组合，防止出现顾此失彼状况的出现。

西藏地区社会治理的意义远远大于西藏实际地理区域的范围，其影响实际上扩展到相邻四省藏区乃至全国以及国际上。仅从现代国家治理角度看，西藏治理已经不是族际的治理，不应当沿着处理民族问题的思路而应当调整为对行政区域的治理即中国疆域内的边远

---

① 于福君：《系统科学与我国社会改革发展战略的研究与探索》，载《鞍山师范学院学报》，2009（2）。

② 这里所说的“超视距”指的是在国家体制下要克服官员任期时间对决策的“视距内”影响，“谋长久之策”考虑促进西藏“长治久安”的时间指向要远远超出自己的任期时间。

③ 帕累托优化（Pareto Optimality），也称为帕累托效率、帕累托改善或帕累托改进，是以意大利经济学家帕累托（Vil－fredo Pareto）命名的，亦即基于帕累托最优变化，在一个系统之中没有使任何方面境况变坏的前提下，使得至少一个方面的境况变得更好。

地方的治理,① 其目的在于解决西藏的各种现实问题，实现边疆的巩固、发展和繁荣，进而巩固民族团结和国家边防，保持和促进国家的强大和繁荣。针对西方反华势力与达赖集团相互勾联，企图通过“独立”“分裂”进行肢解中国的图谋，需要专门对西藏地区的社会长治久安问题展开综合性对策研究。但要解决西藏的社会稳定问题，作为具体的地理边疆，最根本的还是要针对西藏问题本身的实际状况，依据特定问题的特征，采取相应的治理方式，同时结合经济发展的诸多问题，全方位地研究和实施更好的对策，西藏的广义发展问题才可能有新的解决之法。

二、西藏在中国边疆发展中的共性与个性问题

中国边疆治理问题必须依托于加快边疆民族地区经济发展的步伐，这无论对于缩小差别，实现共同富裕，还是对于加强民族团结，维护祖国统一和社会稳定，都具有十分重要的意义。边疆发展是西藏稳定的基础，在我国西部的省区之中，西藏经过了共性与个性的历史，现在又面临着共性与个性的问题，对这些问题需要从不同的角度来认识，最终在边疆发展的命题下予以解决，以实现维护和巩固西藏社会稳定的目标。

历史地看中国边疆地区的发展，具有与内地的向心关系，同时又具有地域特色的倾向。上千年来，随着中央王朝体系内中心区域各民族的泛化认同，历史上曾经有过的一些民族融合在一起，向着高度统一而深化发展；而边缘地带的一些民族在交往中不断地分化并加入中原民族的发展之中，也有一些民族因地理原因在一个区域固化了经济乃至文化形态。这样，整个中国社会经济形成一个多民族经济互补性很强又存在多种特色和层次的民族经济结构。

在一国的疆域里，存在多元一体化民族经济的“中心—边缘”发展格局在世界上是不多见的。中国的各民族相互渗透、彼此依存、休戚与共，并形成了多种特色和层次的民族经济结构。在国家工业化时代到来之前即新中国诞生之前，各个民族所具有的农牧渔耕工商的分布和互补基本上是完整的。但是，由于我国各个民族经济社会的发育程度不同，致使在一国之内原始经济残余形态、奴隶制经济现象、农奴制庄园经济、小农经济甚至前工业经济都散布在中国的土地上，即使是同一民族内部也存在多层次结构，不同层次经济的直接交往与渗透，使同一民族不同层次的经济结构，也表现出不完整。这种状况在西藏也

---

① 周平:《陆疆治理：从“族际主义”转向“区域主义”》，载《国家行政学院学报》，2015（6）。周平在该文中指出：在“族际主义”传统延续的条件下，陆地边疆治理主要围绕族际关系展开，并形成了一些趋势性的特点：一是突出边疆的民族特性，把边疆等同于或直接界定为“边疆民族地区”……继续将“民族地区”或“边疆民族地区”等概念作为陆地边疆的代名词，已经严重不符合实际。今天的陆地边疆治理，在国家发展和治理中承载着更多的责任，与国家的地缘政治战略、全球战略、外交战略尤其是周边战略等直接相关，对整个国家的治理和发展的影响也更加突出。

曾经存在过。

新中国成立之前，边疆小区域社会经济形态大约可划分为四种：封建地主经济的社会形态、封建农奴制的社会形态、农奴（包括家奴）及奴隶制社会形态以及原始公社末期社会形态。随着新中国的诞生，这些处于不同层次阶段的少数民族相继完成了社会形态跨越式的演进，通过新中国成立之后的各种运动，确立了全国大一统的社会政治经济形态及上层建筑，但社会形态的跨越在原有意识形态的阻滞下，形成了社会意识的二元形态，有的意识形态对社会政治活动和经济发展直接造成了负面影响。与此同时，普及先进适用的科学技术需要教育的基础，普及的过程也有待时日。一段时间内中国边疆地区民族地区的生产力发展滞后，必然导致经济社会发展的滞后。这种滞后的状态往往是导致社会不稳定的一个重要因素。站在新世纪回看我国民族地区经济社会的历史进程，千余年来，大多数地方既存在着发展水平差异较大的层次结构，又有层次结构的跨越情况。特别是中华人民共和国成立之后，新的经济因素与原有的生产力并存，几十年来一直处于一种二元状态，先进的思想文化与原有的社会意识并存，也形成了一种二元状态，[①] 这种双重的二元状态使得各少数民族的经济社会发展极为复杂，而这种极为复杂的经济社会发展状态，在边疆地区普遍存在，中国西部省区及西藏地区更是如此。因此，西藏发展问题首先是中国边疆民族地区的共性问题，其次才是具有区域特点的个性问题。

西藏和平解放以来，历经民主改革、成立自治区和改革开放，经济社会发展与祖国内地一样也取得了举世瞩目的伟大成就，在发展的历程中持续地在摸索具有西藏特点的发展路子。这个路子是在中国共产党的领导下，以实事求是、解放思想的思想路线为指导，在国家的大局之中，团结西藏各族人民不断进行摸索的路子。新西藏的经济社会建立在起点很低的层次上，国家为西藏经济社会的发展提供了大量的扶持，在过去一个自然经济广覆、社会层次极不发育的边疆少数民族地区，经过多年发展仍然还是很不发达，是一个非典型二元经济结构特征十分突出区域；[②] 西藏又是一个人口稀少、农牧区人口占很大比重，丰裕的自然资源禀赋短期难以利用，环境承载能力本身就脆弱的高原区域；西藏还是一个经历过上千年封建农奴制，文明进步的基础极其薄弱，宗教文化传统十分浓厚的地区；西藏也是一个商品经济极不发达，安于自给但长期不能自足，由计划经济体制向市场经济转型，在实行改革开放以后经济迅速发展的地区；更为重要的是，西藏同时是一个地处边陲，长期面临境内外敌对势力、分裂主义分子渗透破坏，固边稳边、防止分裂任务十分繁重的地区。可以说，在中国一个地区在发展中同时具备以上诸多特征举国罕见。这是我们认识西藏发展路子的着眼点，也是我们研究西藏发展模式的入手处。中央第五次西藏工作

① 孙勇：《西藏：非典型二元结构下的发展改革》，北京，中国藏学出版社，1991。

② 孙勇：《西藏：非典型二元结构下的发展改革》，北京，中国藏学出版社，1991。

座谈会特别指出了西藏存在着“两个矛盾”，即“当前西藏的社会主要矛盾仍然是人民日益增长的物质文化需要同落后的社会生产之间的矛盾。同时，西藏还存在着各族人民同以达赖集团为代表的分裂势力之间的特殊矛盾”①。中央第六次西藏工作座谈会上习近平强调：“必须坚持中国共产党领导，坚持社会主义制度，坚持民族区域自治制度；必须坚持治国必治边、治边先稳藏的战略思想，坚持依法治藏、富民兴藏、长期建藏、凝聚人心、夯实基础的重要原则；必须牢牢把握西藏社会的主要矛盾和特殊矛盾，把改善民生、凝聚人心作为经济社会发展的出发点和落脚点，坚持对达赖集团斗争的方针政策不动摇；必须全面正确贯彻党的民族政策和宗教政策，加强民族团结，不断增进各族群众对伟大祖国、中华民族、中华文化、中国共产党、中国特色社会主义的认同；必须把中央关心、全国支援同西藏各族干部群众艰苦奋斗紧密结合起来，在统筹国内国际两个大局中做好西藏工作；必须加强各级党组织和干部人才队伍建设，巩固党在西藏的执政基础。”② 中央的这些精神，从全局性的高度十分明确地解答了共性与个性问题最根本的依据在哪里。

三、新视角下西藏可持续发展的综合思考

西藏在中央的领导和全国人民的支援下，经过各族人民的共同努力，半个多世纪以来，经济发展取得了显著的成就：一是西藏经过60多年的发展，逐步建立了能源、轻工、纺织、采矿、建材、制药、印刷、食品加工等20多个门类的现代工业经济体系，为西藏经济的全面发展奠定了一定的基础，现代工业已成了西藏区域经济发展的重要支柱产业之一。二是西藏经济发展具有了一定的基础条件，中央第三次西藏工作座谈会以来，西藏经济进入高速增长期，中央加大西藏基础设施建设投入力度，交通、能源等基础设施条件得到了明显改善，年均GDP的增长都在两位数，到2006年人均GDP首次突破了1万元，2015年经济增速仍维持在两位数的高位，人均GDP达到3.5万元。三是现代科技、教育、文化、医疗和卫生事业有了一定的发展，西藏人文科技事业的发展有了一定的基础。但是，由于恶劣的高原自然环境、偏远的地理区位和历史的原因，西藏经济未从根本上得以改变。主要表现在：经济基础薄弱，缺少强壮的支柱产业，经济结构不合理，生产要素分散，市场发育不足，各类人才匮乏，基础设施建设相对滞后，经济社会运行成本高，管理水平有待提高，各地区间发展很不平衡，城乡差距依然很大等。这些问题导致了西藏经济社会的发展主要是通过总体供给模式来保障的，尚不具备自我发展能力，中央的投资和对

① 中央政府门户网站：《中共中央国务院在北京召开第五次西藏工作座谈会》，2010年1月22日，http://www.gov.cn/ldhd/2010-01/22/content_1517549.htm。

② 中国新闻网：《中央第六次西藏工作座谈会召开 习近平发表讲话》，2015年8月25日，http://finance.chinanews.com/gn/2015/08-25/7488714.shtml。

口援藏的投入依然是西藏发展的主要源头，社会稳定的保障如果缺了国家的支持是不可想象的。由此，西藏至今仍然在发展的内涵上包括四个方面：

一是稳边固本。西藏的发展路第一具有稳边固本的内涵。“西藏的发展、稳定和安全，事关西部大开发战略的实施，事关民族团结和社会稳定，事关祖国统一和安全，也事关我们的国家形象和国际斗争。”[①] 西藏是一个少数民族聚居区域，又地处祖国西南边陲，有约4000千米的边境线，与5个国家和地区接壤，又与祖国的6个省区连接。西藏历史上长期是黑暗的封建农奴制、政教合一制的区域，又曾经遭受帝国主义的侵略，和平解放以来，执政党对西藏的发展一直将稳边固本作为最为重要的内容，特别是在民主改革、成立自治区之后，在伴随社会结构变动过程的经济运作之中，把稳定祖国西南边疆、巩固人民政权、筑牢反分裂基础始终作为发展的深层次内涵。从西藏60多年发展的历程看，现代经济在西藏的发端就肇始于稳边固本。多年来，西藏在发展中，中央提供的“总体供给模式”在任何时候都将此作为首要目标。最高决策层之所以把西藏的发展、稳定和安全三位一体地列为事关党和国家全局的大事，从西藏发展实践和发展的逻辑上讲，必定蕴含中央领导所指出的：一是加快发展问题，西藏经济社会发展的任务仍很繁重；二是促进稳定问题，西藏面临的反对分裂、维护稳定的任务仍很艰巨。要解决好这两个问题，必须加强党的建设。新时期的西藏工作，要在加快经济发展、保持社会稳定和加强党的建设这三大任务方面，迈出新步伐，取得新进展。西藏特点的发展路子，在“全面发展”本身定义之中也是要首先保证政治的内容，而这个内容体现在西藏实际的特点上本来就很鲜明。这与中国特色发展路子的总要求完全符合。

二是民生为重。中国共产党在西藏60多年为人民取得政权、执掌政权的不平凡历程，始终贯穿了全心全意为人民的宗旨，西藏发展一直具有民生为重的内涵。从“十七条协议”开始，改善民生就成为西藏发展的重要内容。在西藏多年的发展中体现了民生为重的特点，在经济发展的所有阶段，无论是建立社保体系还是减免税收，无论是安排财政支出还是援藏工作向基层倾斜，中央都倾注了特殊的关怀，很多改善民生的举措要早于兄弟省区若干年。进入新世纪，西藏发展的民生问题，不仅仅是解决温饱、实现小康，而是不断改善生活质量，提高民生层次。以城镇职工基本养老保险、基本医疗保险、失业保险、工伤保险、生育保险等制度为主要内容的社会保障体系已经建立。基本养老保险覆盖范围逐步扩大，实现了应保尽保。建立了农村居民最低生活保障制度。在全国率先建立了农牧区最低生活保障制度，率先实现了城镇居民医疗保险全覆盖。进一步健全各项救助制度，全面构建了以灾民救助、五保供养、特困救助、临时救济等为主要内容，并与医疗、司法等救助制度相衔接的城乡社会救助体系。但由于西藏至今是全国最不发达的区域之一，改善

① 中央第四次西藏工作座谈会上对西藏工作重要性的一段阐述。

民生仍然是西藏发展的重要任务。

三是地域特色。西藏发展还具有地域的种种特色，这本是西藏发展路子的题中之意。西藏特点发展路子的地域内涵中，始终存在着在构建新的区域经济结构和布局中实现西藏现代化的命题。按照中央提出的“以工促农、以城带乡”的方式，逐步改变城乡二元经济结构，努力实现经济社会又好又快发展的要求。西藏发展的路子之中，特色产业和产业带建设是一个必须高度重视的问题。近年来，西藏在跨越式发展战略指导下，制定了“优势区域、优势资源、优势产业、优先发展”的原则，提出了“区域集中、规模做大、质量提升、效益提高”的工作要求，整合各个方面资金，集中力量，通过龙头企业的带动作用，以基地建设和龙头企业为抓手，加大了农牧业特色产品开发和农畜产品深加工力度。这是有特点发展的基础。还有一条就是资源的偏在性决定了后发有优势。资源的偏在性，指的是某一类资源在一个地方的偏聚的富集程度。例如西藏的水能、森林、矿藏以及一些特殊的农牧产品等资源在全国位列前茅，作为全国资源的后备基地，后续开发具有难以估量的前景。现已发展起来的西藏旅游业，因其资源的偏在性而势头很好。西藏的生态地理因素可影响全国和南亚，对世界的气候变化也有一定影响，在这个意义上，西藏的生态资源也具有偏在性，也是西藏发展特点路子地域内涵的一个方面。面对西藏十分艰巨的发展任务，西藏的区域特点发展要继续加大改革开放的力度，调整经济结构，壮大特色产业，实行科教兴藏和可持续发展战略。

四是可持续发展。西藏发展是在中国发展相同命题下所具有未来性一个必须具备的方面。一般性的可持续发展思想是人类社会发展的产物，体现了对人类自身进步与自然环境关系的反思，反映了人类对今后选择发展道路和发展目标的向往。我国“可持续发展”的定义是“可持续发展是指既满足当代人的需要，又不损害后代人满足需要的能力的发展”①。中央近年来多次提到转变发展方式，一个最直接的含义就是要实现中国的可持续发展。西藏发展的内涵，有着与全国很不相同的地方，即西藏的地理环境的特殊性对祖国内陆和南亚地区有着水气、物种和资源后续接力的意义。这是西藏有别于其他省区的地方，亦即有特点的地方。从理论上讲，“在生存于不超出维持生态系统涵容能力的情况下，提高人们的生活质量”②。亦即人们的生产方式与生活方式要与土地的承载能力保持平衡，既要保护这个区域的生命力和生物多样性，又要有人的可持续发展的价值观，创造美好的生活环境。可持续发展不是保有原生态不动，而是要通过建设性的活动，改善人们的生活质量。亦即在保持自然资源的质量和其所提供服务的前提下，使经济发展的净利益增加到最大限度。实施可持续发展，除了政策措施和实际的治理之外，科技进步起着重大作用。

---

① Christopher Alexander，The Oregen Experiment，Cambridge：MIT Prass，1975，p. 36.

② IUCN，UNEP，WWF，Caring for the earth：A strategy for sustainable living，Earthscan，1991.

西藏的可持续发展还应包括建立可供持续进行的社会稳定机制、政府服务制度。这符合“发展”定义之中对社会结构的改建，并且是持续性地剔除那些妨碍社会文明进步的糟粕，西藏在这个方面所具有的独特性也是其他省区所没有的。继续坚持维护祖国统一，反对分裂破坏，增进民族团结，实现社会的公平正义，构建和谐社会，不仅仅是做好西藏工作的一大内容，也是西藏发展之中可持续的要求。

四、尽快消除地区差距这一西藏可持续发展的隐患

地区差距过大不仅会带来经济方面的负面影响，还会带来政治方面的负面影响。尽管中国所有的地区比20多年前绝对地前进了，但是由于各地区经济增长率差异甚大，很多地区特别是相当部分的欠发达地区相对的落后，人均收入绝对差距迅速扩大。这将不可避免地产生一系列的经济社会政治后果。从2015年的经济社会各项指标来看，西藏仍是全国最落后的省级行政区，在西部省区中的排位持续下降，特别是与内地和沿海省份相比，差距更大。由于人口稀少，工业不发达，西藏自治区的国内生产总值一直处于全国末位，而且所占比重极小。统计数据显示，除在“十五”时期前三年稳定在第23至25位外，从2004年开始逐年退位，2006年处于第26位，2010年下降到第27位，2013年到28位，2014年排到全国末位，2015年仍然排在全国末位（见下表）。

中国31个省、自治区、直辖市2015年国内生产总值及增长幅度表

省区	2015年国内生产总值（亿元）	较2014年增长率
广东	72812.55	8.0%
江苏	70116.38	8.5%
山东	63002.30	8.0%
浙江	42886.50	8.0%
河南	37010.25	8.3%
四川	30103.1	7.9%
河北	29806.1	6.8%
湖北	29550.19	8%
湖南	29047.2	8.9%
辽宁	28700	3.0%
福建	25979.82	9.0%
上海	24964.99	6.9%

续表

省区	2015 年地区生产总值（亿元）	较 2014 年增长率
北京	22968. 6	6. 9%
安徽	22005. 6	8. 7%
陕西	18171. 86	8. 0%
内蒙古	18032. 79	7. 7%
广西	16803. 12	8. 1%
江西	16723. 8	9. 1%
天津	16538. 19	9. 3%
重庆	15719. 72	11. 0%
黑龙江	15083. 7	5. 7%
吉林	14274. 11	6. 50%
云南	13717. 88	8. 7%
山西	12802. 58	3. 1%
贵州	10502. 56	10. 7%
新疆	9324. 80	8. 8%
甘肃	6790. 32	8. 1%
海南	3702. 8	7. 8%
宁夏	2911. 77	8. 0%
青海	2417. 05	8. 2%
新疆生产建设兵团	1960	16. 2%
西藏	1026. 39	11. 0%

从上表中看出，31 省、自治区、直辖市（不包括新疆建设兵团）中的 GDP 总量倒数三位的分别为西藏、青海、宁夏，GDP 总量均在 3000 亿元以下，垫底的为西藏，2015 年 GDP 总量仅为 1026. 39 亿元。

西藏作为我国典型的少数民族边疆地区，其多年来的经济社会发展取得的成就，是有目共睹的。纵向比，是翻天覆地；但横向比，却表现为差距仍然在拉大。发展差距问题一直是现在仍然是形成西藏社会稳定压力的一个重要方面。客观地说，差距问题是经济发展过程中一个无法回避的现象，不可能完全消除。但是如果发展差距过大，必然会产生一系列的连锁反应。首先从表象上看，它会诱发出许多民族矛盾和不稳定因素。发展差距的扩大使少数民族和民族地区的广大干部群众产生很大落差，心理难以平衡，进而会直接影响到民族关系的健康发展，影响到国家的安定团结。近年来，习近平主席提出的“一带一路”战略对西藏可持续发展有着巨大的意义：“一带一路”战略将改变边疆地区的经济社会发展落后的局面。“一带一路”战略促进商品、资本、人员等经济要素沿着“一带一路”的诸多通道与走廊跨越边界流动，使边疆的对外开放不仅局限于边境这一狭隘的范围，而是在更大范围与纵深上实现与国内外区域间的联系与合作。此外，国家推动“一带一路”战略的实施，将会极大地推动边疆地区的基础设施建设，推进新兴城镇化建设，这些都会使边疆地区的经济发展条件得到改善，从而促进产业升级改造，增加民众就业，改变边疆地区的落后面貌。[①] 西藏在国家的这个战略框架之中，必然会对今后的可持续发展注入新的活力。

五、制定新战略强力推进西藏的可持续发展

西藏是经济社会极不发达的地区，其经济发展也有着与内地省、市、自治区完全不同的模式——依靠中央和各援藏省市的对口支援发展经济，属于典型的投资拉动型经济。[②]长期以来，国家投资和对口援藏省市的援助对西藏经济社会发展起着至关重要的作用。现阶段的西藏产业发展又存在诸多问题和障碍，如何选择和发展西藏产业经济，如何培育和壮大西藏特色产业和特色经济，是西藏经济社会发展面临的现实选择和亟待解决的问题。尽管西藏并不存在一个明显的工业化过程，产业集聚也恰是工业化进程中的一个显著特点，须在产业选择上慎之又慎。限于资金、技术和人才因素，不可能实行经济的平衡发展。在经济全球化背景下，西藏这种落后地区的产业发展要想获得竞争优势，必须走可持续发展道路，以农牧业的产业化、资源开发的适度规模化、第三产业的高起点为目标，依靠政府主导，对区域生产力实行合理布局，引导资源和要素在优越地区优先发展，形成聚集经济，获取规模报酬，进而促进产业的发展壮大。[③] 人们对西藏资源优势的知晓程度目前还比较有限，而许多已知丰富资源的优势又因其区位条件而大打折扣，因而西藏资源开发的投资项目必须集中在重要资源开发领域和极具特色的资源开发利用领域。所谓重要资源，是指在整个国家的资源分布格局占据显著位置，关系国计民生、具有战略意义的基础性资源。这种资源因其战略性、基础性及储量在整个国家范围内的突出地位，而具有很强的不可替代性。极具特色的资源，是指特殊性十分突出，为本地区所独有的资源；是依托本地区特殊的环境条件而生成或由特殊的地域民族文化所蕴含，不为其他地区所模仿、类

---

① 朱金春：《“一带一路”战略与中国边疆形态的重塑》，载《北方民族大学学报》（哲学社会科学版），2016（2）。

② 列确：《科学发展观是制定十一五规划的根本指针》，载《西藏日报》，2005-11-16。

③ 何纲：《西藏产业集聚问题研究》，西南财经大学硕士学位论文，2007。

同的特色资源。这种资源同样具有很强的不可替代性，对其稀缺性的把握有利于确立市场竞争优势。随着国家西部大开发战略的持续推进，西藏自然资源极为富集而经济资源极为贫乏的格局才逐渐开始被打破，凭借自身拥有的丰富资源，可从国际国内引入大量资金、技术和人才以使自身的经济技术跨越式发展，而不必仅仅等待接受国内第一、二梯度的技术转移。因此，西藏从自身实际情况出发，有选择、有重点地积极发展高科技产业，是其总体发展战略中不可或缺的重要组成部分。要实现新的综合性可持续发展，难度非常之大，必须在下一步工作中结合西藏实际对中远期目标予以适当调整，要在 2020 年与全国一道实现全面小康，西藏需要加快发展，要有新的发展战略。基于西藏自治区在国内民族团结、政治稳定和国防安全等方面所处的重要战略地位，我们不能使西藏长期处于贫困落后的经济面貌下，而必须超越西藏自治区现有的薄弱经济基础及其建立在薄弱经济基础上的经济社会发展的自然演化过程，按照中国特色社会主义道路的总体要求，在国家和全国人民的大力支持下，借鉴非均衡发展的思想，积极提高人口素质、开发人力资源，大量引进和运用现代科学技术，以信息化带动工业化，同时解决农业产业化问题，缩短发展历程，以超常规的经济增长速度带动非均衡经济结构不断走向高级化，迅速摆脱现存非典型二元经济结构的种种阻碍，在全面建设小康社会、富裕社会和实现中华民族振兴的伟大目标之下，最终形成西藏经济高级形式的一元经济结构，实现现代化发展目标。这对于共享发展、凝聚人心、长期建藏、稳固边疆、长治久安等方面具有不言而喻的作用。

参考文献

[1] 何纲．西藏产业集聚问题研究．西南财经大学硕士学位论文，2007.

[2] 列确．科学发展观是制定十一五规划的根本指针．西藏日报，2005－11－16.

[3] 朱金春．“一带一路”战略与中国边疆形态的重塑．北方民族大学学报（哲学社会科学版），2016（2）．

西部民族地区社会治理创新的社会生态及困境破解

韦仁忠*

党的十八大以来，中央政府提出了构建“现代国家治理体系”的重大发展目标。我国是一个多民族国家，西部民族地区的社会治理是构建“现代国家治理体系”的重要组成部分。审视民族地区的社会治理，不能离开中国社会的整体大背景。稳定与发展是相辅相成的，创新西部民族地区社会治理，是我国建设和谐社会和国家治理能力现代化的重要方面。新时期民族地区“治理”以其“多元、民主、合作、互助”的特质，代替“统治”成为国家和地方政府使用公共权力维护民族地区稳定与发展的手段。西部地区的多民族、多宗教、多文化等特质，使得创新社会治理势在必行。

一、西部民族地区的社会生态特点

社会治理在一定程度上受到民族、文化、历史、地理、经济、风俗、习惯等因素的影响，具有显著的地域特征。根据不同地区的特殊性，创新民族地区社会治理模式对于加强党的领导，实现国家治理体系和治理能力的现代化具有重要意义。① 我国正处在社会转型阶段，市场化不断深入，这正是各民族共同发展繁荣的重要时期，但民族问题会长期存在。民族文化上的差异，加上在社会治理中参与程度与话语权的不同，民族地区的社会治理创新具有一定的复杂性。

（一）跨境流动和周边国家存在的泛民族主义思潮，影响民族团结，增加治理难度

西部民族地区的居民由于地缘、族缘和血缘等联系，与境外居民的往来十分密切和频

* 韦仁忠，四川大学社会发展与西部开发研究院，教授。研究方向：民族社会学、社会治理等。

① 高瑛、饶旭：《民族地区的社会治理与社会建设：现状、问题与对策——基于甘南藏区的研究》，载《民族论坛》，2016（4）。

繁。近年来，随着周边国家政治经济环境的变化，跨境交往活动呈现日益频繁和复杂的趋势。主要表现为：第一，传统的交流方式依然延续。在跨界而居的民族地区，因本地居民长久以来形成了探亲访友、宗教节日聚会等交往习惯，所以对本地居民的这种传统联系在实际上很难控制，并且过于严格的控制也不利于本地居民的生产、生活和社会安定。第二，近年来，随着民族地区的经济开发，条件便利的边境城镇也有意识地推动跨国贸易的发展，导致边境地区以获取各种经济利益为目的的交流活动迅速增加。第三，因周边国家的社会政治经济环境、民族舆论和政策的变化而导致的移民流动和民族分离主义倾向增加。比如在西南中缅边境因缅甸战乱而导致的外民拥入现象；越南等国家在边境采取的一系列优惠政策，对我国云南、广西的部分跨界民族影响很大。上述这些新的变化都直接或间接地影响到国内民族安定团结的局面，增加了西部民族地区的基层治理难度。①

（二）民族文化差异对特定资源开发的不同认识，加剧社会冲突隐患

在西部地区的很多少数民族文化中，人对自然的敬畏是刻在心底的。他们对于特定的山水有着神圣的信仰，即使对它们的开发可以带来短期的经济利益，带来的精神冲击也更大，因此，他们更愿意保留这些资源的自然性与完整性。由于民族地区社会管理，尤其是自然资源管理中的特殊制度设计，这种意愿经常会落空。矛盾暂时隐而未发，却在一部分民族群众的心底深深嵌入，对该地区的社会治理设下了一定的障碍。除此之外，在民族地区由于资源开发管理不善，造成环境破坏、贫富不均，加剧了社会冲突的隐患。民族地区自然资源丰富，巨大的经济利益使得部分个人与商业组织竞相谋求开发。民族地区除国家重大的开发战略外，相当部分自然与矿产资源的开发被一些个人与商业组织承包，而世代与这些资源相伴的当地少数民族群众却很少从中获得收益，又不得不承受资源开发带来的各种环境与生态破坏。这些问题加剧了社会冲突的隐患。因此，加快民族地区的社会治理体系创新的任务十分急迫。②

（三）西部地区民族结构、宗教信仰复杂，“维稳”任务艰巨，社会风险系数高

西部民族地区的民族结构复杂，风俗习惯、宗教信仰多样化，社会利益多元化，社会矛盾与冲突的诱因相比中东部也更多。这为少数破坏分子、分裂势力和反华势力提供了温床，这些敌对分子潜伏在社会的各个角落，一有苗头就煽风点火，蛊惑利用群众，导致群体性事件发生。同时，西部民族地区跨境交流和人员流动的频繁，导致各种社会问题不断增多并日益复杂，给民族地区的政治安全和社会稳定带来很大的威胁，具体表现为：其

---

① 艾昆鹏：《边疆民族地区基层治理中的特殊因素及其应对》，载《云南行政学院学报》，2011（6）。

② 羌洲：《我国少数民族地区社会治理体系创新探析：基于社会风险的测度》，载《西北民族研究》，2014（2）。

一，非法跨国通婚人数不断增加。这种现象在西南边疆地区比较明显，据有关资料统计，目前仅在云南保山市的跨国通婚人员就达2702人，其中办理合法证件的仅有653人，仅占总数的24%。[①] 非法通婚现象的增多对于居民管理、计生工作和社会公共服务都带来了很大困难。其二，非法走私、毒品贩卖和跨国卖淫现象增多，从而导致吸毒、艾滋病等在当地居民中的滋生与蔓延，严重影响到社会的健康发展。基层政权组织为配合处理这类问题疲于应付，每年要消耗大量的人力、物力和财力。其三，市场化竞争所不可避免地带来的居民、地区之间的收入差距很容易被转化为不同民族和族群之间的矛盾，被一些偶发性事件激发后极易导致族群之间的冲突。[②]

二、西部民族地区社会治理创新的困境

目前，我国进入了改革发展的关键时期，空前的社会变革给我国的发展进步带来巨大活力，同时也带来各种矛盾和问题。

（一）特殊的自然环境制约当地公共服务的质量，社会治理成本增高

西部民族地区特殊的自然环境使该地区生态系统极为脆弱，水土流失、湿地萎缩、荒漠化等问题突出，很多国土面积属于禁止开发或限制开发区域，加之自然灾害范围广且频率高，生产力水平低下，使当地社会发展的环境容量十分有限，经济转型发展压力较大。绝大多数区域以农牧业为主，产业结构不合理、贫困人口众多、自我发展能力薄弱。很多地区经济发展基础薄弱且水平较低，这使得该地区的乡村公共产品和服务难以满足人民群众的需要，造成部分群众心理失衡，情绪不顺。财政自给率较低，不少地区地方财政的80%来自转移支付，加之人才、资金、技术、信息等重要生产要素较为匮乏，改善民生存在较大压力。特别是广大牧区，由于游牧社会流动性较大、人口分散，制约了牧民群众享受社会公共服务的质量，客观上造成了社会治理中公共服务半径大、成本高等难题。

（二）复杂的社会环境与网络技术结合对当地社会稳定与发展的破坏力增大

西部地区民族众多，宗教多元，国际反华势力利用民族宗教问题对该地区进行渗透破坏活动从未停止。随着网络技术的发展，新媒体已经超越传统媒体更加影响现代人的生活。新媒体技术的日益成熟，一方面有利于信息便捷传递，从而改变人们传统的思维和生活方式。另一方面，由于受国际和周边地区环境影响，境内外利用互联网和移动存储介质

① 肖震宇：《云南跨境民族地区防控人口非法流动的法律对策研究》，载《云南大学学报》（法学版），2010（2）。

② 艾昆鹏：《边疆民族地区基层治理中的特殊因素及其应对》，载《云南行政学院学报》，2011（6）。

传播宗教极端思想和暴恐宣传品违法犯罪现象十分突出，如果不加强对信息网络的监管，必然会导致不良信息泛滥、引发矛盾、涣散人心，甚至使其成为不法分子违法犯罪的工具。

（三）多元的文化环境对社会合作方式和社会治理创新的要求增强

在西部民族地区，不同民族都有自己独特的文化习俗，这些文化在某种程度上会成为推动或阻碍治理的因素，文化价值观和态度可以阻碍进步，也可以促进进步，可谓“成也萧何败也萧何”。如果善于引导和合作，它将成为该地区社会治理创新的得力助手，如果简单削弱或引导不当，它将成为阻碍社会治理创新的致命因素。在民族地区，各少数民族在长期的历史发展过程中，历经艰难，辗转迁徙，形成了不同的民族支系，保留着许多共同的特征。如果能以统战的思维把上述的权威人士吸纳到社会治理创新的队伍中，让其在社会治理中扮演帮、扶、带的角色和利益的平衡、协调和组织者，让其追随者自动加入社会治理的团队中，自然而然地达到“多元共治”，其效果可谓事半功倍。而如果不善于引导和合作，简单削弱传统权威，势必引起“信仰者”的反感，在逆反心理的作用下，社会合作将异常艰难，并极大地伤害到追随者参与社会治理的积极性，届时，“多元、民主、合作、互助”也将化为泡影，其效果变为事倍功半。

（四）乡镇服务型政府建设对西部民族地区基层治理财政开支大幅增加

近年来随着乡镇服务型政府建设的加强，西部民族地区基层治理开支大幅度上升，与自身财政收入和可支配资金反差巨大，造成普遍的财政困境，主要表现为：其一，乡村收支反差巨大，负债运行情况严重。西部民族地区基层政权组织的财政收入来源本来就少，税费改革后等于失掉了增加自身收入的主要来源，同时地方经济发展的乏力也不能提供替代来源，但一些必要的开支还是要进行，结果只能是通过借贷、欠账等形式来维持，导致基层政府赤字规模不断扩大、债务负担沉重、财政风险日渐膨胀。其二，乡镇人口与面积比例反差大，行政投入成本高、收效低。虽然增加了来自中央及其他渠道的拨款，但由于特殊的自然地理条件带来交通、通信、技术利用等困难，随着其服务职能的加强，行政成本也会成倍增加，使有限的投入瞬间耗尽，却不见治理效果。其三，在支援边疆发展的过程中，国家的财政转移资金不断增加，基层乡镇组织在争取这类资金和项目中消耗了太多的行政成本。由于西部地区不同乡镇之间的各种条件差别很大，在竞争过程中优劣也十分明显，一些基础条件好、有活动能力的乡镇基层组织争取走了大部分的项目和资金，而条件差的乡镇常常是陷入恶性循环，拨付的资金抵不上不断滚大的债务和运行成本，结果导致很多公共职能根本无法切实执行，常常敷衍了事。此外，由于自身财政来源的窘迫，也让部分干部常常在难以绕开的事务、项目或上级政策的执行中伺机寻租。这种财政困境在很大程度上影响了基层政权组织的运行活力和在民众中的形象与权威，也在一定程度上折损了中央的政策绩效。①

三、西部民族地区社会治理创新的路径

社会治理创新是在提升党和政府治理能力的同时，进一步还权于社会，激发社会活力，通过各治理主体的合作治理来保障和改善民生、促进社会公平正义、预防和化解社会矛盾、确保公共安全。西部民族地区社会治理创新的目的在于整合各种社会资源，定位独特行政生态环境下党和政府的角色，从而提升民族地区政府的治理能力，促进治理能力的现代化。由于该地区的特殊性，其社会治理创新也要采取有针对性的治理措施。

（一）转变理念，在推动经济发展与维护社会稳定中创新社会治理

社会治理创新不是一项单一的、孤立的创新活动，它是包含了多个政策相关因素创新的系统活动过程。而社会治理政策理念创新是对政策性质和功能的重新认识和更新，理念的更新引领着整个政策创新活动的发生和发展。在民族地区传统的治理中，政府更多采用的是稳定压倒一切的治理思路，经济的发展相对重视不够，经济发展不起来，民生改善就缺乏基础，公共服务的提升也将无从谈起。西部民族地区的社会治理必须与抓经济发展、保障民生相结合，立足于地方实际，加快经济增长，使少数民族群众对党和政府的领导充满信心。要发挥少数民族地区的资源优势，加快发展少数民族地区的经济，在建设美丽家乡的氛围中创新社会治理。要加大对少数民族地区“三农”、基础设施、民生和社会事业、生态建设等领域的投入。还要推进土地承包经营权、集体建设用地使用权、农户住房财产权确权登记颁证，加快征地制度改革，逐步建立城乡统一的建设用地市场。建立农村产权流转交易市场和交易制度，推动承包土地和林地使用权适度流转。完善集体林权制度配套改革，加快“三农”金融改革创新，推进农村“三权三证”抵押贷款，鼓励金融机构向农村延伸，支持发展小贷公司等以服务“三农”为主的民间金融服务机构。健全城乡发展一体化体制机制，推动城乡要素平等交换和公共资源均衡配置，在深化农村综合改革中创新社会治理。② 随着党中央相继出台支持西部大开发、支持边疆少数民族地区发展、支持沿边开放等一系列优惠政策，民族地区应该积极转变治理理念，抓住机遇，把推动西部民族地区发展作为维护该地区稳定的根本途径，加强基础设施建设，推进工业化和城镇化进程，推动经济社会的稳步发展，实现富民固本、治政安邦。

---

① 艾昆鹏：《边疆民族地区基层治理中的特殊因素及其应对》，载《云南行政学院学报》，2011（6）。

② 魏旭萍：《少数民族地区社会治理创新路径探析》，载《玉溪日报》，2015－10－30（004）。

（二）因地制宜，良性互动，在协商对话机制中创新社会治理

所谓协商对话机制就是在民族地区社会治理中围绕着少数民族群众所关心的重大问题，政府有关部门或人员通过与民众进行平等、直接、公开的对话，听取群众的意见，回答群众的问题，从而使各项工作顺利开展的治理机制。对于民族地区复杂的公共事务和公共管理活动，如果采用合适的协商对话机制，可以有效地打破政府与民族地区公众之间的信息封闭性，利于民众进行利益表达，化解社会矛盾，最终实现善治目标。协商对话机制可以通过公民对话、公民调查、研讨会、集会、简报、听证会、网络论坛以及政策议程问卷等多种形式来进行，并且对话中所有的参与者都有相同的机会去表达态度、感受、目的等，从而达到“官意”和“民意”的有机统一。行为导向上要树立尊重与传承少数民族文化传统与生活习惯的意识，并制定更为细致的规范指导具体的管理过程。应该以扶持推动相对落后的民族地区经济社会的发展为基本出发点，推动现代化进程。应该在转变成本的前提下，改进管理方式，不论是在政府体制内部还是在民间组织内部，都要给能代表民众意愿的人士更多的话语权。在具体的管理过程中，要与当地居民有更为实质性的积极沟通，地方政府能够及时对民众意见做出回应。对于反映强烈的问题应该深入调研，并采取有效的措施加以解决。针对特定的问题，要深入了解当地居民的文化传统和生活习惯，以他们最能接受的方式妥善处理。民族地区的社会治理直接关系到民族团结与地区的可持续发展，在不断寻求创新路径时，应该注意因地制宜，避免简单粗暴与“一刀切”。民族地区政府应把关注当地民众生活质量、做好民众的思想工作纳入社会管理机制中，通过各种方式，改善各民族的教育和医疗等条件，使其共享发展的成果，以安定民心。

（三）兼容并包，汲取当地文化精华，在提升政府的政治吸纳能力中创新社会治理

民族地区社会治理是一个复杂的综合系统，政府应紧密联系边疆少数民族地区的历史文化传统来倡导主导政治文化，以包容的心态把该地区的各类“权威人士”优先吸纳到国家治理体系之中。全面贯彻党的宗教信仰自由政策，依法加强对宗教事务的管理。加强对宗教界人士的教育培训，培养一批政治上靠得住、宗教上有造诣、群众中有威信、关键时刻起作用的爱国宗教代表人士和骨干力量。贯彻落实各项民族政策，增进少数民族对党和政府的信任。要善于“借用”民族地区传统文化的力量，让本土优秀传统文化继续发挥在价值标准、行为准则、道德原则方面的效用，继续规制人们的行为。一方面要充分挖掘各民族的传统文化资源，特别是注重挖掘习俗习惯、宗教信仰、道德观念的合理元素，使之成为民族之间信任合作、和谐发展、共同繁荣的社会文化基础，从而保障各族人民物质和文化生活权益的和谐。另一方面要整合多元民族文化资源，将少数民族文化融入中华文化当中，在尊重文化多元化的基础上，通过有效的制度

设计以整合形成一种建立在民族认同之上统一的中华文化认同，不断增强民族认同感和凝聚力，促进各民族之间相互信任、和谐发展、共同繁荣；促进个体之间的社会和谐，有效地改善民族地区的社会治理状况。

（四）以人为本，推进基本公共服务均等化，在保障和改善民生中创新社会治理

要以人为本，健全完善西部民族地区社会托底政策，推进基本公共服务均等化，让发展成果更多、更公平地惠及各民族群众。要关注民族地区就业创业情况，对民族地区就业困难人员和退役军人给予必要的政策倾斜，促进就业创业；扩大民族地区社会保险覆盖面，进一步做好民族地区被征地农民养老保险工作，提高民族地区群众的医疗保险、新农合筹资标准；关注民族地区的养老服务，切实解决民族地区群众老有所依问题等；加大基础设施建设投入力度，进一步改善民族地区人居环境，以美丽乡村建设等项目为重点实施惠民利民工程；重视民族地区的文化教育，加快教育信息化建设，改善办学条件；完善公共卫生服务体系，推进民族地区基本公共服务均等化。加强民族地区传习所、图书馆、综合文化站、广播电视台、信息资源共享工程等基本公共文化设施建设，形成覆盖城乡、结构合理、功能健全、实用高效的基本公共文化设施网络；认真贯彻民族区域自治法，加强民族团结进步边疆繁荣稳定示范区建设，完善民族团结进步激励机制，持续抓好示范县、示范镇和示范村创建工作，依法管理宗教事务；强化属地管理责任，深入开展领导干部接访下访，建立完善视频接访和联合接访制度，创造良好的社会环境，更好地促进民族地区社会稳定。①

（五）普法敬法，促进西部民族地区法治建设，在公平正义中创新社会治理

十八届四中全会无疑给整个中国社会带来法治新风，依法治国的基本国策进一步得到加强。在西部民族地区，依法治国唤起的制度力量也必将成为消除民族隔阂，建立公平、民主、和谐社会的有力保证。法治建设是民族地区加强和创新社会治理的根本依靠和重要保障，必须用法治思维和法治方式化解社会矛盾。在民族地区社会治理的现代化进程中，要不断普及法治思维和法治方式并形成敬畏法律的氛围。通过立法和制定相关政策，促进公平竞争，机会均等。通过法律、政策、制度保证公民的合法利益。政府要增强绩效、推进政治体制改革、加强党风廉政建设，强化党内监督约束机制，建设一个透明、廉洁、有公信力的社会环境，这是解决当前民族地区社会问题的首要途径，也是加强民族地区社会治理现代化的必要保证。在此基础上，各地结合具体情况进一步完善民族区域自治法规，把百姓所普遍关注、迫切需要的纳入法规范围。建立健全民族社会保障体系，着力凸显制

① 魏旭萍：《少数民族地区社会治理创新路径探析》，载《玉溪日报》，2015－10－30（004）。

度的公平性、正义性和效益性，即公平与效率相结合，效率主要是由市场机制来实现，公平则主要由政府政策来实现。发展特色的民族保障政策，解决民族地区的社会保障问题，让民族地区的群众也能享受社会主义发展成果，做到真正当家做主，确保依法保障和促进各民族之间共同团结奋斗与共同繁荣发展。

西部地区传统文化与公共文化建设互动研究

马婧杰*

社会公共文化领域中除公共文化产品供给与服务、公共行政管理和政策外，还包含对传统文化的吸纳与借鉴的重要方面。注重地域传统文化与公共文化的衔接与互动，是公共文化建设的前提环节和特色保障。西部地区传统文化丰富多元，有着广泛的民间传承和群众基础，是基层公共文化服务体系建设重要的精神资源。从传统文化与公共文化互动关系解析入手，探索一定区域内的传统资源参与文化建设的途径，并总结公共文化服务供给中的有益经验价值理论。在此基础上，对西部地区传统文化内容进行系统的追根溯源与条分缕析，讨论地域传统文化如何与公共文化建设实现对接，并借助公共文化服务平台获得积极有效的开发和科学利用，对于西部地区公共文化服务体系构建研究有着重要的学术意义。此外西部是少数民族聚居的地区，是民族地区文化建设典型区域，梳理分析传统民族文化与公共文化关系，使公共文化产品和服务的供给能够切实满足基层群众的文化需求，对于保障少数民族群众的文化权利，促进民族文化创新有着重要的现实意义。

一、地域传统文化与公共文化建设互动关系理论解析

（一）地域传统文化与公共文化建设的内涵和特征

1. 地域传统文化的内涵及特征

文化概念有上百种之多，相应地，对于地域文化的界定也没有统一的概念和内涵。本文为了解析地域传统文化与公共文化建设之间的关系，以地域文化包含的基本内容对地域传统文化进行说明。地域传统文化中的地域包含地理、经济、社会文化三个纬度，[①] 也正

---

* 马婧杰，青海省委党校现代科技教研部，副教授。研究方向：文化学。

① 韩骏伟、姜东旭：《区域文化产业》，2页，广州，中山大学出版社，2011。

是这三个纬度的分野，地域间有了不同的文化模式。因此，地域传统文化是指因地理、经济和社会文化不同，通过历史积淀逐渐形成的地域文化传统，包括器物文化、制度文化、精神文化三个层面的内容。地域传统文化具有以下三个特征：

一是地域性。地域传统文化是由生活在一定区域的人们在既有条件下长期创造形成的，这使得地域传统文化具有鲜明的地域性，传统文化因地域的分野呈现不同的特色，并充分体现了区域内公众的文化适应性和情感表达。

二是传承性。地域文化是资源性的文化，它包含地方文化的历史传承和发展，公众在生产生活中不断实现着文化的再生产，并在不断丰富和发展的地域文化中实现文化的传承。在此过程中，地域文化实现了内涵的提升和传统价值的再现。传统文化也因此不断衍生出新的文化内涵和形式。如当今民俗文化和历史文化融入旅游产业中，以旅游文化的形式展现新的内涵和意蕴，从而实现地域传统文化的传承与创新。

三是内在凝聚性。地域传统文化是由当地的群众共同创造的文化，以传承为纽带实现沟通和联系，这使得地域传统文化具有很强的凝聚力。一方面，地域文化内涵有的包容性促进了人与人之间的交往和交流。在多民族聚居地区，传统文化伦理中包含的包容通和理念促使各民族间相互理解、相互尊重、相互包容，是“平等、团结、互助、和谐”民族关系的天然基础。另一方面，地域文化是群众传统文化基因的集合，是基层群众文化自信心的源泉。地域文化的源泉是民众的凝聚力和创造力，这种创造的合力使地域文化具有天然内在的向心力和凝聚力。

2. 公共文化建设的内涵及特征

公共文化建设是指在政府主导下、以公共财政的投入方式向公众提供文化产品及服务的过程及活动。广义的公共文化服务包括文化信息服务、文化政策服务和文化市场监管服务，即所谓的文化行政。狭义的公共文化服务是指提供文化公共品（集体性的文化消费品、福利性文化消费品）的活动。①

由公共文化的内涵可以看出公共文化建设是政府的一项职能，其最显著的特征是公共性和公益性，以实现公众全体的共同文化需求和权益为目标，这一特征包含公众文化权利的保障和落实。从党的十六届五中全会提出“要逐步形成覆盖全社会的比较完备的公共文化服务体系”，到党的十八届三中全会提出“构建现代公共文化服务体系，提高文化开放水平”，我国的文化权利的实施始终是围绕建立覆盖全社会的公共文化服务体系建立和健全这条主线而逐步落实的。

公共文化的第二特征是公平性，公共文化产品和服务内容面向给社会全体成员，这也是公共文化建设绩效的重要评估条件。公共文化建设应给群众带来参与文化发展的机遇与

① 刘新城、张永新：《文化蓝皮书：中国公共文化服务发展报告》，35页，北京，社会科学文献出版社，2015。

空间，从而培育各族群众平等参与文化、经济建设的参与意识，实现发展上的共赢、文化成果的共享。

此外，公共文化还具有多样性和便捷性的特征。多样性特征包含两方面的内容：一是公共文化产品和服务是提供给全体社会成员的，要满足各个层级的文化需求，也就是要满足多样化的需求；二是延续、保护延续、保护和弘扬民族文化传统，为人类文化多样性做贡献。从这一特征也可以看出公共文化与传统地域文化的内在联系。

公共文化的便捷性是由上述公平性特征衍生出的内容，要满足公众的多样需求和公共权益就需要以群众享受文化产品和服务的便捷性为前提，如文化设施的设置要以居民的生活社区相配套，以保证文化权益的落实。

（二）地域传统文化与公共文化建设互动关系

地域传统文化与公共文化之间存在着密切联系，地域文化是公共文化建设的基础，而在一定地域中，公共文化是地域文化的新的发展内容，是现代化了的具有公共精神的文化形式和内容。

1. 地域传统文化为公共文化建设提供资源基础

首先，地域文化为公共产品生产和服务提供基础内容。传统文化内容对公共文化产品和服务起到支撑性作用，否则公共文化服务无法贴近群众或流于形式。其次，有益的传统文化内容是公共文化品牌的重要来源。地域传统文化资源是公共文化产品及服务的特色内容的源泉。公共文化建设虽然是政府主导的，但如果脱离地域文化特色，公共文化内容和服务将会陷入千篇一律。众所周知，品牌建立的核心在于产品的差异性优势。公共文化品牌的建设也不例外，需要独特的内容支撑，这种独特性要依赖于地域文化特色和群众文化需求的差异。最后，公共文化立足于传统文化才能满足群众公共文化需求。地域传统文化在一定程度上是公众创造合力的体现，传承性强的群体文化活动和文化艺术内容是吸引公众参与的重要内容。公共文化产品供给特别是群众文化活动的组织，只有立足于传统地域文化，汲取有益内容，才能实现满足群众公共文化需求的目标。

2. 公共文化建设是地域传统文化发展与创新的平台和保障

一方面，公共文化建设提供传统文化资源整合和创新的平台。公共文化建设通过公共文化活动的组织及政策资金和硬件设施的支持，解决文化产品供给的不足，并实现传统地域文化向现代转型和创新。通过对传统文化内容的拓展和创新、公共精神的植入，建立符合现代文化需求的公共文化产品和服务。如非物质文化遗产的保护和传承过程中，公共文化建设活动以保护有益传统文化为前提，经公共投入，实现对文化遗产的搜集、整理和保护，并通过组织公共文化活动或是民间艺术的普及推广，以公共文化活动的形式构建传统文化保护平台。

另一方面，公共文化建设可将传统文化资源拓展为公共资源。公共文化建设以覆盖全社会文化权益为前提，通过对有益传统文化内容汲取，组织群众公共文化活动或提供面向公众的产品和服务，实现传统文化内容和成果的共享。公共文化建设过程中可对传统文化资源辩证吸收，并将部分群体拥有的地域传统文化，整理吸纳，并转化为社会全体共有的公共文化资源。如传统民俗文化、民间艺术资源通过公共文化活动转变为群众公共文化内容，还可通过政府平台宣传推介，转化吸收成为代表地域特色的公共文化品牌。

二、西部地区传统文化与公共文化建设互动基本情况与结构模式

（一）基于地域传统文化的公共文化设施建设

西部公共文化建设中对地域传统文化吸收、再利用的一个重要方面就是公共文化设施建设中传统文化元素的再现。主要有三个方面，一是对历史文化要素的运用，如彩陶文化是古羌文化的典型代表，城镇景观和道路街景以及公共园林的规划设计中以彩陶文化为素材，设计城市雕塑、景观小品、广场展示，在公共空间中，提升文化内涵，彰显地域魅力特色，形成对外的吸引力以及对居住者的凝聚力。二是以历史文化遗迹为基础，建设公共文化设施。三是宗教类、建设类的历史建筑的再整合开发，形成公众公共活动空间。这三个方面的公共设施和公共空间的营造形成了西部地区地域传统文化与公共文化建设互动的一个层面，彰显了西部地域文化要素与公共文化建设的互动与衔接，也因此丰富了公共文化服务的内容。

（二）群众文化活动的组织过程中对传统民俗文化吸纳和创新

群众文化活动的组织是公共文化建设的重要方面，也是衡量和评估公共文化绩效的主要指标。在基层公共文化服务工作中，要使群众的文化活动组织中吸纳传统民俗中的具有公共效力的文化活动内容。如在农村社区和牧业社区，吸收传统民俗中的民间工艺、文化民俗、民族体育等内容，以广泛群众基础的文化内容为创建内容，成立“文化中心户”，既根植民俗传统文化，又推陈出新，建立符合现代公共精神的文化活动，体现了群众文化活动的组织过程中对传统民俗文化吸纳和创新。这也彰显了西部地域传统文化与公共文化建设互动的结构模式的特征：丰富地域文化内涵是公共文化活动的重要素材，公共文化服务吸收、创新得到基层群众的接纳和认同，并且以社会效益带动经济效益。源于传统的公共文化活动，带动群众参与热情的同时，丰富地方文化内涵，形成对外吸引，带动文化旅游和文化产业发展。

（三）传统文化资源与文化服务品牌的打造

西部传统文化与公共文化建设还体现于公共文化产品的供给与传统文化的联系上。

1. 公共文化产品供给采用与民间文化需求对接的模式

使公共文化产品有效地与地域传统文化衔接，公共文化产品供给采用“菜单式”服务，让基层群众依据自身文化需求“点单”，公共文化供给部门照单采购、供给。这种供给模式下，公共文化产品的内容以传统地域文化为基调，群众的接纳度和参与度也相应提高。

2. 借用传统文化资源赋予公共文化产品特色

注重在公共产品生产和推广过程中，实现传统地域文化与现代文化的衔接。政府在公共文化品牌塑造中起到了平台作用，一是搜集、整理；二是提供培训资源；三是宣传、推介（展会、民族文化旅游节、民族民间工艺美术品节），提高群众的参与积极性和文化产品知名度，形成周期性的群众参与活动。此种公共文化建设模式，推动了传统文化向现代文化转型，以适应现代需求的形式成功塑造了西部地区诸多公共文化品牌。

三、西部地区传统文化与公共文化服务发展路径探索与相关政策选择

（一）开拓公共文化产品对公共性的地域传统文化资源开发利用的模式

1. 探索整合利用特色传统文化资源的公共文化产品开发、供给模式

要充分发挥出版物、展会、文化周、民族民间文化艺术节等载体作用，拓宽发掘西部地区文化资源的深度和广度，提升资源开发的品位与层次，全面展示、传播西部传统文化。要充分利用各种载体的作用，一方面对西部地域特色进行宣传，通过载体与外界交流、传播，形成对外的窗口和平台。另一方面要深入和拓展对特色文化资源的发掘，打造群众积极参与和认同度高的公共文化产品。应利用传播载体能对不同层级的传统文化资源进行发掘。同时，要拓宽文化资源开发的途径，进一步深化资源的利用范围和利用率，在原有基础上增加载体的种类。如书籍等出版物的载体普及和展示西部地区多元的文化形态，提高公众的地域文化认知水平。源于地域民族文化内容的群众文化活动则能展示西部特有的宗教、艺术、民间文化风情特色，增强群众的凝聚力和参与热情。此外，载体的选择既要从形式上考虑观众的需求和接受程度，也要从内容上提升载体的文化内涵。

2. 开拓文化品牌带动的公共文化建构模式

西部丰富的文化资源，充分利用特色资源打造公共文化品牌，才能吸引群众的广泛参与。在保证原生态特色的同时也应考虑到如何提高群众的参与度。公共文化产品的好坏是

决定其运作成功与否的关键。发掘原生态文化仅仅是第一步，接下来对文化产品进行包装、推广，以便得到群众的认同和参与，宣传是形成文化产品品牌的重要环节。要充分进行公众需求调研，充分考虑文化的消费需求，对文化资源进行整合、加工和创新并采用更多的大众喜欢的艺术手法，对文化产品进行包装，强化文化产品的“卖点”，形成群众满意并积极参与的公共文化品牌。

（二）在公共文化政策层面，探索传统文化融入公共文化建设的路径

有效开发利用传统文化资源，探索相应的投入机制和管理策略，是推动公共文化建设与传统文化互动的重要手段。应从公共文化的发展规律入手，从管理体制、投入机制等方面研究相应的策略。从而规范引导群众文化互动、培育文化消费，使传统文化在西部地区公共文化建设中作用与价值得以发挥。

1. 构建地域文化资源开发利用的投入机制，培育文化消费市场

首先，要建立政府与市场成分参与相结合的投入机制，开发利用传统文化资源，以便提供更多的精神文化产品为群众的文化需求服务。通过利用民营资金不但可以提供凸显传统特色的公共文化产品，而且也符合市场经济规律，并为民营企业带来机遇和效益。其次，要发挥政府职能，制定统一合理文化基础设施建设规划，使更多群众共享文化资源的同时节约公共文化资源。如通过考察和测算，在相邻几个社区建立一个共同的文化娱乐设施，这样比给每个社区都有独立的文化设施的模式节约空间和资源。再次，要发挥广场、茶园等公众文化集合场所作用，建设有地方特色的文化氛围。例如，组织民众在广场上表演具有地方特色、能发挥自身优势的演出活动。一方面可以利用西部民间传统的文化资源，另一方面可以展示地方文化个性，为当地的文化旅游做贡献。最后，要加强农牧地区基层文化建设。加大对基层文化建设投入的同时，也要将农村、牧区文化建设与传统文化对接。可以通过发挥农民的主观能动性和自身优势，鼓励农民参与文化产业的发展，这样既能推动地方文化产业的发展，又能使农民在精神文化生活丰富的同时得到发展的机遇和空间。

2. 研究建立适合地方特点的公共文化建设管理机制

一方面，依据地域文化的属性和功能，建立相应的文化资源评估标准。可在基础档案的基础上，建立历史传承、宗教节日、节庆娱乐、祭祀活动等项目类别，对民间文化资源进行系统归类。建立地方政府与民间文化研究专家、学术机构的合作机制。通过合作调研的形式，掌握地方民间传统文化资源的情况，并建立相应的评估系统，整合出可以转化为公共资源的地域文化类别，为文化资源融入公共文化的建设提供科学的依据。另一方面，要推动公共文化建设监督管理机制建立。应成立专门的民间公共文化活动监督管理机构，负责管理基层公共文化服务体系政策资金落实情况，包括公共财政经常性支出预算是否涵

盖公共文化基础设施建设和各类公共文化服务项目；国家支持西部公共文化建设、改造项目资金落实到位情况；乡镇、社区等基层文化政策、资金设立情况以及中央转移支付资金用于基层文化建设相关政策资金落实情况。此外，要监督文化体制改革中政策落实的情况，相关配套政策执行情况监督。包括在发展地方特色文化资源开发中的相关扶持政策，资金支持情况的管理和监督。特别是公共文化事业发展中财政、税收、金融、土地使用等方面的政策落实情况。

3. 建立公共文化服务绩效评估机制

通过绩效评估来加强对公共文化服务和设施投入资金的监督。政府部门作为公共文化服务体系的责任主体，应是该项审计监督工作的重点，主要关注其投入经费成本和使用状况，以及投入使用程序是否合法，有无违纪行为，有无重复使用、挤占挪用、损失浪费的情况。并且要加强对公共文化服务体系投入运作机制的绩效监督。具体关注相关机构和组织是否依法办事，运作是否规范，办事效率如何等方面。此外，还要对公共文化体系的社会效益进行监督。可将相关服务、设施对地方文化生态改善的情况，所提供服务的公众满意程度，满足公民对公共文化的需求程度等作为效益考核指标，实现公共文化服务的效益管理和监督。

（三）探寻地域文化与公共文化互构机制的实现路径

1. 特色文化产业开发与公共文化建设相互促进

政府在加大资金投入强化文化社会功能的同时，也应注重吸纳文化产业的资金力量，保证公共文化体系建设，提升公众文化素质，保护文化资源。例如，可以利用工艺美术品和文化旅游的部分收入保护西部地区的历史文化遗产和生态环境。还可以在经济收入较富裕的地区，民众接受范围内，引入一些经营性文化娱乐项目，既可扩大文化消费需求，又可补充基层公共文化建设。同时公共文化以代表地域特色的公共文化产品和群众文化活动，提升吸引力和文化消费，丰富文化产业的内涵，实现文化经济效益和社会效益的双赢。政府可以通过公共文化发展战略的制定，加强对群众公共文化活动的扶持、参与、鼓励和引导，组织群众参与，奠定广泛的群众基础，并积极宣传和推介地域文化。以公共文化活动的组织引导推动民族民间工艺制品、民族歌舞艺术表演、特色会展、文化节以及文化旅游等文化产业与公共文化事业的互动发展。也可通过产业的发展，推动地域文化资源的开发和利用，培育文化消费市场，从而推动文化艺术普及和公共文化事业建设。实现民族民间工艺制品、民族歌舞艺术表演等产品开发与公共文化建设互动，使文化旅游对公共文化建设产生促进作用。

公共文化事业与文化产业的不同

项目	“文化”的内涵	作用	目标
公共文化事业	服务、非盈利性质的公共文化艺术和文化产品	普及文化艺术、公共文化事业建设、舆论导向、文化福利、提供人力资源体系	社会效益（资金、人力）社会公益
文化产业	能够作为文化娱乐和商业运作的文化产品	产生经济效益，达到产业平衡，促进就业	经济效益

2. 探讨公共文化建设与传统文化保护的结合途径

实现公共文化与地域传统文化中的一项重要内容就是合理保护传统文化资源，即保护好公共文化传统资源。建立传统文化资源保护机制虽很重要，但在公共文化建设中除了建立投入保护机制之外，还应考虑调动基层群众的内源式发展动力，建立真正适合基层社会的公共文化内容。民间参与性高的集体活动能否成功转化为公共文化艺术活动，这其中政府的积极的引导行为起到关键作用。只有正确把握和处理好两者的关系，才能使民间传统文化的有益内容参与公共文化建构，并形成基层群众普遍认可的文化精神和文化内容。

综上，公共文化建设基于传统文化之上的，是对传统文化的继承与创新。公共文化是将传统资源转化为社会全体共有的公共资源。地域传统文化与公共文化的关系是互购的。传统文化是公共文化建设的重要源泉，为公共文化提供群众参与基础。区域传统文化对区域社会公共文化系统、文化生态、价值理念形成等诸多方面有着深刻的影响，而公共文化建设为传统文化提供创新和发展的平台。公共文化建设是政府公共服务的一个重要内容，以满足社会的公共文化需求，保障公民基本文化权利为目的。推进公共文化建设是促进文化发展、实现文化民生的关键内容。注重地域传统文化与公共文化的衔接与互动，是公共文化服务建设的前提环节和特色保障。

长江经济带与西南民族地区的发展机遇

李　锦*

党的“十八大”之后，国家提出了“3+1”的战略部署。三个国家战略分别指京津冀协同发展战略、长江经济带发展战略和“一带一路”战略。其中，京津冀协同发展是“点”，长江经济带是“线”，“一带一路”是“面”。前两个战略更多是基于国内的考虑，京津冀协同发展战略目标是基于世界强国首都国际地位的提升，长江经济带建设是基于国内经济增长的考虑，而“一带一路”是基于国家在世界之林中的国际战略地位的考量。“+1”则是国家城镇化战略。

一、长江经济带发展的建设目标转移

长江经济带覆盖上海、江苏、浙江、安徽、江西、湖北、湖南、重庆、四川、云南、贵州11个省市，面积约205万平方千米。长江经济带被誉为继中国沿海经济带之后最有活力的经济带。2013年的统计数据显示，这11个长江经济带覆盖省市的GDP总量接近26万亿元，占全部GDP总量的41.2%。①专家预测，在21世纪的战略机遇期内，长江经济带在未来15年经济增长速度将超过全国经济的平均增速，到2020年前后长江经济带的经济总量将达到全国的50%。西南少数民族地区中，云南、贵州、四川、重庆、湖北和湖南的民族地区，均被纳入长江经济带建设战略格局。

长江经济带的发展，面临中国经济发展的诸多典型性难题。首先是全区域生态环境保护的难题，过度开发导致的森林、土地、大气、水等环境破坏问题都很突出。其次是要面对四个不平衡发展的挑战，包括东中西部地区间的不平衡问题、城乡发展不平衡问题、产

* 李锦，四川大学社会发展与西部开发研究院，教授。研究方向：民族学、民族地区经济社会发展、生态人类学、藏彝走廊研究。

① 《数据显示长江经济带覆盖省市GDP总量占全国四成》，凤凰网，2014年4月19日，http://finance.ifeng.com/a/20140429/12214229_0.shtml。

业发展及居民收入不均衡问题，区域内各地所处发展阶段差异大，综合经济实力有着明显的区别。

以2016年年初为界，长江经济带建设的目标有明显变化。2014年9月，国务院发布《关于依托黄金水道推动长江经济带发展的指导意见》[①]，提出了三个总体目标：

第一，建设具有全球影响力的内河经济带。发挥长江黄金水道的独特作用，构建现代化综合交通运输体系，推动沿江产业结构优化升级，打造世界级产业集群，培育具有国际竞争力的城市群，使长江经济带成为充分体现国家综合经济实力、积极参与国际竞争与合作的内河经济带。

第二，建设东中西互动合作的协调发展带。立足长江上中下游地区的比较优势，统筹人口分布、经济布局与资源环境承载能力，发挥长江三角洲地区的辐射引领作用，促进中上游地区有序承接产业转移，提高要素配置效率，激发内生发展活力，使长江经济带成为推动我国区域协调发展的示范带、沿海沿江沿边全面推进的对内对外开放带。用好海陆双向开放的区位资源，创新开放模式，促进优势互补，培育内陆开放高地，加快同周边国家和地区基础设施互联互通，加强与丝绸之路经济带、海上丝绸之路的衔接互动，使长江经济带成为横贯东中西、连接南北方的开放合作走廊。

第三，建设生态文明的先行示范带。统筹江河湖泊丰富多样的生态要素，推进长江经济带生态文明建设，构建以长江干支流为经脉、以山水林田湖为有机整体，江湖关系和谐、流域水质优良、生态流量充足、水土保持有效、生物种类多样的生态安全格局，使长江经济带成为水清地绿天蓝的生态廊道。

三大目标被分解为长江黄金水道、综合立体交通走廊、产业创新、新型城镇化、对外开放、绿色生态走廊、体制机制创新等方面16项重点任务，分别规划和建设。

2016年后，长江经济带发展目标做了重大调整。2016年1月5日，在重庆调研的习近平总书记召开推动长江经济带发展座谈会，为长江经济带发展定了向、定了调。他指出："推动长江经济带发展必须从中华民族长远利益考虑，走生态优先、绿色发展之路，使绿水青山产生巨大生态效益、经济效益、社会效益，使母亲河永葆生机活力。""当前和今后相当长一个时期，要把修复长江生态环境摆在压倒性位置，共抓大保护，不搞大开发。"[②] 2016年3月25日，中共中央政治局召开会议，审议通过《长江经济带发展规划纲要》[③]。会议指出，长江经济带发展的战略定位必须坚持生态优先、绿色发展，共抓大保

① 国务院：《关于依托黄金水道推动长江经济带发展的指导意见》，http://www.gov.cn/zhengce/content/2014-09/25/content_9092.htm。

② 《习近平在重庆召开推动长江经济带发展座谈会》，光明网，http://difang.gmw.cn/cq/2016-01/08/content_18413676.htm。

③ 《长江经济带发展规划纲要审议通过》，澎湃网，http://www.thepaper.cn/newsDetail_forward_1448611。

护，不搞大开发。要贯彻落实供给侧结构性改革决策部署，在改革创新和发展新动能上做“加法”，在淘汰落后过剩产能上做“减法”，走出一条绿色低碳循环发展的道路。

国家发改委很快将长江经济带建设目标表述为：牢固树立和贯彻落实创新、协调、绿色、开放、共享的发展理念，坚持生态优先，绿色发展，围绕“一道两廊三群”建设，突出重点，全面推进长江经济带发展。把实施重大生态修复工程作为推动长江经济带发展的优先选项，进一步优化沿江城镇和产业布局，有力推进交通基础设施建设，迅速把推动长江经济带工作统一到中央决策部署上来，统一到推动长江经济带生态优先绿色发展上来。

其中，“一道两廊三群”的目标具体为：大力构建绿色生态廊道、建设综合立体交通走廊和现代产业走廊、发展沿江三大城市群。要新开工建设一批重大项目，充分发挥协商合作机制作用，推动长江经济带发展迈上新台阶。具体措施主要是：

第一，强化规划引领，做好有关规划的衔接协调。编制出台长江三角洲城市群发展规划、成渝城市群发展规划、长江岸线开发利用和保护总体规划、长江经济带生态环境保护规划等专项规划，形成各项规划相互衔接、有机统一的规划体系，更好地发挥规划引领作用。

第二，坚持绿色发展，大力构建沿江绿色生态廊道。坚定不移地实施主体功能区制度，促进人口经济和资源环境承载能力相适应。落实水生态环境功能分区管理制度，加强流域生态系统修复和环境综合治理，积极推进全流域城镇污水处理设施建设。贯彻落实好最严格水资源管理制度，做好水资源的优化配置。有序利用长江岸线资源，加强生态环境协同保护。处理好长江航运建设与生态环境保护的关系，坚决淘汰落后污染产能，确保“一江清水”绵延后世。

第三，坚持以黄金水道建设作为重要依托，深入推进航道畅通、枢纽互通、江海联通和关检直通。加快推进长江航道系统治理，继续实施长江南京以下 12.5 米深水航道二期、湘江二级航道二期等工程，加强主要港口集疏运体系建设，加快重庆、武汉航运中心建设，推进长江船型标准化，推动设立舟山江海联运服务中心。加快三峡水运新通道、宜昌至安庆航道整治工程前期工作。统筹铁路、公路、航空、管道等运输方式建设，开展重庆至宜昌货运铁路等重大项目前期研究工作，加快构建综合立体交通走廊。

第四，坚持创新发展，着力建设现代产业走廊。实施创新驱动发展战略，加强供给侧结构性改革，着力提高发展质量和效益。支持上海加快建设具有全球影响力的科技创新中心，推进上海、安徽（合芜蚌）、四川（成德绵）和武汉市全面创新改革试验。做好去产能、去库存、去杠杆、降成本、补短板工作，加快实施“中国制造 2025”，推动战略性新兴产业和先进制造业发展，发展壮大服务业。有序引导产业转移，形成合理有效的产业分工协作格局。

第五，坚持走新型城镇化道路，全面提高城镇化质量。以制定实施三大城市群发展规划为契机，全面提高长江经济带城镇化质量和水平。长江三角洲城市群聚焦提升整体国际竞争力，充分考虑特大城市功能疏解，合理划定城市边界。长江中游城市群着力在资源优势互补、产业分工协作、城市互动合作上下功夫。成渝城市群充分发挥重庆、成都双引擎带动和支撑作用，提高一体化发展水平。

第六，坚持推进双向开放，加快构建全方位对外开放新格局。用好陆海双向开放的区位优势，加强与“一带一路”建设衔接互动，提高全方位对外开放水平。发挥上海的辐射效应和示范引领作用，建立与国际投资、贸易通行规则相衔接的开放体系。建设云南面向南亚、东南亚辐射中心，加快国际运输通道建设。依托长江中游城市群、成渝城市群等重点区域，加快内陆开放型经济高地建设。

此次长江经济带建设目标的调整，对西南民族地区具有重要意义，是西南民族地区生态优先，绿色发展的重大机遇。

二、作为长江上游生态屏障的战略地位更加重要

西南民族地区地理位置处于长江经济带上中游，多年来一直是长江上中游生态屏障建设的重点区域，在长江经济带生态优先、保护优先的指导思想下，国家的投入大幅度向生态环境建设倾斜。仅2016年，许多重大生态工程开始实施。云南省启动了“七彩云南”保护行动，实施了“森林云南”建设、牛栏山—滇池补水工程，推进省内重点跨界水域水质补偿试点。贵州省强化政策规划引领，印发实施《生态文明体制改革实施方案》《推行环境污染第三方治理实施意见》。四川省实行机制创新，基本建立断面水质超标扣缴制度，启动实施干旱半干旱地区生态综合治理试点示范工程。湖南省启动“生态环境保护三年行动计划”，加大生态环境保护的投资力度。湖北省在全国率先启动《湖北长江经济带生态保护和绿色发展规划编制》工作，在全省范围内征集生态环境类项目252项。各地还全面展开大气污染防控治理、天然林保护、防护林建设、石漠化综合治理、城市和乡村垃圾污水处理等项目。

2016年2月24日，国家发改委、国家林业局发布了《关于加强长江经济带造林绿化的指导意见》，提出以增加森林面积、提高森林质量为主攻方向，以增强森林水源涵养功能、防治水土流失为重点，以体制、机制和科技创新为动力，开展大规模国土绿化行动，加快构筑结构稳定、功能完备的森林生态系统，着力建设好长江经济带绿色生态廊道。到2020年，造林绿化工作取得实质性突破，基本建成以各类防护林为主体、农田林网及绿色通道为网络、城镇乡村绿屏为节点的生态防护体系，森林生态系统的水源涵养、水土保持、生物多样性保护等服务功能明显增强，森林生态系统与生物多样性价值得到提升，用材林面积明显增加、结构优化合理，有效促进长江经济带绿色生态廊道建设。森林面积增

加290万公顷，森林林木蓄积增加5亿立方米，森林覆盖率达到43%。

在积极推进宜林地营造林的区域中，要求充分发挥长江经济带丰富的树种资源和良好的水热条件优势，以宜林地面积较大的长江上中游湖北、湖南、重庆、四川、贵州、云南等省市为重点，大力营造以水土保持林、水源涵养林为主的防护林和国家储备林，积极培育优质珍贵大径级阔叶林、短周期工业原料林、木结构建筑原料林、竹林、木本粮油和特色经济林。对区域内造林难度大的宜林地，要强化科技支撑，加大封山育林力度，充分发挥大自然的自我修复能力，加快恢复森林植被。

强调了进一步开展退耕还林还草工程。要求全面落实《新一轮退耕还林还草总体方案》和《关于扩大新一轮退耕还林还草规模的通知》要求，重点支持长江经济带符合政策的25度以上陡坡耕地、严重沙化耕地、丹江口库区和三峡库区等重要水源地15度至25度坡耕地退耕还林还草，向金沙江等中上游地区倾斜。

要求进一步加强城镇村庄绿化美化。坚持建设生态型、功能型城乡绿地生态系统的发展方向和构建园林城镇、建设美丽乡村的造林绿化，发展思路，加强乡镇建成区、村屯居民区绿化美化。长江上游重庆、四川、贵州、云南等省多山地区要因地制宜，积极运用乡土树种造林，科学配置阔叶树种、彩叶树种，丰富景观异质性，构建与自然生态相协调的城乡绿化景观。条件适宜的地区，要结合城乡绿化发展具有地方特色的经济林，建设防护绿地、生产绿地和风景林地，构建乔灌草相结合、经济与生态双赢、融入自然的城乡绿化美化景观，切实改善城乡人居环境。

要求构建绿色通道和农田防护林网。加快公路、铁路、渠道、堤坝沿线造林绿化，促进绿色通道断带合龙、改造更新，巩固和扩大绿色通道建设成果。重点加强县道、乡道等乡村公路沿线造林绿化，积极推进河渠湖库周边造林绿化，建设和完善河渠湖库周边防护林体系，增强水土保持、水源涵养和兴林灭螺功能，构建完备的绿色通道体系。加快矿区及周边裸露地造林绿化和植被恢复，改善矿区生态状况。江苏、浙江、安徽、江西、湖北、湖南等长江中下游平原地区要坚持建设与提高相结合，加强农田防护林更新、残次林带改造，建设和完善高标准农田防护林网，提高整体防护功能。

要求加快重点区域治理。集中力量抓好湖北、湖南、重庆、四川、贵州、云南等省市岩溶地区石漠化综合治理，实施石漠化综合治理二期工程，加快林草植被保护与恢复、小型水利水保配套工程建设，有效遏制石漠化扩展趋势。加强四川、云南金沙江干热河谷水土保持林建设，封山育林与人工促进相结合，努力恢复林草植被。加快江西、湖北、湖南、重庆“两湖两库”（洞庭湖、鄱阳湖、三峡库区、丹江口库区）水土保持林、水源涵养林、护湖护堤护岸林建设，防治水土流失，减少水患威胁。

要求加强森林资源保护。加大天然林保护力度，有序停止天然林商业性采伐。率先划定长江经济带森林生态保护红线，实行严格的保护制度。坚持依法治林，严厉打击乱砍滥伐、乱捕滥猎、毁林开垦、非法占用林地等违法行为，巩固造林绿化成果。加强森林防火、林业有害生物防治和森林管护等基础设施建设，编制应急预案，强化责任，落实到人，全面提升灾害应急管理综合防控能力。

提出将对关键地区和关键技术的科技支撑能力。如加强岩溶地区植被恢复技术、金沙江干热河谷造林技术、云贵高原高寒地区造林技术、重金属污染土地造林治理技术等关键性技术联合攻关，加强林木品种选育、强化种苗繁育技术研发，开展协同创新，突破技术瓶颈。利用现有研究成果和技术储备，总结、筛选、组装配套一批适宜长江经济带不同区域的营造林技术和模式，加大示范推广力度，推动科研成果转化。造林绿化要与林业技术推广同步设计、同步实施。充分运用现代科技手段，建立长江经济带造林绿化成果动态监测与效益评价系统，科学评价建设效果。

同时，国家要进一步加大对长江经济带造林绿化的投入力度，在安排防护林体系建设、岩溶地区石漠化综合治理、天然林资源保护等重点工程补助资金时，给予长江经济带以适当倾斜。加快建立和完善生态补偿机制。地方各级政府也要加大投入，整合各渠道资金，建立多元化的造林绿化投入机制，采取入股、合作、承包等多种方式拓宽筹资渠道，鼓励、引导和吸引社会资金投入，统筹推进长江经济带造林绿化工作。

机制创新再次成为重点，要求创新建管机制。进一步完善集体林权制度改革，稳定林地承包关系，鼓励林权依法流转，积极推进林地所有权、承包权、经营权分置，培育新型林业经营主体，促进营造林规模化，大力发展林药、林菌、养生休闲、景观利用等绿色产业，实现生态和经济“双赢”。充分发挥专业造林队伍在标准化、集约化、规范化建设方面的骨干作用，提高资源配置效率，大力推行专业化造林。完善建后管护机制，推行专业队伍管护、承包管护、林农自管等灵活多样的管护模式。

三、获得了供给侧结构性改革的历史机遇

2016 年，中央提出加快供给侧结构性改革的目标。供给侧改革的重中之重是制度创新，要以制度创新改变现有体制对影响经济增长至关重要的土地、劳动力、资本、创新等要素的供给抑制与供给约束。居于制度创新之首的，应当是政府管理经济、社会方式的创新。具体表现在深入推进“简政放权、放管结合、优化服务”的行政审批制度改革，以管住、管好政府这只“看得见的手”。通过严格规范政府的行权方式，做到廉洁、高效、透明、公正、公开，一方面优化合法经营、公平竞争、高度法治的市场环境，另一方面也要加强政府对市场的监管和规范，增加公共产品和公共服务的提供。尤其在以新型城镇化为核心的土地制度、户籍制度、社会保障制度、投融资体制等领域全面深化改革；针对政府部门对微观经济活动的干预仍然较多，行政性审批方式在资源配置方面还占据很大地位的

现状，提出在市场起决定性作用的新常态下，政府职能需要重新定位和调整，需要理顺体制机制，实现行政流程再造等措施。这一思路也在长江经济带建设上得到了体现。2016年以来，中央密集出台了针对长江经济带的供给侧结构性改革措施。主要有：2016年3月2日发布《长江经济带创新驱动产业转型升级方案》；2016年8月5日正式批准建立“贵州内陆开放型经济试验区”；2016年8月31日宣布新增的七个自贸区中，湖北、重庆、四川均列入其中，加上之前的上海，长江经济带已经有四个省市建立了自贸区。此外，针对城镇化综合试点、流域海关互通的政策也已经出台。

密集出台的政策，给西部民族地区带来前所未有的机遇。8月29日，国家发改委正式印发并公布《贵州内陆开放型经济试验区建设实施方案》，提出通过实施3项任务、21条措施提升贵州对外开放水平。要求贵州在理论创新、制度创新、科技创新、文化创新方面大胆闯、大胆试，争取到2020年，基本建立以服务开放型经济为目标的投资管理、贸易监管、金融创新、政府服务等制度，投资贸易便利化水平大幅提升，以大数据、大健康、大旅游、大生态为核心的现代产业体系基本形成，对外开放水平处于中西部前列，开放式扶贫走在全国前列，基本建成以投资贸易便利化试验区、现代产业发展试验区和开放式扶贫试验区“三位一体”的内陆开放型经济试验区。湖北省主要是落实中央关于中部地区有序承接产业转移、建设一批战略性新兴产业和高技术产业基地的要求，发挥其在实施中部崛起战略和推进长江经济带建设中的示范作用。

在新设立的自贸区中，湖北省的定位是中部地区重中之重，承担着长江经济带产业转移以及相关新兴产业与高技术产业的重担。重庆市主要是落实中央关于发挥重庆战略支点和连接点重要作用、加大西部地区门户城市开放力度的要求，带动西部大开发战略深入实施。四川省主要是落实中央关于加大西部地区门户城市开放力度以及建设内陆开放战略支撑带的要求，打造内陆开放型经济高地，实现内陆与沿海沿边沿江协同开放。

此外，长江经济带发展领导小组办公室围绕建立和完善长江经济带11省市协商合作机制，印发了《长江经济带省际协商合作机制总体方案》，正在研究起草长江经济带省际协商合作机制实施意见，推进长江经济带区域经济一体化。这意味着区域内部不同城市、不同地区分工协作将不断加深，可以大大提高效率和实现区域之间的共赢，带来很多机遇。

四、成为长江经济带综合立体交通建设中的主要受益者

长江经济带建设以“强支点、通干线、联网络”为重点，构建高质量综合立体交通走廊，对于一直以来受到交通瓶颈制约的西南民族地区是重要的战略机遇。

长江经济带建设将围绕黄金水道航道畅通、枢纽互通、江海连通、关检直通等基础设

施和管理机制的优化，完善综合交通运输网络。一是做大做强航运中心和综合交通枢纽。继续提升上海国际航运中心对长江经济带的服务能力，启动编制重庆、武汉航运中心总体规划，推进南京区域性航运物流中心和浙江舟山江海联运服务中心建设。进一步完善上海、宁波—舟山、南京、武汉、重庆等枢纽港口和马鞍山、九江等重点港口集疏运体系。加快建设上海、南京、杭州、合肥、南昌、长沙、重庆、成都等全国性综合交通枢纽，加强多种运输方式的有机衔接。二是全面推进长江黄金水道建设。推动三峡枢纽水运新通道预可行性研究，有序推进武汉至安庆段、宜昌至武汉段航道整治工程前期工作，继续实施长江南京以下12.5米深水航道二期工程。三是加快完善铁路、公路、航空三大运输网络。着力实施消除铁路“卡脖子”工程和公路“断头路”建设，完善国家高速铁路和高速公路网，强化枢纽机场功能，完善支线机场布局，继续实施浦东机场扩建等项目，推动成都新机场前期工作。同时，抓好长三角、长江中游、成渝城市群城际交通网络建设。

五、获得了东中西部联动发展，实现产业转型的有力支持

2016年3月，国家发改委发布了《关于印发〈长江经济带创新驱动产业转型升级方案〉的通知》。通知明确规定，到2020年，长江经济带在创新能力、产业结构、经济发展等方面取得突破性进展。东中西协调发展的格局基本形成。这是西南民族地区实现产业转型的良好时机。目前，云南省正加快国家清洁能源基地建设，稳步推进大江干流水电项目；旅游产业正由规模扩张向质量提升、由低端建设向高端拓展、由资源依赖向创新驱动发展转变。贵州省建立国家大数据综合试验区已获批准，正抓紧出台实施方案予以推进；新兴产业保持较快增长，计算机、通信和其他电子设备制造业同比增长59.1%，对全省工业发展起到稳定作用。四川省大力提倡信息化与产业化融合互动，推进企业技术创新和成果产业化，被认定为国家技术创新示范企业达13家，绿色能源、节能环保装备产业发展态势良好。重庆电商发展势头强劲，获批为全国跨境电商综合试验区，“互联网+商圈”建设取得初步成效。湖南省高新技术增加值增长达到了17.8%，占GDP的比重达21.1%，正在成为全省经济的重要支柱产业。湖北省华星光电第六代平板显示项目2016年进入试生产，天马微电子第六代多晶硅TET-LCD项目和新芯12吋先进存储器项目已启动，将成为全省产业转型升级的引领。安徽省深入谋划，系统推进全面创新改革试验相关工作，高新技术产业增加值增长11.1%，高于全省规模以上工业增加值3.3个百分点，京东方10.5代线薄膜晶体管器件、康宁液晶玻璃基板、合肥晶合集成电路12吋晶圆制造已正式开工，CMA（国际）机器人与意大利有关方面签署了合资合作协议。江苏省一批战略性新兴产业和现代服务业等高端引领项目增多，新能源、新材料、智能电网和节能环保等新兴产业增长较快，新兴产业和现代服务业项目占产业项目总数的83%。浙江省高新技术产

业发展势头较好，装备制造和高新技术产业增加值分别增长 8.9% 和 7%，增幅均高于全省规模以上工业增长速度，对工业增长贡献率达 58.8%。上海市继续推进自贸区制度创新，实行“证照分离”改革试点，推行自贸区外资企业准入“一口受理”平台升级等，加强跨区域产业开发园区合作，推动产业转型升级。

2016 年一季度，长江经济带沿江 11 个省市主要经济指标增幅高于全国平均水平，其中，有 8 个省市的国内生产总值增速高于全国平均速度（6.7%），重庆和贵州的增速在两位数以上，均居全国前三位；有 8 个省市固定资产投资增速高于全国增速（10.7%），贵州省增速达 21.1%，比全国增速高出 1 倍；有 8 个省市的规模以上工业增加值增速超过全国增速（5.8%），重庆增速达 10.2%，为沿江 11 省市最高；有 8 个省市社会消费品零售总额增速高于全国增速（10.5%），最高为重庆市，达 13.0%。①

综上所述，长江经济带生态优先、绿色发展的目标，为西南民族地区提供了良好的政策机遇，可以说，“十三五”期间是西南民族地区发展的一个战略机遇期。

---

① 《长江经济带建设总体进展顺利》，载《经济日报》，2016－05－12。

川甘青接合部藏区的发展态势分析

曹　黎　杨明洪*

一、引　言

川甘青接合部藏区是连接内地和西藏的桥梁和纽带，也是经济社会发展滞后区、生态环境脆弱区、基础基层工作薄弱区、国家安全重点区域，其发展和稳定对整个藏区、长江和黄河流域的发展、稳定和生态，以及国家安全都具有十分重要的战略意义。在全国上下推进“四个全面”战略布局、全面建成小康社会处于关键时期、藏区各项事业发展进入新的历史阶段之际，发展和稳定成为中央藏区工作的核心内容。2015 年 8 月，中央在北京召开第六次西藏工作座谈会，提出“统筹解决交界地区突出问题”，并将统筹推动川甘青接合部藏区经济发展、民生改善、社会和谐作为一项重要工作，这标志着川甘青三省接合部藏区建设与发展正式上升为国家战略。

近年来，随着国家对藏区的重视及西部大开发战略的实施，接合部藏区经济社会取得了持续的发展进步，但与全国水平相比，其经济社会发展仍显不足，同时，地区之间发展也不协调。研究近年来川甘青接合部藏区的经济社会发展，做好三省接合部藏区工作，对党和国家事业发展大局，对实现全面建成小康社会宏伟目标具有特别重要的意义。

为更好地展现川甘青接合部藏区近年来经济社会发展情况，并为其后期发展政策的制定提供相关参考意见，以更好地促进接合部藏区区域发展和社会和谐稳定，实现全面建成小康社会的总目标，本文从地区年度政府工作报告、国民经济和社会发展统计公报、统计年鉴、社会新闻报道、地区统计说明等相关文件中对接合部藏区 2010—2015 年的经济社会发展进行相关数据统计，从经济发展、社会发展两大角度入手进行分析，以全面呈现其

* 曹黎，四川大学经济学院，财政学硕士研究生。研究方向：财政理论与实践。
杨明洪，四川大学社会发展与西部开发研究院，教授、博士生导师。研究方向：中国经济改革与发展。

经济社会发展态势，并提出初步解决这些问题的对策。

二、川甘青接合部的区域特征

川甘青接合部藏区五州国土面积为37.87万平方千米，接近西藏自治区面积的四分之一，是西藏与四省藏区总面积的15.8%；占川甘青三省总面积的23.8%，近四分之一；甘孜、阿坝两个藏族自治州占四川省面积的49.3%，接近一半，而黄南、果洛两个藏族自治州也占青海省面积的13.4%，甘南藏族自治州占甘肃省面积的11.5%。因此，无论就五州地区在西藏和四省藏区中所占的份额来讲，还是分别就其在川甘青三省所占的份额来讲，都显得非常重要。五州所属有48个县，723个乡（镇、街道办事处），5195个行政村（居委会、牧委员会）。

表1　川甘青接合部藏区面积及所辖县乡村数量

州	面积（万平方公里）	占所在省的百分比（%）	县（市）（个）	乡（镇、街道办事处）（个）	行政村（居委会、牧委员会）（个）
黄南藏族自治州	1.89	2.6	4	36	261
果洛藏族自治州	7.8	10.8	6	44	182
阿坝藏族羌族自治州	8.42	17.5	13	219	1354
甘孜藏族自治州	15.26	31.8	18	325	2734
甘南藏族自治州	4.5	11.5	7	99	664
合计	37.87	23.8*	48	723	5195

*系川甘青三省加总计算得出。

数据来源：根据各州社会新闻报道及地区统计公报而得。

川甘青接合部藏区五州所属48个县，723个乡（镇、街道办事处），5195个行政村（居委会、牧委员会），总人口达到318.3万人，其中藏族总人口达到236.8万人。

表2　川甘青接合部藏区地区总人口及藏族所占的比例

州	总人口（万人）	占所在省的百分比（%）	藏族人口（万人）	占全州总人口比重（%）	备注
黄南藏族自治州	26.9	4.6	18.5	68.7	蒙古族（14.0%）、回族（6.5%）
果洛藏族自治州	20.0	3.4	18.3	91.9	其他民族（8.1%）
阿坝藏族羌族自治州	92.2	1.1	53.1	57.6	羌族、汉族、回族

续表

州	总人口（万人）	占所在省的百分比（%）	藏族人口（万人）	占全州总人口比重（%）	备注
甘孜藏族自治州	106.1	1.3	80.5	81.5	汉族（14.9%）、彝族（3.0%）、其他（0.6%）
甘南藏族自治州	73.1	0.8	66.4	61.8	汉族（33.0%）、其他（5.2%）
合计	318.3	—	236.8	74.4	—

数据来源：根据各州社会新闻报道及地区统计公报计算而得。

五州地区背靠青藏腹地，是西部民族交往的主要区域，是国家西进战略的主要通道。随着国家西部大开发战略的持续推进，“一带一路”和长江经济带等国家经济发展战略的全面部署以及生态文明建设的不断深化，该区域生态屏障、战略资源储备基地、高原特色农牧产品基地、特色文化保护地、世界旅游目的地、国家安全重点区域的作用和地位更加突出。

第一，这一区域既是我国生态屏障，又是生态脆弱区。该区域是我国大江大河的发源地和水源涵养地，长江、黄河和澜沧江发源于此，区内河流纵横、湖泊繁多，拥有大面积冰川、沼泽和湿地，同时也是青藏高原生物多样性重点保护地。但随着人类活动增加、发展经济需求加大等原因，草地沙化、湿地减小、冰川萎缩、水土流失加剧等生态问题成为关注的重点。

第二，这一区域既是特色农牧产业基地，又是封闭自给区。该区域独特的自然条件下，拥有优势突出和特色鲜明的青稞、牦牛等农牧产品，具备培育高原特色农牧业的良好基础。但由于远离消费市场，产业发展量小质弱，加之传统的生产生活习惯，产品商品化率不高，产品优势没有转化为市场优势，比较优势没有给农民带来更多直接收入。在发展市场经济中，这些地方处于市场经济的弱势地位，需要国家在政策层面进行引导和扶持。

第三，这一区域既是特色文化保护地和世界旅游目的地，又是对外开放滞后区。该区域历史悠久，民族与宗教文化博大精深，民间艺术丰富多彩，是藏传佛教、藏族文化的发源地和聚集地，是康巴文化的核心区。同时又有多项世界和国家级非物质文化遗产，是自然景观富集区，有一大批如九寨沟、三江源、贡嘎山等世界级旅游目的地。但受制于交通条件、公共服务体系不健全、外界对该区域不了解、与外界的交流互通还存在一定困难，与其他地方的发展差距呈扩大趋势。

第四，这一区域既是维护国家安全的重点区，又是社会治理的薄弱区。接合部藏区教派多、寺庙多、僧侣多，民族与人口构成复杂、文化差异性大。该区域在维护藏区稳定、促进民族团结上影响大，是敌对分子与我国争夺的重点区域。但由于社会发育程度低、宗教和传统势力影响大、群众贫困面大、法制观念淡薄、基层服务和管理难度大、省际间跨区域管理缺失等原因，在推进有效治理上严重滞后，存在影响国家安全和民族团结的隐患。

三、川甘青接合部藏区经济发展

本部分内容从经济总量、地方财政公共收入与公共支出、固定资产投资、旅游业、工业、商贸业、金融共七个方面对结合部藏区的经济发展进行研究，分别统计了五州、所属省及全国三个层面的同期发展数据，并分别进行横向、纵向对比分析，以便更全面地呈现川甘青藏区接合部的经济发展水平及层次。

（一）经济总量增长

表3　川甘青接合部藏区国内生产总值及人均GDP增长

州	指标	2010年	2015年	名义年均增长率（%）
黄南藏族自治州	总量（亿元）	43.68	72.75	12.79
	人均（元）	11373	27179	19.03
果洛藏族自治州	总量（亿元）	20.43	35.67	11.79
	人均（元）	11425	18089	9.63
阿坝藏族羌族自治州	总量（亿元）	132.76	256.64	14.09
	人均（元）	14938	28078	13.45
甘孜藏族自治州	总量（亿元）	122.83	213.04	11.64
	人均（元）	11249	18423	10.37
甘南藏族自治州	总量（亿元）	67.69	126.54	13.33
	人均（元）	9954	17990	12.57
五州综合	总计（亿元）	387.39	704.64	12.71
	人均（元）	11788	21952	13.24

数据来源：根据各州2010—2015年的《国民经济和社会发展统计公报》及《地区政府工作报告》相关数据计算而得。

从经济增长总量来看，表3显示，2010—2015年五州综合起来的国内生产总值2010年为387.39亿元，到2015年达到704.64亿元，接近翻一番的增长。

从经济增长率来看，表3显示，2010—2015年五州综合起来的国内生产总值名义年均增长率达到12.71%，黄南、果洛、阿坝、甘孜、甘南五个藏族自治州国内生产总值年均增长率分别达到12.79%、11.79%、14.09%、11.64%、13.33%，五州经济总量年均增长率均在10%以上，差距并不明显，但值得注意的是，阿坝藏族羌族自治州增长最快(14.09%)，甘孜藏族自治州增长最慢（9.63%），均在四川省。

从人均增长率来看，表3显示，2010—2015年黄南、果洛、阿坝、甘孜、甘南五个藏族自治州地区人均国内生产总值年均增长率分别是19.03%、9.63%、13.45%、10.37%、12.57%，五州人均国内生产总值年均增长率均在9%以上，其中，黄南藏族自治州增长最快（19.03%），果洛藏族自治州增长最慢（9.63%），均在青海省。

表4　全国与川甘青三省的国内生产总值及人均GDP增长

	指标	2010年	2015年	名义年均增长率（%）
青海省	总量（亿元）	1250	2417.05	14.10
	人均（元）	22442	41428.99	13.26
四川省	总量（亿元）	16745	30103.1	12.45
	人均（元）	20458	36980.79	12.57
甘肃省	总量（亿元）	3810	6790.32	12.25
	人均（元）	15459	26209.56	11.14
全国	总量（亿元）	397983	676708	11.20
	人均（元）	29992	49228	10.42

数据来源：根据2010—2015年各省及全国《国民经济和社会发展统计公报》和《政府工作报告》相关数据计算而得。

从与全国水平比较来看。表3、4显示，2010—2015年五州综合起来的国内生产总值名义年均增长率（12.71%）高于全国平均水平（11.20%）；五州综合起来的人均国内生产总值名义年均增长率（13.24%）高于全国平均水平（10.42%）。

从与所在省的比较来看：

在经济总量增长率方面，表3、4显示，在青海省，黄南藏族自治州（12.79%）、果洛藏族自治州（11.79%）低于全省平均水平（14.10%）；四川省经济总量年均增长率12.45%，明显低于于阿坝藏族羌族自治州（14.09%），而高于甘孜藏族自治州(11.64%)；甘肃省经济总量年均增长率12.25%，明显低于甘南藏族自治州（13.33%）。

在人均国内生产总值年均增长率方面，表3、4显示，在青海省，黄南藏族自治州(19.03%）高于全省平均水平（13.26%），而果洛藏族自治州（9.63%）低于全省水平

（13.26%）；在四川省，阿坝藏族羌族自治州（13.45%）高于全省水平（12.57%），甘孜藏族自治州（10.37%）低于全省水平（12.57%）；在甘肃，甘南藏族自治州（12.57%）高于全省平均水平（11.14%）。

五州经济总量虽然均有不同程度的增长，但差异明显，差距较大，长此以往，五州地区经济将出现更大差距，经济增长的协调性需要关注。

（二）地方财政公共收入与公共支出增长

表5　川甘青接合部藏区地方财政公共收入与公共支出增长

州		2010年（亿元）	2015年（亿元）	年均增长率（%）
黄南藏族自治州	收入	3.28	3.48	1.19
	支出	25.23	68.99	22.28
果洛藏族自治州	收入	0.85	4.04	36.58
	支出	21.76	65.43	24.63
阿坝藏族羌族自治州	收入	16.67	31.67	13.69
	支出	203.83	215.25	1.10
甘孜藏族自治州	收入	16.30	31.44	14.04
	支出	132.16	316.43	19.08
甘南藏族自治州	收入	3.83	9.17	19.08
	支出	86.30	143.81	10.75
五州合计	收入	40.93	79.80	14.29
	支出	469.28	809.91	19.16

数据来源：根据各州2010—2015年的《国民经济和社会发展统计公报》及《地区政府工作报告》相关数据计算而得。

从公共财政收入来看。表5显示，2010—2015年五州综合起来的公共财政收入2010年为40.93亿元，到2015年达到79.80亿元，接近翻一番的增长。

从公共财政支出来看。表5显示，2010—2015年五州综合起来的公共财政支出2010年为469.28亿元，到2015年达到809.91亿元，增长72.34%。

从财政收入年均增长率来看。表5显示，2010—2015年五州综合起来的地区公共财政收入年均增长率达到14.29%，黄南、果洛、阿坝、甘孜、甘南五个藏族自治州地区财政收入年均增长率分别达到1.19%、36.58%、13.69%、14.04%、19.08%，五州中除黄南藏族自治州以外，其余各州年均增长率均在10%以上，值得注意的是，果洛藏族自治州增长最快（36.58%），而黄南藏族自治州增长最慢（1.19%），两州均在青海省。

从财政支出年均增长率来看。表5显示，2010—2015年黄南、果洛、阿坝、甘孜、甘南五个藏族自治州地区公共财政支出年均增长率分别是22.28%、24.63%、1.10%、19.08%、10.75%，五州地区除阿坝藏族自治州外，其他四州公共财政支出年均增长率均在10%以上，其中，黄南藏族自治州增长最快（22.28%），阿坝藏族自治州增长最慢（1.10%），差距明显。

表6　全国与川甘青三省的公共财政收入与支出增长

		2010年（亿元）	2015年（亿元）	年均增长率（%）
青海省	收入	204.97	381.13	13.21
	支出	743.40	1505.54	15.16
四川省	收入	1561.0	3329.1	16.36
	支出	4242.5	7511.7	12.10
甘肃省	收入	353.56	743.90	16.04
	支出	1466.66	2964.63	15.11
全国	收入	83080	152217	12.87
	支出	89575	175768	14.43

数据来源：根据2010—2015年各省及全国《国民经济和社会发展统计公报》和《政府工作报告》相关数据计算而得。

从与全国水平比较来看。表5、6显示，2010—2015年五州综合起来的公共财政收入年均增长率（14.29%）高于全国平均水平（12.87%）；五州综合起来的公共财政支出年均增长率（19.16%）高于全国平均水平（14.43%）。

从与所在省的比较来看：

在公共财政收入年均增长率方面，表5、6显示，在青海省，黄南藏族自治州（1.19%）、果洛藏族自治州（36.58%）差距显著，分别低于和高于全省平均水平（13.21%）；四川省公共财政收入年均增长率16.36%，高于阿坝藏族羌族自治州（13.69%）和甘孜藏族自治州（14.04%）；甘南藏族自治州公共财政收入年均增长率19.08%，高于甘肃省（16.04%）。

在公共财政支出年均增长率方面。表5、6显示，在青海省，黄南藏族自治州（22.28%）、果洛藏族自治州（24.63%）均高于全省平均水平（15.16%），；在四川省，阿坝藏族羌族自治州（1.10%）明显低于全省水平（12.10%），甘孜藏族自治州（19.08%）高于全省水平（12.10%）；在甘肃省，甘南藏族自治州（10.75%）低于全省平均水平（15.11%）。

五州综合公共财政收入与支出年均增长率均高于全国水平，但各地区增长差异明显，差距较大，是统筹协调发展不可忽视的问题。

（三）固定资产投资增长

表7　川甘青接合部藏区固定资产投资增长

州	固定资产投资	2010年（亿元）	2015年（亿元）	年均增长率（%）
黄南藏族自治州	固定资产投资	22.53	76.32	27.64
果洛藏族自治州	固定资产投资	16.60	67.81	32.51
阿坝藏族羌族自治州	固定资产投资	362.41	400.04	1.99
甘孜藏族自治州	固定资产投资	211.11	421.83	14.85
甘南藏族自治州	固定资产投资	90.51	186.24	15.53
五州合计	固定资产投资	703.16	1152.24	10.40

数据来源：根据各州2010—2015年的《国民经济和社会发展统计公报》及《地区政府工作报告》相关数据计算而得。

从固定资产投资增长来看。表7显示，2010—2015年五州综合起来的固定资产投资2010年为703.16亿元，到2015年达到1152.24亿元，增长超过60%。

从固定资产投资年均增长率来看。表7显示，2010—2015年五州综合起来的固定资产投资年均增长率达到10.40%，黄南、果洛、阿坝、甘孜、甘南五个藏族自治州地区固定资产投资年均增长率分别达到27.64%、32.51%、1.99%、14.85%、15.53%，五州固定资产投资年均增长率除阿坝藏族羌族自治州外，其余均在10%以上，其中，阿坝藏族自治州增长最慢（1.99%），果洛藏族自治州增长最快（32.51%），差异明显。

表8　全国与川甘青三省的固定资产投资增长

	固定资产投资	2010年（亿元）	2015年（亿元）	年均增长率（%）
青海	固定资产投资	1068.73	3266.64	25.04
四川	固定资产投资	13582	25973.7	13.85
甘肃	固定资产投资	3378.10	8626.60	20.62
全国	固定资产投资	278140	562000	15.11

数据来源：根据2010—2015年各省及全国《国民经济和社会发展统计公报》和《政府工作报告》相关数据计算而得。

从与全国水平比较来看。表7、8显示，2010—2015年五州综合起来的固定资产投资年均增长率（10.40%）低于全国平均水平（15.11%）。

从与所在省的比较来看：

在固定资产投资年均增长率方面，表8显示，在青海省，黄南藏族自治州（27.64%）、果洛藏族自治州（32.51%）均高于全省平均水平（25.04%）；四川省固定资产投资年均增长率13.85%，明显高于阿坝藏族羌族自治州（1.99%），低于甘孜藏族自治州（14.85%）；甘肃省固定资产投资年均增长率（20.62%）明显高于甘南藏族自治州（15.53%）。

五州地区固定资产投资呈增长态势，且差异并不显著，继续保持良好增长态势将有助于地区间经济发展。

（四）旅游业发展

表9　川甘青接合部藏区旅游收入与人数增长

州	指标	2010年	2015年	年均增长率（%）
黄南藏族自治州	收入（亿元）	3.15	10.75	27.83
	人数（万人）	154.28	344.29	17.41
果洛藏族自治州	收入（亿元）	0.61	2.20	29.25
	人数（万人）	14.78	36.5	19.82
阿坝藏族羌族自治州	收入（亿元）	73.78	285.09	31.04
	人数（万人）	850	3230.57	30.61
甘孜藏族自治州	收入（亿元）	23.56	107.50	35.47
	人数（万人）	358.68	1076.18	24.58
甘南藏族自治州	收入（亿元）	6.70	34.03	38.41
	人数（万人）	185	770.02	33.00
五州综合（总计）	收入（亿元）	107.80	439.57	32.46
	人数（万人）	1562.74	5457.56	28.42

数据来源：根据各州2010—2015年的《国民经济和社会发展统计公报》及《地区政府工作报告》相关数据计算而得。

从旅游收入来看。表9显示，2010—2015年五州综合起来的旅游收入2010年为107.80亿元，到2015年达到439.57亿元，接近翻两番的增长。

从旅游人数来看。表9显示，2010—2015年五州综合起来的旅游人数2010年为1562.74万人，到2015年达到5457.56万人，增长249%。

从旅游收入年均增长率来看。表 9 显示，2010—2015 年五州综合起来的旅游收入年均增长率达到 32.46%，黄南、果洛、阿坝、甘孜、甘南五个藏族自治州地区旅游收入年均增长率分别达到 27.83%、29.25%、31.04%、35.47%、38.41%；五州地区旅游收入年均增长率均在 25% 以上，其中，黄南藏族自治州增长最慢（27.83%），甘南藏族自治州增长最快（38.41%），有一定差距。

从旅游人数年均增长率来看。表 9 显示，2010—2015 年黄南、果洛、阿坝、甘孜、甘南五个藏族自治州地区旅游人数年均增长率分别是 17.41%、19.82%、30.61%、24.58%、33.00%，五州旅游人数年均增长率均在 15% 以上，其中，仍属黄南藏族自治州增长最慢（17.41%），甘南藏族自治州增长最快（33.00%），有较大差距。

表 10　全国与川甘青三省的旅游收入与人数增长

地区	指标	2010 年	2015 年	年均增长率（%）
青海	收入（亿元）	71.02	248.03	28.42
	人数（万人）	1226.2	2315.4	13.56
四川	收入（亿元）	1886.1	6137.6	26.62
	人数（万人）	27204.9	59000	16.75
甘肃	收入（亿元）	237.21	975.46	32.68
	人数（万人）	4291.27	15638.4	29.52
全国	收入（亿元）	12580	34195	22.14
	人数（万人）	210000	400000	13.75

数据来源：根据 2010—2015 年各省及全国《国民经济和社会发展统计公报》和《政府工作报告》相关数据计算而得。

从与全国水平比较来看。表 9、10 显示，2010—2015 年五州综合起来的旅游收入年均增长率（32.46%）明显高于全国平均水平（22.14%）；五州综合起来的旅游人数年均增长率（28.42%）高于全国平均水平（13.75%）。

从与所在省的比较来看：

在旅游收入年均增长率方面，表 9、10 显示，在青海省，黄南藏族自治州（27.83%）低于全省平均水平（28.42%），果洛藏族自治州（29.25%）高于全省平均水平（28.42%）；四川省旅游收入年均增长率 26.62%，低于阿坝藏族羌族自治州（31.04%）和甘孜藏族自治州（35.47%）；甘肃省旅游收入年均增长率（32.68%）低于甘南藏族自治州（38.41%）。

在旅游人数年均增长率方面，表 9、10 显示，在青海省，黄南藏族自治州（17.41%）、果洛藏族自治州（19.82%）均高于全省平均水平（13.56%）；在四川省，阿坝藏族羌族自治州（30.61%）、甘孜藏族自治州（24.58%）均高于全省水平（16.75%）；在甘肃省，甘南藏族自治州（33.00%）高于全省平均水平（29.52%）。

五州旅游产业各有所发展，旅游收入与旅游人数增长均十分迅速，超过全国水平，旅游产业正蓬勃发展，有利于带动地区经济。

（五）工业发展

表11　川甘青接合部藏区工业及规模以上工业增加值增长

州	指标	2010年	2015年	年均增长率（%）
黄南藏族自治州	工业增加值（亿元）	14.44	15.30	1.16
	规模以上工业增加值（亿元）	13.56	11.51	-3.23
果洛藏族自治州	工业增加值（亿元）	6.55	4.34	-7.90
	规模以上工业增加值（亿元）	6.42	3.84	-9.77
阿坝藏族羌族自治州	工业增加值（亿元）	40.80	106.51	21.16
	规模以上工业增加值（亿元）	34.90	97.60	22.84
甘孜藏族自治州	工业增加值（亿元）	29.15	44.69	8.92
	规模以上工业增加值（亿元）	28.45	36.61	5.17
甘南藏族自治州	工业增加值（亿元）	14.45	17.27	3.63
	规模以上工业增加值（亿元）	9.95	10.73	1.52
五州综合（总计）	工业增加值（亿元）	105.39	188.11	12.29
	规模以上工业增加值（亿元）	93.28	160.29	11.44

数据来源：根据各州2010—2015年的《国民经济和社会发展统计公报》及《地区政府工作报告》相关数据计算而得。

从工业增加值来看。表11显示，2010—2015年五州综合起来的工业增加值2010年为105.39亿元，到2015年达到188.11亿元，增长78.49%。

从规模以上工业增加值来看。表11显示，2010—2015年五州综合起来的规模以上工业增加值2010年为93.28亿元，到2015年达到160.29亿元，增长超过70%。

从工业增加值年均增长率来看。表11显示，2010—2015年五州综合起来的工业增加值年均增长率达到12.29%，黄南、果洛、阿坝、甘孜、甘南五个藏族自治州地区工业增加值年均增长率分别为1.16%、-7.90%、21.16%、8.92%、3.63%，五州中果洛藏族自治州增长最慢（-7.90%），阿坝藏族羌族自治州增长最快（21.16%），差距显著。

从规模以上工业增加值年均增长率来看。表 11 显示，2010—2015 年黄南、果洛、阿坝、甘孜、甘南五个藏族自治州规模以上工业增加值年均增长率分别是 -3.23%、-9.77%、22.84%、5.17%、1.52%，其中，仍属果洛藏族自治州增长最慢（-9.77%），阿坝藏族羌族自治州增长最快（22.84%），有很大差距。

表 12　全国与川甘青三省的工业及规模以上工业增长

地区	指标	2010 年	2015 年	年均增长率（%）
青海	工业增加值（亿元）	613.65	893.87	7.81
	规模以上工业增加值（亿元）	571.76	1197.04	15.93
四川	工业增加值（亿元）	7326.4	12084.9	10.53
	规模以上工业增加值（亿元）	5039.73	3030.07	-9.68
甘肃	工业增加值（亿元）	1602.87	1778.1	2.10
	规模以上工业增加值（亿元）	1376.34	1662.0	3.84
全国	工业增加值（亿元）	160030	228974	7.43
	规模以上工业增加值（亿元）	137028.28	216409.88	9.57

数据来源：根据 2010—2015 年各省及全国《国民经济和社会发展统计公报》和《政府工作报告》相关数据计算而得。

从与全国水平比较来看。表 11、12 显示，2010—2015 年五州综合起来的工业增加值年均增长率（12.29%）明显高于全国平均水平（7.43%）；五州综合起来的规模以上工业增加值年均增长率（11.44%）也高于全国平均水平（9.57%）。

从与所在省的比较来看：

在工业增加值年均增长率方面，表 11、12 显示，在青海省，黄南藏族自治州（1.16%）、果洛藏族自治州（-7.90%）均低于全省平均水平（7.81%）；四川省工业增加值年均增长率 10.53%，低于阿坝藏族羌族自治州（21.16%），高于甘孜藏族自治州（8.92%）；甘肃省工业增加值年均增长率（2.10%）低于甘南藏族自治州（3.63%）。

在规模以上工业增加值年均增长率方面，表 11、12 显示，在青海省，黄南藏族自治州（-3.23%）、果洛藏族自治州（-9.77%）明显低于全省平均水平（15.93%），且均为负增长；在四川省，阿坝藏族羌族自治州（22.84%）、甘孜藏族自治州（5.17%）均高于全省水平（-9.68%）；在甘肃省，甘南藏族自治州（1.52%）低于全省平均水平（3.84%）。

五州各地区，工业增加值及规模以上工业增加值年均增长率各有不同，甚至出现负增长，且总体增长均十分缓慢，十分不利于地区发展，因此工业产业的调整和转型升级问题不可忽视。

（六）商贸业发展

表 13　川甘青接合部藏区社会消费品零售总额增长

州	指标（亿元）	2010 年	2015 年	年均增长率（%）
黄南藏族自治州	社会消费品零售总额	4.37	8.46	14.12
果洛藏族自治州	社会消费品零售总额	2.68	5.28	14.52
阿坝藏族羌族自治州	社会消费品零售总额	33.06	76.01	18.12
甘孜藏族自治州	社会消费品零售总额	37.42	74.20	14.67
甘南藏族自治州	社会消费品零售总额	19.65	41.58	16.17
五州合计	社会消费品零售总额	97.18	205.53	16.16

数据来源：根据各州 2010—2015 年的《国民经济和社会发展统计公报》及《地区政府工作报告》相关数据计算而得。

从社会消费品零售总额增长来看。表 13 显示，2010—2015 年五州综合起来的社会消费品零售总额 2010 年为 97.18 亿元，到 2015 年达到 205.53 亿元，翻一番还多。

从社会消费品零售总额年均增长率来看。表 13 显示，2010—2015 年黄南、果洛、阿坝、甘孜、甘南五个藏族自治州地区社会消费品零售总额年均增长率分别是 14.12%、14.52%、18.12%、14.67%、16.17%，五州社会消费品零售总额年均增长率均在 14% 以上，其中，阿坝藏族羌族自治州增长最快（18.12%），黄南藏族自治州增长最慢（14.12%），但差异微小。

表 14　全国与川甘青三省的社会消费品零售总额增长

地区	指标（亿元）	2010 年	2015 年	年均增长率（%）
青海	社会消费品零售总额	346.03	690.98	14.83
四川	社会消费品零售总额	6634.7	13877.7	15.90
甘肃	社会消费品零售总额	1369.4	2907.2	16.25
全国	社会消费品零售总额	156998	300931	13.90

数据来源：根据 2010—2015 年各省及全国《国民经济和社会发展统计公报》和《政府工作报告》相关数据计算而得。

从与全国水平比较来看。表 13、14 显示，2010—2015 年五州综合起来的社会消费品零售总额年均增长率（16.16%）高于全国平均水平（13.90%）。

在社会消费品零售总额年均增长率方面，表13、14显示，在青海省，黄南藏族自治州（14.12%）、果洛藏族自治州（14.52%）均低于全省平均水平（14.83%）；在四川省，阿坝藏族羌族自治州（18.12%）高于全省平均水平（15.90%），甘孜藏族自治州（14.67%）低于全省平均水平（15.90%）；在甘肃省，甘南藏族自治州（16.17%）低于全省平均水平（16.25%）。

近几年五州地区商贸业持续稳定发展，且地区间差异不大，继续保持此发展趋势有利于地区经济发展进步。

（七）金融发展

表15　川甘青接合部藏区金融机构存款余额与贷款增长

州	指标	单位	2010年	2015年	年均增长率（%）
黄南藏族自治州	A. 存款余额	亿元	35.45	108.45	25.06
	B. 贷款余额	亿元	11.17	37.1	27.13
	A－B	亿元	24.28	71.35	24.06
	（A－B）/A	%	68.5	65.79	－0.80
果洛藏族自治州	A. 存款余额	亿元	28.47	90.96	26.15
	B. 贷款余额	亿元	2.98	15.37	38.83
	A－B	亿元	25.49	75.59	24.29
	（A－B）/A	%	89.5	83.1	－1.49
阿坝藏族羌族自治州	A. 存款余额	亿元	425.96	535.36	4.68
	B. 贷款余额	亿元	136.87	221.63	10.12
	A－B	亿元	289.09	313.73	1.65
	（A－B）/A	%	67.87	58.6	－2.90
甘孜藏族自治州	A. 存款余额	亿元	243.70	588.31	19.28
	B. 贷款余额	亿元	111.61	230.49	15.61
	A－B	亿元	132.09	357.82	22.06
	（A－B）/A	%	54.2	60.82	2.33
甘南藏族自治州	A. 存款余额	亿元	137.76	296.12	16.54
	B. 贷款余额	亿元	63.37	205.36	26.51
	A－B	亿元	74.39	90.76	4.06
	（A－B）/A	%	54.0	30.62	－10.74

续表

州	指标	单位	2010 年	2015 年	年均增长率（%）
五州综合	A. 存款余额	亿元	871.34	1619.2	14.18
	B. 贷款余额	亿元	326.00	709.95	16.49
	A－B	亿元	545.34	981.25	12.68
	（A－B）/A	%	62.59	58.0	－1.33

数据来源：根据各州 2010—2015 年的《国民经济和社会发展统计公报》及《地区政府工作报告》相关数据计算而得。

从金融机构存款余额来看。表 15 显示，2010—2015 年五州综合起来的金融机构存款余额 2010 年为 871.34 亿元，到 2015 年达到 1619.2 亿元，增长了 85.83%。

从金融机构贷款余额来看。表 15 显示，2010—2015 年五州综合起来的金融机构贷款余额 2010 年为 326.00 亿元，到 2015 年达到 709.95 亿元，增长 117.78%。

从金融机构存款余额年均增长率来看。表 15 显示，2010—2015 年五州综合起来的金融机构存款余额年均增长率达到 14.18%，黄南、果洛、阿坝、甘孜、甘南五个藏族自治州地区金融机构存款余额年均增长率分别达到 25.06%、26.15%、4.68%、19.28%、16.54%；五州金融机构存款余额年均增长率除阿坝藏族羌族自治州外均在 15% 以上，其中，阿坝藏族羌族自治州增长最慢（4.68%），果洛藏族自治州增长最快（26.15%），差距显著。

从金融机构贷款余额年均增长率来看。表 15 显示，2010—2015 年黄南、果洛、阿坝、甘孜、甘南五个藏族自治州地区贷款余额年均增长率分别是 27.13%、38.83%、10.12%、15.61%、26.51%。五州贷款余额年均增长率均在 10% 以上，其中，果洛藏族自治州增长最快（38.83%），阿坝藏族羌族自治州增长最慢（10.12%），有较大差距。

表 16　全国与川甘青三省的金融机构存贷款余额增长

	指标	单位	2010 年	2015 年	年均增长率（%）
青海省	A. 存款余额	亿元	2319.64	5227.96	17.65
	B. 贷款余额	亿元	1822.65	5124.10	22.96
	A－B	亿元	496.99	103.86	－26.88
	（A－B）/A	%	21.43	1.99	－37.83
四川省	A. 存款余额	亿元	30504.1	59184.8	14.17
	B. 贷款余额	亿元	19485.7	38011.8	14.30
	A－B	亿元	11018.4	21173	13.95
	（A－B）/A	%	36.12	35.77	－0.19

续表

	指标	单位	2010 年	2015 年	年均增长率（%）
甘肃省	A. 存款余额	亿元	7146.66	16299.50	17.93
	B. 贷款余额	亿元	4576.68	13728.89	24.62
	A－B	亿元	2569.98	2500.61	－0.55
	（A－B）/A	%	35.96	15.34	－15.67
全国	A. 存款余额	亿元	718000	1357000	13.58
	B. 贷款余额	亿元	479000	940000	14.43
	A－B	亿元	239000	417000	11.78
	（A－B）/A	%	33.29	30.73	－1.59

数据来源：根据 2010—2015 年各省及全国《国民经济和社会发展统计公报》和《政府工作报告》相关数据计算而得。

从与全国水平比较来看。表 15、16 显示，2010—2015 年五州综合起来的金融机构存款余额年均增长率（14.18%）高于全国平均水平（13.58%）；五州综合起来的金融机构贷款余额年均增长率（16.49%）高于全国平均水平（14.43%）。

从与所在省的比较来看：

在金融机构存款余额年均增长率方面，表 15、16 显示，在青海省，黄南藏族自治州（25.06%）、果洛藏族自治州（26.15%）均高于全省平均水平（17.65%）；在四川省，阿坝藏族羌族自治州（4.68%）明显低于全省平均水平（14.17%），但甘孜藏族自治州（19.28%）高于全省平均水平（14.17%）；在甘肃省，甘南藏族自治州（16.54%）略低于全省平均水平（17.93%）。

在金融机构贷款余额年均增长率方面，表 15、16 显示，在青海省，黄南藏族自治州（27.13%）、果洛藏族自治州（38.83%）均高于全省平均水平（22.96%）；在四川省，阿坝藏族羌族自治州（10.12%）低于全省平均水平（14.30%），甘孜藏族自治州（15.61%）高于全省平均水平（14.30%）；在甘肃省，甘南藏族自治州（26.51%）高于全省平均水平（24.62%）。

2010—2015 年五州地区存贷差额明显缩小，说明经济自生能力在不断增长，对融资的需要在不断上升，但值得注意的是，五州地区金融机构存贷款余额年均增长率差异较大，差距明显。

四、川甘青接合部藏区社会发展

本部分内容从教育、卫生、社会保障、人口、城乡居民生活水平共五个方面对接合部藏区的社会发展进行研究，分别统计了五州、所属省及全国三个层面的同期发展数据，并进行横向、纵向对比分析，以更全面地呈现出川甘青接合部的社会发展水平及层次。

（一）教育发展

表 17　川甘青接合部藏区学校及在校学生数量增长

州	指标	2010 年	2015 年	年均增长率（%）
黄南藏族自治州	学校（所）	202	270	5.97
	在校学生（人）	51898	52801	0.35
果洛藏族自治州	学校（所）	68	100	8.02
	在校学生（人）	32393	34685	1.38
阿坝藏族羌族自治州	学校（所）	434	667	8.98
	在校学生（人）	158787	161687	0.36
甘孜藏族自治州	学校（所）	657	894	6.35
	在校学生（人）	105955	115515	1.74
甘南藏族自治州	学校（所）	525	506	-0.73
	在校学生（人）	144952	112500	-4.94
五州综合（总计）	学校（所）	1886	2437	5.26
	在校学生（人）	493985	477188	-0.69

数据来源：根据各州 2010—2015 年的《国民经济和社会发展统计公报》及《地区政府工作报告》相关数据计算而得。

从学校数量来看，表 17 显示，2010—2015 年五州综合起来的学校数量 2010 年为 1886 所，到 2015 年达到 2437 所，增长 29.21%。

从在校学生数量来看，表 17 显示，2010—2015 年五州综合起来的在校学生数量 2010 年为 493985 人，2015 年达到 477188 人，呈负增长。

从学校数量增长率来看，表 17 显示，2010—2015 年五州综合起来的学校数量年均增长率为 5.26%，黄南、果洛、阿坝、甘孜、甘南五个藏族自治州地区学校数量年均增长率分别为 5.97%、8.02%、8.98%、6.35%、-0.73%，五州学校数量年均增长率均在 10% 以下，且出现负增长，其中，阿坝藏族羌族自治州增长最快（8.98%），甘南藏族自治州增长最慢（-0.73%），差距显著。

从学生数量年均增长率来看，表 17 显示，2010—2015 年在校学生数量的年均增长率分别是 0.35%、1.38%、0.36%、1.74%、-4.94%，五州学生数量年均增长率均低于 2%，其中，甘孜藏族羌族自治州增长最快（1.74%），甘南藏族自治州增长最慢（-4.94%）。

表 18　全国与川甘青三省的在校学生数量增长

	指标	2010 年	2015 年	年均增长率（%）
青海	在校学生（万人）	131.731	111.894	-3.21
四川	在校学生（万人）	1792.3	1514.7	-3.31
甘肃	在校学生（万人）	515.63	409.28	-4.52
全国	在校学生（万人）	25284	25160.7	-0.10

数据来源：根据 2010—2015 年各省及全国《国民经济和社会发展统计公报》和《政府工作报告》相关数据计算而得。

从与全国水平比较来看。表 17、18 显示，2010—2015 年五州综合起来的在校学生数量年均增长率（-0.69%）低于全国平均水平（-0.10%）。

从与所在省的比较来看：

在校学生数量年均增长率方面，表 17、18 显示，在青海省，黄南藏族自治州（0.36%）、果洛藏族自治州（1.38%）明显高于全省平均水平（-3.21%）；在四川省，阿坝藏族羌族自治州（0.36%）、甘孜藏族自治州（1.74%）均高于全省平均水平（-3.31%）；在甘肃省，甘南藏族自治州（-4.94%）低于全省平均水平（-4.52%）。

川甘青三省在校学生数量年均增长率均为负值，且自 2010 年至 2015 年五州地区在校学生数量年均增长率低于全国水平，可见，在校学生流失，教育问题开始显现。

（二）卫生发展

表 19　川甘青接合部藏区卫生服务机构及人员数量增长

州	指标	2010 年	2015 年	年均增长率（%）
黄南藏族自治州	卫生服务机构（个）	65	72	2.07
	卫生床位数（个）	629	1541	19.63
	卫生技术人员（人）	986	1346	6.42
果洛藏族自治州	卫生服务机构（个）	79	81	0.50
	卫生床位数（个）	501	872	11.72
	卫生技术人员（人）	830	831	0.02
阿坝藏族羌族自治州	卫生服务机构（个）	410	1649	32.10
	卫生床位数（个）	3026	4435	7.95
	卫生技术人员（人）	3422	5518	10.03

续表

州	指标	2010 年	2015 年	年均增长率（%）
甘孜藏族自治州	卫生服务机构（个）	575	2725	36.50
	卫生床位数（个）	2909	4918	11.07
	卫生技术人员（人）	5111	9064	12.14
甘南藏族自治州	卫生服务机构（个）	714	1566	17.01
	卫生床位数（个）	2114	2317	1.85
	卫生技术人员（人）	3346	3698	2.02
五州综合（总计）	卫生服务机构（个）	1843	6093	27.02
	卫生床位数（个）	9179	14083	8.94
	卫生技术人员（人）	13695	20457	8.36

数据来源：根据各州 2010—2015 年的《国民经济和社会发展统计公报》及《地区政府工作报告》相关数据计算而得。

从卫生服务机构来看，表 19 显示，2010—2015 年五州综合卫生服务机构数量 2010 年为 1843 个，到 2015 年达到 6093 个，增长 3 倍多。

从卫生床位数来看，表 19 显示，2010—2015 年五州综合卫生床位数 2010 年为 9179 张，2015 年为 14083 张，增长超过 50%。

从卫生技术人员来看，表 19 显示，2010—2015 年五州综合卫生技术人员 2010 年为 13695 人，2015 年为 20457 人，增长接近 50%。

从卫生服务机构数量增长率来看，表 19 显示，2010—2015 年五州综合卫生服务机构数量年均增长率为 27.02%，黄南、果洛、阿坝、甘孜、甘南五个藏族自治州地区卫生服务机构数量年均增长率分别是 2.07%、0.50%、32.10%、36.50%、17.01%，其中，甘孜藏族羌族自治州增长最快（36.50%），果洛藏族自治州增长最慢（0.50%），值得注意的是，虽各州均有所增长，但差距明显较大。

从卫生床位数年均增长率来看，表 19 显示，2010—2015 年五州综合卫生床位数年均增长率为 8.94%，黄南、果洛、阿坝、甘孜、甘南五个藏族自治州地区卫生床位数年均增长率分别是 19.63%、11.72%、7.95%、11.07%、1.85%，其中，黄南藏族自治州增长最快（19.63%），甘南藏族自治州增长最慢（1.85%）。

从卫生技术人员数量增长率来看，表 19 显示，2010—2015 年五州综合卫生技术人员年均增长率为 8.36%，黄南、果洛、阿坝、甘孜、甘南五个藏族自治州地区卫生技术人员数量年均增长率分别是 6.42%、0.02%、10.03%、12.14%、2.02%，其中，甘孜藏族羌族自治州增长最快（12.14%），果洛藏族自治州增长最慢（0.02%），差距显著。

表 20　全国与川甘青三省的卫生服务机构及人员增长

	指标	2010 年	2015 年	年均增长率（%）
青海	卫生服务机构（个）	1584	863	-11.44
	卫生床位数（万个）	1.98	3.81	13.99
	卫生技术人员（万人）	2.41	3.54	7.99
四川	卫生服务机构（个）	72468	80029	2.00
	卫生床位数（万个）	29.6	48.9	10.56
	卫生技术人员（万人）	32.5	47.3	7.79
甘肃	卫生服务机构（个）	10260	27602	21.89
	卫生床位数（万个）	8.52	13.83	10.17
	卫生技术人员（万人）	9.77	12.95	5.80
全国	卫生服务机构（个）	939000	990248	1.07
	卫生床位数（万个）	437	708	10.13
	卫生技术人员（万人）	584	803	6.58

数据来源：根据 2010—2015 年各省及全国《国民经济和社会发展统计公报》和《政府工作报告》相关数据计算而得。

从与全国水平比较来看。表 19、20 显示，2010—2015 年五州综合卫生服务机构数量年均增长率（27.02%）明显高于全国平均水平（1.07%）；五州综合卫生床位数年均增长率（8.94%）低于全国平均水平（10.13%）；五州综合卫生技术人员数量年均增长率（8.36%）高于全国平均水平（6.58%）。

从与所在省的比较来看：

在卫生服务机构数量年均增长率方面，表 19、20 显示，在青海省，黄南藏族自治州（2.07%）、果洛藏族自治州（0.50%）均高于全省平均水平（-11.44%）；在四川省，阿坝藏族羌族自治州（32.10%）、甘孜藏族自治州（36.50%）均远远高于全省平均水平（2.00%）；在甘肃省，甘南藏族自治州（17.01%）略低于全省平均水平（21.89%）。

在卫生床位数年均增长率方面，表 19、20 显示，在青海省，黄南藏族自治州（19.63%）高于全省平均水平（13.99%），果洛藏族自治州（11.72%）则低于全省平均水平（13.99%）；在四川省，阿坝藏族羌族自治州（7.95%）低于全省平均水平（10.56%），甘孜藏族自治州（11.07%）高于全省平均水平（10.56%）；在甘肃省，甘南藏族自治州（1.85%）远远低于全省平均水平（10.17%）。

在卫生技术人员数量年均增长率方面，表 19、20 显示，在青海省，黄南藏族自治州（6.42%）和果洛藏族自治州（0.02%）均低于全省平均水平（7.99%）；在四川省，阿坝藏族羌族自治州（10.03%）和甘孜藏族自治州（12.14%）均高于全省平均水平（7.79%）；在甘肃省，甘南藏族自治州（2.02%）低于全省平均水平（8.36%）。

五州地区卫生服务机构、卫生床位数、卫生技术人员三方面数量均有所增长，但发展不均衡，增长速度差异较大，不利于地区民生，不利于地区之间统筹协调发展。

（三）社会保障建设

表21　川甘青接合部藏区城镇失业率及参加养老保险居民数量增长

州	指标	2010年	2015年	年均增长率（%）
黄南藏族自治州	城镇登记失业率（%）	3.40	3.20	-1.21
	参加基本养老保险人数（人）	9343	14715	9.51
果洛藏族自治州	城镇登记失业率（%）	2.76	3.32	3.76
	参加基本养老保险人数（人）	5666	8097	7.40
阿坝藏族羌族自治州	城镇登记失业率（%）	4.10	3.66	-2.24
	参加基本养老保险人数（人）	66091	433900	45.70
甘孜藏族自治州	城镇登记失业率（%）	4.26	4.20	-0.28
	参加基本养老保险人数（人）	54400	385800	47.96
甘南藏族自治州	城镇登记失业率（%）	3.09	3.50	2.52
	参加基本养老保险人数（人）	20800	611500	96.64
五州综合（总计）	城镇登记失业率（%）	17.61	17.88	0.30
	参加基本养老保险人数（人）	156300	1454012	56.21

数据来源：根据各州2010—2015年的《国民经济和社会发展统计公报》及《地区政府工作报告》相关数据计算而得。

从城镇登记失业率来看，表21显示，2010—2015年五州综合城镇登记失业率2010年为17.61%，到2015年达到17.88%，只增长了0.27%。

从参加基本养老保险人数来看，表21显示，2010—2015年五州综合参与基本养老保险人数2010年为156300人，到2015年达到1454012人，增长超过8倍。

从城镇登记失业率年均增长率来看，表21显示，2010—2015年五州综合城镇登记失业率年均增长率为0.30%，黄南、果洛、阿坝、甘孜、甘南五个藏族自治州地区城镇登记失业率年均增长率分别是-1.21%、3.76%、-2.24%、-0.28%、2.52%，其中，果洛藏族自治州增长最快（3.76%），阿坝藏族羌族自治州增长最慢（-2.24%），值得注意的是，五州中有三州呈现负增长。

从参加基本养老保险人数年均增长率来看，表21显示，2010—2015年五州综合参与基本养老保险人数年均增长率为56.21%，黄南、果洛、阿坝、甘孜、甘南五个藏族自治州地区参加基本养老保险人数年均增长率分别是9.51%、7.40%、45.70%、47.96%、96.64%，其中，甘南藏族自治州增长最快（96.64%），果洛藏族自治州增长最慢（7.40%），增长幅度差异很大。

表22　全国与川甘青三省的失业率与参加养老保险人数增长

	指标	2010年	2015年	年均增长率（%）
青海	城镇登记失业率（%）	3.80	3.20	-3.38
	参加基本养老保险人数（万人）	74.43	333.55	34.98
四川	城镇登记失业率（%）	4.10	4.12	0.10
	参加基本养老保险人数（万人）	1301.1	1939.0	8.31
甘肃	城镇登记失业率（%）	3.21	2.14	-7.79
	参加基本养老保险人数（万人）	242.48	306.2	4.78
全国	城镇登记失业率（%）	4.10	4.05	-0.25
	参加基本养老保险人数（万人）	25673	35361	6.61

数据来源：根据2010—2015年各省及全国《国民经济和社会发展统计公报》和《政府工作报告》相关数据计算而得。

从与全国水平比较来看。表21、22显示，2010—2015年五州综合城镇登记失业率年均增长率（0.30%）明显高于全国平均水平（-0.25%）；五州综合参加基本养老保险人数年均增长率（56.21%）远远高于全国平均水平（6.61%）。

从与所在省的比较来看：

在城镇登记失业率年均增长率方面，表21、22显示，在青海省，黄南藏族自治州（-1.21%）、果洛藏族自治州（3.76%）均高于全省平均水平（-3.38%）；在四川省，阿坝藏族羌族自治州（-2.24%）和甘孜藏族自治州（-0.28%）均低于全省平均水平（0.10%）；在甘肃省，甘南藏族自治州（2.52%）明显高于全省平均水平（-7.79%）。

在参加基本养老保险人数年均增长率方面，表21、22显示，在青海省，黄南藏族自治州（9.51%）和果洛藏族自治州（7.40%）均明显低于全省平均水平（34.98%）；在四川省，阿坝藏族羌族自治州（45.70%）和甘孜藏族自治州（47.96%）远远高于全省平均水平（8.31%）；在甘肃省，甘南藏族自治州（96.64%）远远高于全省平均水平（4.78%）。

五州地区城镇登记失业率呈增长状态，失业程度超过全国水平，不利于地区稳定与发展，而参加城镇基本养老保险人数增长迅速，远远超过于全国水平，可见，社会保障的协调性需要提高。

（四）人口增长

表 23　川甘青接合部藏区人口、出生率及城镇化率增长

州	指标	2010 年	2015 年	年均增长率（%）
黄南藏族自治州	常住人口（万人）	25.67	26.88	0.92
	人口出生率（‰）	20	18.27	-1.79
	城镇化率（%）	21.9	31	7.20
果洛藏族自治州	常住人口（万人）	18.17	20.00	1.94
	人口出生率（‰）	16.60	15.72	-1.08
	城镇化率（%）	24.72	26.05	1.05
阿坝藏族羌族自治州	常住人口（万人）	89.88	91.41	0.34
	人口出生率（‰）	9.25	9.59	0.73
	城镇化率（%）	30.1	36.77	4.08
甘孜藏族自治州	常住人口（万人）	106.06	109.23	0.59
	人口出生率（‰）	10.95	11.2	0.45
	城镇化率（%）	20.5	28.06	6.48
甘南藏族自治州	常住人口（万人）	68.91	70.50	0.46
	人口出生率（‰）	14.26	14.99	1.00
	城镇化率（%）	24.46	30.5	4.51
五州综合（总计）	常住人口（万人）	308.69	318.02	0.60
	平均人口出生率（‰）	14.21	13.95	-0.004
	平均城镇化率（%）	24.34	30.48	4.27

数据来源：根据各州 2010—2015 年的《国民经济和社会发展统计公报》及《地区政府工作报告》相关数据计算而得。

从常住人口来看，表 23 显示，2010—2015 年五州综合常住人口 2010 年为 308.69 万人，到 2015 年为 318.02 万人，略微增长。

从人口出生率来看，表 23 显示，2010—2015 年五州综合平均人口出生率 2010 年为 14.21%，到 2015 年达到 13.95%，呈下降趋势。

从城镇化率来看，表 23 显示，2010—2015 年五州综合平均城镇化率 2010 年为 24.34%，到 2015 年为 30.48%，增长 6.14 个百分点。

从常住人口年均增长率来看，表 23 显示，2010—2015 年五州综合常住人口年均增长

率为0.60%，黄南、果洛、阿坝、甘孜、甘南五个藏族自治州地区常住人口年均增长率分别是0.92%、1.94%、0.34%、0.59%、0.46%，其中，果洛藏族自治州增长最快（1.94%），阿坝藏族羌族自治州增长最慢（0.34%），但差距微小。

从人口出生率年均增长率来看，表23显示，2010—2015年五州综合平均人口出生率年均增长率为-0.004‰，黄南、果洛、阿坝、甘孜、甘南五个藏族自治州地区人口出生率年均增长率分别是-1.79‰、-1.08‰、0.73‰、0.45‰、1.00‰，其中，甘南藏族自治州增长最快（1.00‰），黄南藏族自治州增长最慢（-1.79‰），但增长幅度差异并不大。

从城镇化率年均增长率来看，表23显示，2010—2015年五州综合平均城镇化率年均增长率为4.27%，黄南、果洛、阿坝、甘孜、甘南五个藏族自治州城镇化率分别是7.20%、1.05%、4.08%、6.48%、4.51%，其中，黄南藏族自治州增长最快（7.20%），果洛藏族自治州增长最慢（1.05%），值得注意的是，两州同属青海省。

表24　全国与川甘青三省的人口、出生率及城镇化率增长

	指标	2010年	2015年	年均增长率（%）
青海	常住人口（万人）	562.67	588.43	0.90
	人口出生率（‰）	14.94	14.72	-0.30
	城镇化率（%）	44.72	50.30	2.38
四川	常住人口（万人）	8042	8204	0.40
	人口出生率（‰）	8.93	10.30	2.90
	城镇化率（%）	40.18	47.69	3.49
甘肃	常住人口（万人）	2557.53	2599.55	0.33
	人口出生率（‰）	13.90	12.36	-2.32
	城镇化率（%）	36.12	43.19	3.64
全国	常住人口（万人）	134091	137462	0.50
	人口出生率（‰）	11.90	12.07	0.28
	城镇化率（%）	46.6	56.10	3.78

数据来源：根据2010—2015年各省及全国《国民经济和社会发展统计公报》和《政府工作报告》相关数据计算而得。

从与全国水平比较来看。表23、24显示，2010—2015年五州综合常住人口年均增长率（0.60%）高于全国平均水平（0.50%）；五州平均人口出生率年均增长率（-0.004‰）低于全国平均水平（0.28‰）；五州综合平均城镇化率年均增长率（4.27%）高于全国平均水平（3.78）。

从与所在省的比较来看：

在常住人口年均增长率方面，表24显示，在青海省，黄南藏族自治州（0.92%）、果洛藏族自治州（1.94%）均高于全省平均水平（0.90%）；在四川省，阿坝藏族羌族自治州（0.34%）低于全省平均水平（0.40%），甘孜藏族自治州（0.59%）高于全省平均水平（0.40%）；在甘肃省，甘南藏族自治州（0.46%）高于全省平均水平（0.33%）。

在人口出生率年均增长率方面，表23、24显示，在青海省，黄南藏族自治州（-1.79‰）和果洛藏族自治州（-1.08‰）均低于全省平均水平（-0.30‰）；在四川省，阿坝藏族羌族自治州（0.73‰）和甘孜藏族自治州（0.45‰）低于全省水平（2.90‰）；在甘肃省，甘南藏族自治州（1.00‰）远远高于全省平均水平（-2.32‰）。

在城镇化率年均增长率方面，表23、24显示，在青海省，黄南藏族自治州（7.20%）高于全省平均水平（2.38%），果洛藏族自治州（1.05%）低于全省平均水平（2.38%）；在四川省，阿坝藏族羌族自治州（4.08%）和甘孜藏族自治州（6.48%）均高于全省平均水平（3.49%）；在甘肃省，甘南藏族自治州（4.51%）高于全省平均水平（3.64%）。

五州地区人口发展总体态势较好，但需注意保持低人口出生率的同时继续加强城镇化的推进。

（五）城乡居民生活水平

表25　川甘青接合部藏区城镇居民可支配收入与农牧民人均纯收入增长

州	类型	指标	2010年（元）	2015年（元）	年均增长率（%）
黄南藏族自治州	城镇居民	人均可支配收入	14602.94	24406.69	10.82
	农牧民	人均纯收入（可支配收入）	3031.67	6819.23	17.60
果洛藏族自治州	城镇居民	人均可支配收入	13759.8	25762	13.36
	农牧民	人均纯收入（可支配收入）	2629.41	5465	15.76
阿坝藏族羌族自治州	城镇居民	人均可支配收入	15939	25939	10.23
	农牧民	人均纯收入（可支配收入）	3741	9711	21.02
甘孜藏族自治州	城镇居民	人均可支配收入	14880	24978	10.91
	农牧民	人均纯收入（可支配收入）	2744	8408	25.10
甘南藏族自治州	城镇居民	人均可支配收入	10374	19656	13.63
	农牧民	人均纯收入（可支配收入）	2689	5928	17.13
五州合计	城镇居民	人均可支配收入	69555.74	120741.69	11.66
	农牧民	人均纯收入（可支配收入）	14835.08	36331.23	19.62

数据来源：根据各州2010—2015年的《国民经济和社会发展统计公报》及《地区政府工作报告》相关数据计算而得。

从城镇居民可支配收入来看。表 25 显示，2010—2015 年五州综合起来的城镇居民可支配收入 2010 年为 69555.74 亿元，到 2015 年达到 120741.69 亿元，增长超过 70%。

从农牧民人均纯收入来看。表 25 显示，2010—2015 年五州综合起来的农牧民人均纯收入 2010 年为 14835.08 亿元，到 2015 年达到 36331.23 亿元，增长接近 150%。

从城镇居民可支配收入年均增长率来看。表 25 显示，2010—2015 年五州综合起来的城镇居民可支配收入年均增长率达到 11.66%，黄南、果洛、阿坝、甘孜、甘南五个藏族自治州地区城镇居民可支配收入年均增长率分别达到 10.82%、13.36%、10.23%、10.91%、13.63%，五州城镇居民可支配收入年均增长率均在 10% 以上，其中，阿坝藏族羌族自治州增长最慢（10.23%），甘南藏族自治州增长最快（13.63%），差异细微。

从农牧民人均纯收入年均增长率来看。表 25 显示，2010—2015 年黄南、果洛、阿坝、甘孜、甘南五个藏族自治州地区农牧民人均纯收入年均增长率分别是 17.60%、15.76%、21.02%、25.10%、17.13%，五州农牧民人均纯收入年均增长率均在 15% 以上，其中，甘孜藏族自治州增长最快（25.10%），果洛藏族自治州增长最慢（15.76%），有一定差距。

表 26　全国与川甘青三省的城镇居民可支配收入与农牧民人均纯收入增长

	类型	指标	2010 年（元）	2015 年（元）	年均增长率（%）
青海	城镇居民	人均可支配收入	13855	24542	12.11
	农牧民	人均纯收入（可支配收入）	3863	7933	15.48
四川	城镇居民	人均可支配收入	15461	26205	11.13
	农牧民	人均纯收入（可支配收入）	5140	10247	14.80
甘肃	城镇居民	人均可支配收入	13188	23767	12.50
	农牧民	人均纯收入（可支配收入）	3425	6936	15.16
全国	城镇居民	人均可支配收入	19109	29129	8.80
	农牧民	人均纯收入（可支配收入）	5919	11422	14.05

说明：从 2013 开始，全国和各省公布农村居民可支配收入，而五州均在 2015 年公布农村居民人均可支配收入。

数据来源：根据 2010—2015 年各省及全国《国民经济和社会发展统计公报》和《政府工作报告》相关数据计算而得。

从与全国水平比较来看。表 25、26 显示，2010—2015 年五州综合起来的城镇居民可支配收入年均增长率（11.66%）高于全国平均水平（8.80%）；五州综合起来的农牧民人均纯收入年均增长率（19.62%）高于全国平均水平（14.05%）。

从与所在省的比较来看：

在城镇居民可支配收入年均增长率方面，表25、26显示，在青海省，黄南藏族自治州（10.82%）低于全省平均水平（12.11%），果洛藏族自治州（13.36%）高于全省平均水平（12.11%）；在四川省，阿坝藏族羌族自治州（10.23%）和甘孜藏族自治州（10.91%）均低于全省平均水平（11.13%）；在甘肃省，甘南藏族自治州（13.63%）高于全省平均水平（12.50%）。

在农牧民人均纯收入年均增长率方面，表25、26显示，在青海省，黄南藏族自治州（17.60%）、果洛藏族自治州（15.76%）均高于全省平均水平（15.48%）；在四川省，阿坝藏族羌族自治州（21.02%）和甘孜藏族自治州（25.10%）均高于全省水平（14.80%）；在甘肃省，甘南藏族自治州（17.13%）高于全省平均水平（15.16%）。

五州地区城镇居民收入与农牧民纯收入增长均超过全国平均水平，可见近年来群众收入水平的提高与经济状况的好转，且城乡居民之间收入差距有所缩小，有利于地区发展。

五、主要结论与对策建议

本文对川甘青接合部藏区及三省、全国在2010—2015年期间的经济总量增长、地方财政收入与支出、固定资产投资、旅游人数与收入、工业、社会消费品零售总额增长、金融机构存贷款、教育、卫生、社会保障、城乡居民收入以及人口情况共十二个方面进行了详细的数据收集。下面分别从五州内部对比分析、五州与三省及全国对比分析两个方面进行总结，并给出相关对策建议。希望在对川甘青接合部藏区相关方面从不同角度进行分析后，能更清晰地展现其经济社会发展中存在的问题与不足，全面地呈现川甘青接合部藏区近年来的经济社会发展态势，并为相关政策的制定提供可行性参考意见。

（一）五州内部对比分析

川甘青接合部藏区涵盖三省五州，分属不同省级行政管辖主体，各地发展基础不尽相同，建设需求相距甚远。

就黄南藏族自治州而言，其经济社会各方面均呈现增长趋势，同其他州相比，黄南藏族自治州人均国内生产总值增长最快，但其旅游收入与人数增长、地方财政收入年均增长均为最慢。而果洛藏族自治州无论与其余四州相比还是与自身其他方面相比，其地方财政收入年均增长均为最快，但其工业增长值与卫生机构数量、卫生人员增长、城镇化率等社会发展均为五州最慢，社会建设发展缓慢。阿坝藏族羌族自治州近年来无论是在经济总量增长还是工业增加值年均增长率方面均为五州最快，但是，经济发展仍然欠佳，在地方财政支出、固定资产投资、城镇居民收入、金融机构存贷款、人口数量等方面年均增长却为五州最慢。五州中，甘孜藏族自治州经济发展缓慢，其经济总量增长最慢；但社会事业发展较好，在农牧民纯收入、教育、卫生机构数、卫生技术人员、城镇化率等方面均呈现最快增长，超过其他四州。在甘南藏族自治州，城镇居民收入、旅游收入及人数、参加社保人数的年均增长率均为五州最快，但社会建设中的受教育学生数、卫生床位数增长却低于其余四州，亦出现社会事业发展不均衡的现象。

可见，在五州地区，经济发展方面较为突出的是青海省的黄南藏族自治州、果洛藏族自治州，社会发展方面，同属四川省的阿坝藏族羌族自治州、甘孜藏族自治州发展较好，甘肃省甘南藏族自治州发展次之。但五州地区均存在经济、社会建设发展各方面不均衡、发展态势不健全的问题，长此以往，接合部藏区经济社会各方面的发展进步将出现严重偏差，不利于地区综合稳定发展。

（二）五州与三省、全国对比分析

虽然川甘青接合部五个州内部发展情况不尽统一，但同属中央高度重视的四省藏区之内，将五州视作整体，将其在经济、社会建设两方面的综合发展情况与同期全国、全省水平相比较，能更清楚地展现其经济社会发展态势。

经济发展方面，接合部藏区在经济总量增长、财政收入增长、城镇居民收入增长方面均超过全国水平，但是低于川甘青三省平均水平，综合旅游收入及人数年均增长超过全国及川甘青三省平均水平，但工业发展却相对落后。五州财政投入力度不均衡，财政收支发展不平衡，收不抵支，经济增长和产业发展缓慢，经济增长的蓬勃性及协调性不足。社会发展方面，五州失业率持续增长、受教育人数呈明显负增长、卫生床位数量不足等问题表现明显，发展程度低于全国及三省平均水平；城镇登记失业率呈增长状态，失业程度超过全国平均水平，社会稳定健康发展基础堪忧。总之，川甘青接合部藏区社会事业方面存在诸多问题，且十分不利于民生，不利于地区稳定与发展。

可见，无论是与全国相比较，还是同川甘青三省相比，五州地区在经济发展和社会发展方面均存在诸多问题，发展态势未能得到良好转变，与全面建成小康社会的目标还有相当差距。

（三）对策建议

从以上结论可知，川甘青结合部藏区无论是在其内部自身发展，还是与全国相比均存在不足，对此，提出以下建议：

第一，地方政府充分利用地区资源优势，打造支柱产业，带动地区经济更好更快发展。如打造旅游支柱产业，发展民族手工业和特色餐饮业，完善相关旅游基础设施，鼓励旅游商品开发，延伸旅游产业链，形成一体化的旅游区。

第二，各州政府加大对当地社会建设发展的投入力度，提高重视程度，在政策制定及实施上适当倾斜，积极学习和借鉴其他地区的成功经验，建立符合州情的相关机制。

第三，州与州之间建立资源、服务共建共享机制，联动开发相关产业和资源，如联动开发生态度假产业、现代草原畜牧业、现代林业等，以促进地区之间交流合作，充分利用资源实现接合部藏区经济融合发展。

第四，由中央统筹，根据接合部藏区自身情况，因地制宜，出台社会事业发展相关政策，建立发展的长效机制。如在教育方面，借鉴西藏利用内地对口支援的成功经验，组织川甘青三省藏区在内地城市和沿海发达地区开办学习班，建立长效教育援藏机制。

第五，中央制定相关政策，鼓励五州地区创新创业，创造就业岗位，加大就业容量，降低失业率，增强地区稳定基础。强化社会保障，鼓励创新经济发展方式，降低失业率，增强地区稳定基础。

参考文献

[1] 杨明洪，尤力．统筹西藏与四省藏区优惠扶持政策研究．西南民族大学学报（人文社会科学版），2016（9）．

[2] 尕藏才旦．藏区现代化进程中的障碍及其对策思考．西北民族学院学报（哲学社会科学版），2000（4）．

[3] 李登全．试论在西部大开发背景下我国藏区社会经济发展问题．西南民族学院学报（哲学社会科学版），2000（10）．

[4] 许剑．用经济发展促进藏区社会稳定——以阿坝藏族羌族自治州阿坝县为例．经济纵横，2013（10）．

[5] 李登全．四川藏区财政发展战略初探．四川财政，1997（1）．

[6] 王艳．藏区经济社会发展的障碍及对策探析．中国外资，2013（295）．

[7] 颜彦．四川藏区社会经济发展及财税扶持政策．地方财政研究，2016（1）．

318国道川藏线自驾车旅游游客特征研究

熊　数*

一、引　言

随着我国经济社会的快速发展和人民生活水平的不断提高，人们对于旅游出行不再满足于走马观花的团体旅游方式。除了以观光为目的的出行，还产生了休闲度假、文化体验、探险刺激、摄影爱好等个性化旅游需求。特别是伴随着道路条件的改善，家庭汽车数量的增加，越来越多的人选择了更为自由的自驾出游。

自驾游的兴起，一方面符合年轻一代的性格和心理，他们追求人格的独立和心性的自由，旅途中不愿受拘束。另一方面，自驾游也得到了中年人群的拥护，他们有一定的经济基础，是私家车拥有者的主要群体，生活、工作稳定，追求精神生活的富足。从周边城市的短途到上千千米的长途跋涉，选择自驾游出行既不受时间限制，也能够满足诸如摄影等其他爱好。自驾出游已经成为大众旅游的主要方式之一。

作为有“中国人的景观大道”之誉的318国道，拥有丰富的旅游资源，吸引了大量的旅游爱好者以自驾旅游的方式观光。其中川藏公路南线的一部分，是这条景观大道中最美、最精彩的一段。它不仅坐拥壮丽景色、神秘的文化以及宗教圣地，而且被公认为是中国路况最险峻、通行难度最大的公路，因此成为众多旅游者的“圆梦”之旅。

虽然“自驾游”不再是新鲜词，但是相关领域的研究针对的主要是经济发达和旅游业发展较好地区的自驾旅游。作为318国道最负盛名的川藏线，地理位置较为偏远，与客源地市场距离较远，所在区域的旅游发展较为滞后，相关行业和政府对自驾游游客的特征了解还不够。本文通过对网络上50篇相关游记的基本信息与隐含信息进行提取和挖掘，通过SPSS软件分析，对国道川藏线自驾游游客的基本特征、行为模式进行探究，以期为自

* 熊数，四川大学社会发展与西部开发研究院，人口学硕士研究生。研究方向：计算机人口信息管理。

驾车旅游研究提供西部地区的案例比较，并为合理运用旅游资源、开发自驾游旅游产品的政策和市场工作提供参考材料。

二、概　念

（一）自驾车旅游的定义

自驾车旅游属于自助旅游的一种类型，是有别于传统集体参团旅游的一种新的旅游形态。自驾车旅游是指以自驾车为主要交通手段的旅游形式，是人们驾驶汽车从客源地到目的地，中途可以随意停留、旨在进行与旅游相关活动的旅游行为和过程。[①]

自驾车旅游从字面意思上解释，可以理解为驾驶车辆出游。车辆不仅限于汽车，也包括摩托车、自行车。除了私有，也可以采用借用、租赁及其他方式，且自驾游已不局限于全程自驾的方式，只要是在旅行过程中以自驾为主的旅行方式都可以称为自驾游。[②] 因此我们常常提到的“自驾游”“骑行”都属于自驾车旅游的一种。

有别于传统的团体旅行方式，自驾车旅游具有高度的灵活性和个性化。结伴对象、参与顺序、旅行线路等方面的最终决定权在于车主或出行团队。[③] 这为旅游者提供了灵活的选择空间，相比传统团队旅游具有不同的魅力。

在本次调查中大部分样本都属于自驾汽车出行，少部分样本属于骑自行车出行，或者是某些游客以某种方式达到目的地后，再改以其他方式继续旅游，过程中发生了旅游方式的转变。但这些样本都符合前文对自驾游的定义。

（二）318 国道川藏线区域界定

国道 318 线全长 5476 千米，起点为上海人民广场，途经江苏、浙江、安徽、湖北、重庆、四川，终点为西藏聂拉木县樟木镇友谊桥。它地跨我国地势的第一、第二和第三阶梯，横跨中国东中西部，途经江浙水乡、天府盆地、西藏高原，囊括了平原、丘陵、盆地和高原景观。

其中 318 川藏线是指国道 318 线上从成都到拉萨的一段，全长 2142 千米，从成都经雅安、康定、新都桥、理塘、巴塘进入西藏，再经芒康、左贡、然乌、波密、林芝最后抵达西藏。318 川藏线是 318 国道中最美、最精彩的一段。复杂的自然环境造就了该段线路

① 宋洁：《城市居民出行方式选择预测方法研究》，吉林大学硕士学位论文，2005。

② 张鹏：《基于出行决策模型的多样化自驾游出行方式对比分析》，载中国城市规划学会、贵阳市人民政府：《新常态：传承与变革——2015 中国城市规划年会论文集（05 城市交通规划）》，2015（14）。

③ 吴巧新：《长江三角洲自驾车旅游市场开发研究》，南京师范大学硕士学位论文，2005。

多变的人文环境，它不仅坐拥壮丽景色，沿线还有藏、羌、彝、回等多个少数民族，形成了以藏族文化为核心的多民族文化长廊。该段又被公认为中国路况最险峻、通行难度最大的公路之一，因此驾驶爱好者也对该段线路趋之若鹜。

三、文献回顾

在 CNKI（知网）上通过关键词“自驾” + “国道”检索共有 9 篇文章，通过关键词“自驾” + “西藏”检索出 19 篇，“自驾” + “川藏”检索出 6 篇，检索结果中集中分析自驾游游客特征的文献资料较少。下文选取具有代表性的两篇文献进行分析。

施凯伟的《省域边缘地区自驾旅游开发研究》，以九寨沟旅游环线为例，以自驾游的开发为目的，对自驾游游客特征进行了两次实地调研。① 该研究对游客的综合人文特征和出游特征的统计与总结较为全面，具有一定代表性。文中数据如下表所示：

表 1　游客综合人文特征

	指标	百分比（%）
居住地	东部地区	44
	西部地区	6.5
	中部地区	18
	成都本地	29.5
	海外地区	2
年龄	18～24 岁	18.5
	25～30 岁	38
	31～44 岁	26.5
	45～50 岁	14.5
	50 岁以上	2.5
学历	研究生或以上	8.5
	大学本科	65.5
	大学本科以下	26

	指标	百分比（%）
月收入	1000 元以下	3.5
	1000～2000 元	16
	2001～4000 元	46.5
	4001～10000 元	23
	10000 元以上	8
	拒绝回答	3
工作类型	公务员	16.5
	教师	21
	企业管理者	17.5
	军人	5.5
	自由职业	35.5
	学生	1
	其他	3
性别	男	66
	女	34

① 施凯伟：《省域边缘地区自驾旅游开发研究》，四川师范大学硕士学位论文，2012。

从表中数据分析可看出自驾旅游川藏地区的人群主要来自东部地区及成都本地；自驾游游客男性数量与女性数量之比大约为2∶1。25～44岁年龄段的自驾游游客占一半以上，其中尤以25～30岁的青年人居多，自驾游有年轻化的特点；自驾游游客月收入2001～4000元、4001～10000元的占了一半以上，说明游客具有一定的经济实力；旅游者中政府与事业单位的从业人员占比较大；受高等教育人员占大多数，说明自驾游游客的文化素质较高，旅游体验程度较深。

表2　自驾车游客出游特征表

	指标	百分比（%）		指标	百分比（%）
出游时段	五一、国庆	38	出游游伴	家人	41
	周末双休	24		生意伙伴	10.5
	其他特殊日子	21		朋友	29.5
	没有时间限制	17		同事	13.5
出游频度	1～2次	20.5		其他	5.5
	3～6次	38	出游半径	100～200千米	11.5
	6次以上	41.5		200～400千米	24.5
出游时间	1夜及以下	32.5		400～600千米	43.5
	2～3夜	48		600千米以上	20.5
	3夜以上	19.5			

从游客的出游特征数据分析可看出，节假日、周末是自驾游出行的高峰；大部分游客选择与家人、朋友结伴出行，说明出行的社会关系还是以较亲密关系为主；被调查者中一年出行次数较多的占比较大，说明自驾游游客已经培养成出游习惯；出游时长大多数为2～3夜，出行距离400公里以上的较多。

另一篇杨洋的《西藏阿里地区自驾车旅游开发研究》中，笔者通过实地自驾车调研结合对各人旅游和汽车网站网友的调研，① 共取得533人的调查数据，得出西藏阿里地区自驾游游客特征如下：

（1）性别方面，男性占52.98%，略多于女性。

（2）18～28岁占50%，中青年构成了自驾车旅游的市场主体。

（3）大专及本科学历的旅游者是自驾车旅游者中规模最大的群体。

① 杨洋：《西藏阿里地区自驾车旅游开发研究》，浙江师范大学硕士学位论文，2013。

（4）出游者中，单身游客占62.03%，家庭有未成年小孩的占22.06%；公司员工占1/3，其次是公务员与事业单位职工。

（5）有可观的收入，但并不属于社会中的富裕上层。

（6）来自东部沿海的自驾游游客占大多数，其中浙江、福建、广东的最多。

（7）旅游时间为7~15天的占36.72%，其次为7天及7天以下（33.95%）、15~25天（19.86%）、25天及以上（9.47%）。

（8）消费额与年龄呈现正相关，年龄越大，花费越多。

（9）休闲度假与观光旅游排在旅游者出游动机的前两位，分别占调查总人数的20.77%和20.37%，其他旅游动机从高到低依次为：了解当地文化（17.65%）、摄影旅游（15.50%）、徒步和探险旅游（11.34%）、购物和追寻当地美食（9.74%）、追寻当地特色动植物（4.63%）。性别差异不大，年龄差异不显著，与家庭结构相关性不大。

（10）旅游组织形式选择亲朋好友一起出游的占66.61%，其次分别为网络组织16.69%、旅行社组织9.29%、俱乐部组织形式7.40%。

虽然两篇论文在来源渠道、统计口径以及指标体系上都有所不同，但都是利用实地调研数据，集中分析川藏地区自驾游游客的特征，能够为研究318国道自驾游游客特征提供参照。但随着互联网的发展，人们越来越多的在网络上分享旅游经历，并从他人的旅游经历中获取旅游信息。游客对互联网信息的评价会影响其网络信息的参与，进而影响其出游决策。[①] 因此结合当前背景，分析网络上自驾游信息对研究自驾游具有补充意义。

四、318国道川藏线自驾游游客特征分析

本文的统计样本主要来源于携程、途牛等用户最为活跃的旅游论坛。首先通过网站搜索引擎对关键词“318”“川藏”“自驾游”进行搜索，搜索出游记共337篇，然后从中随机抽取50篇，游记中共记述217人。本文的分析基于对游记中基本信息与隐含信息的提取和挖掘，以及SPSS软件的运用。由于部分特征难以在游记中体现，或者没有明确提及，所以统计时存在部分数据缺失。但对统计结果进行分析，依然能够呈现川藏线游客的基本特征。

（一）人口结构特征分析

1. 性别结构

性别对自驾车旅游的影响表现在以下方面。

---

① 施凯伟：《省域边缘地区自驾旅游开发研究》，四川师范大学硕士学位论文，2012。

（1）驾驶者的身份。因为自驾车旅行费时费力，且318国道川藏线部分地段地势险峻，通行难度较大，无论是驾驶私家车旅行、包车，还是户外俱乐部组织车队，驾驶者都以团体中的男性为主。

（2）男性在旅游过程中偏好探险猎奇的体验，而女性更注重欣赏美景和心灵的体验，购买旅游纪念品和地方特产的行为决策也多由女性主导。

（3）在女性较多的团体自驾游行程中，摄影留念的时间所用较多，这在50份旅游样本中所出现的人物摄影上也有所体现。

50份旅游样本中，自驾车旅游者男性117人，女性100人，比例基本平衡，男性稍多。

2. 年龄结构

50份游记中，20~30岁的自驾游游客占27.5%，30~40岁自驾游游客占42.2%，40~50岁自驾车旅游游客占26.1%。20~40岁这个年龄区间的自驾车旅游客占比一半以上，说明中青年旅游者是自驾游的主力军，且20~30岁的旅游者数量略多于40~50岁的旅游者数量，说明自驾游群体偏年轻化。这一数据也可能与年轻人喜欢写网络游记有关，但同时也表明年轻人对自驾游的推广和传播具有更大的影响力，针对年轻人的自驾游产品也具有更广阔的开发潜力。

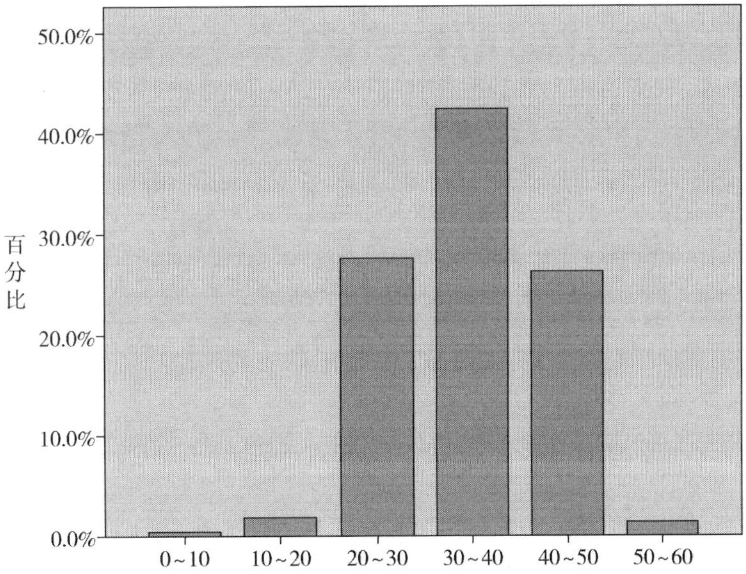

图1　318国道川藏线自驾车旅游者年龄结构

3. 地域结构

对游客的出发城市进行分类汇总，可以得出318国道川藏线自驾车旅游游客的地域特征。

50 份样本中来自长三角地区有 15 份，占 30%，其中上海最多，江苏次之；四川本地有 10 份占 20%；京津地区 6 份占 12%；其余沿海地区 6 份占 12%，主要集中在福建省；珠江三角洲地区 3 份占 6%；其余 20% 来自甘肃、湖南、辽宁、陕西、云南等地。

318 国道川藏线自驾车旅游游客主要是来自东部沿海较发达的地区以及毗邻西藏的四川。这不仅从侧面反映了经济发达的地区自驾游推广较好，具有很大市场空间，也能够看出 318 国道旅游对较远客源地的游客也有很大的吸引力。

表 3　318 国道川藏线自驾车旅游者地域结构

省份	频率	百分比	有效百分比	累计百分比
北京	5	10.0	10.0	10.0
福建	5	10.0	10.0	20.0
甘肃	2	4.0	4.0	24.0
广东	2	4.0	4.0	28.0
湖南	3	6.0	6.0	34.0
江苏	6	12.0	12.0	46.0
辽宁	1	2.0	2.0	48.0
山东	1	2.0	2.0	50.0
陕西	1	2.0	2.0	52.0
上海	9	18.0	18.0	70.0
深圳	1	2.0	2.0	72.0
四川	10	20.0	20.0	92.0
天津	1	2.0	2.0	94.0
云南	3	6.0	6.0	100.0
总计	50	100.0	100.0	

表 4　318 国道川藏线自驾车旅游者区域统计

地区	频率	百分比	有效百分比	累计百分比
长江三角洲地区	15	30.0	30.0	30.0
珠江三角洲地区	3	6.0	6.0	36.0
京津地区	6	12.0	12.0	48.0
其他沿海地区	6	12.0	12.0	60.0

续表

地区	频率	百分比	有效百分比	累计百分比
四川本地	10	20.0	20.0	80.0
其他地区	10	20.0	20.0	100.0
总计	50	100.0	100.0	

（二）旅游者行为特征分析

1. 旅游动机

不同的游客出行具有不同的旅游动机。旅游动机是直接推动人们旅游行为的内在动因或动力。[①] 不同的旅游动机激发、推动旅游者做出不同的旅游决策，如旅行时长、旅行路线等。了解旅游者的不同旅游动机能够了解旅游者的不同需求，进而帮助旅游企业和旅游地有效区分游客群体，制定不同的营销策略。

在过往关于旅游动机的研究中，不同学者对旅游动机进行了不同的分类。2009 年出版的《旅游心理学》一书中详细介绍了国外学者对旅游动机的分类方法，其中日本学者田中喜一将旅游动机分为心理的动机、身体的动机、精神的动机和经济的动机，美国学者奥德曼把旅游动机分为健康、好气、体育、寻找乐趣等 8 个方面。[②] 国内学者邱扶东则在其研究中将旅游动机分为身心健康动机、怀旧动机、文化动机、交际动机、求美动机和从众动机。[③]

参考过往研究中对旅游类型的分类，根据不同的旅游动机可以将自驾旅游分为以下不同的类型：

（1）观光旅游型的自驾旅游。以观光为目的，旅游者试图利用有限的时间观光不同的旅游景点，更多的是以著名的旅游景点为目的地。这种旅游动机类型的自驾旅游具有一定从众动机，即别人都去旅游我也去，或是各种媒体介绍，想亲自去看看。

（2）休闲型的自驾旅游。追求的是暂时摆脱繁忙，在旅行途中享受优质服务，品尝美食，并不以观光更多的旅游景点为目的，更多的是放松身心，减少压力。该种类型的自驾旅游更多的是以身心健康作为动机。

（3）文化体验型的自驾旅游。追求精神层面的体验，更多关注旅行途中的人文景点，了解本土文化，体验新的生活方式。

（4）探新求奇型的自驾旅游。更多的是追求刺激，对较少人前往或者开发程度较低的

① 邱扶东：《旅游动机及其影响因素研究》，载《心理科学》，1996（6）。

② 孙喜林等：《旅游心理学》，81～82 页，大连，东北财经大学出版社，2009。

③ 邱扶东：《旅游动机及其影响因素研究》，载《心理科学》，1996（6）。

景点有浓厚的兴趣。或者是喜欢旅行途中的驾驶体验，追求对于人迹罕至和不同类型道路的挑战。因为自驾旅游的高度自主性，这满足了自驾旅游游客的探新求奇的动机。该类型的自驾旅游对车辆和自驾旅游经验有着极高的要求，因此喜欢该类型自驾旅游的游客大都属于汽车“发烧友”，时间和金钱都较为充裕。

（5）兴趣爱好型的自驾旅游。以风光摄影、绘画写生为目的，或是旧地重游，或是追求“穷游”等的时尚热点。

以50份318国道川藏线游记样本中的关键词和标签，如“摄影”“穷游”等能够对旅游类型进行大致分类。对分类结果进行统计分析可看出，318国道川藏线自驾旅游的游客以观光旅游型为主，占36%；文化体验型的自驾旅游占24%，比例较高，这在一定程度上与该段线路拥有丰富的民族文化旅游资源有关。兴趣爱好型的自驾游都是以摄影为目的，因为川藏线上众多自然景观和人文景观历来都是摄影爱好者追捧的对象。值得注意的是，探新求奇型的自驾旅游占18%，说明自驾车旅游游客中不乏汽车爱好者，他们对自驾游的汽车具有较高的要求，且大都具有较强的消费能力。休闲度假型的旅行仅占1例，并不是川藏线自驾旅游最主要的旅游类型，这与该段线路复杂的地理特征，以及落后的旅行条件和服务有关。

表5　318国道川藏线自驾车旅游者旅游偏好

偏好类型	频率	百分比（%）	有效百分比（%）	累计百分比（%）
观光旅游型	18	36.0	36.0	36.0
休闲度假型	1	2.0	2.0	38.0
文化体验型	12	24.0	24.0	62.0
探新求奇型	9	18.0	18.0	80.0
兴趣爱好型	10	20.0	20.0	100.0
总计	50	100.0	100.0	

2. 出游组织方式

自驾旅游出行虽然有别于传统旅行团旅游，但在出行上仍具有组团出游的特点。按自驾游出行的组织类型，可以分为以下四种：一是散客自驾游，该类型以亲朋好友为同行伙伴组织出行。出行的路线、时间等安排由自己商议决定，是最主要的自驾游出行组织类型。二是网络组织自驾游，该类型依托各类社交网站、旅游网站，自发组织和约伴同行，在一定程度上具有风险，但该类型形式较为新颖，加之能广结良友，受到青年群体的追捧。三是旅行社组织自驾游，在自己拥有私家车的基础上，由旅行社组织安排行程等。四是汽车俱乐部组织的自驾游，参与人员仅限汽车俱乐部内成员。

表6　318国道川藏线自驾车旅游者组织形式和年龄交叉分析表

组织形式	年龄（岁）				总计
	10～20	20～30	30～40	40～50	
散客组织	1	20	10	10	41
网络组织	0	1	1	1	3
旅行社组织	0	0	2	0	2
汽车俱乐部组织	0	1	3	0	4
总计	1	22	16	11	50

通过样本分析中，散客自驾游占绝大多数。而网络组织自驾游因其便利性，在不同的年龄群中依然有其支持者。汽车俱乐部组织自驾游因其仅限于汽车俱乐部内部成员，在成员准入上有一定限制，因此以该组织形式出行的游客年龄段集中在30～40岁之间，他们大都生活稳定，有一定经济基础。

3. 旅游时间

旅游时间反映了旅游目的地的旅游热季和淡季，这在一定程度上受当地的气候等因素的影响，也与法定节假日的出行高峰有关。

在50份游记中，选择2、3、4月出行的有9篇，5、6、7月18篇，8、9、10月23篇。从中可看出，318国道川藏线自驾游时段的选择与以下因素相关：其一，假期，五一、十一假期出行较多。黄金周期间所有收费公路7座及以下小型客车免费通行，鼓励了部分游客选择自驾出行。需要注意的是，由于选择小长假和黄金周出行的旅游者大都会选择提前一天上路，因此在数据结果中反映出来4月比5月出行样本数量更多，9月比10月出行样本数量更多。其二，与川藏线的旅游季节相关，8—10月通常风景最美，是传统的旅游旺季。

4. 旅游时长

旅游时间的长短决定了旅游地的经济效益，游客集中的时间也反映了该地区的旅游旺季。由于川藏线距离东部地区客源地较远，加上旅游景点众多，因此318国道川藏线自驾车旅游游客出游时间都比较长，大都在7天以上，其中出游时间为8～15天的样本占40%，16～25天的占44%。

从年龄结构来看，20～30岁、30～40岁的自驾游游客旅游时间集中在8～15天，极少有25天以上的。而40～50岁的自驾游游客旅行时长大都在15天以上，这也反映了该年龄段的游客拥有更多的闲暇时间，会花较多的时间在旅行上。

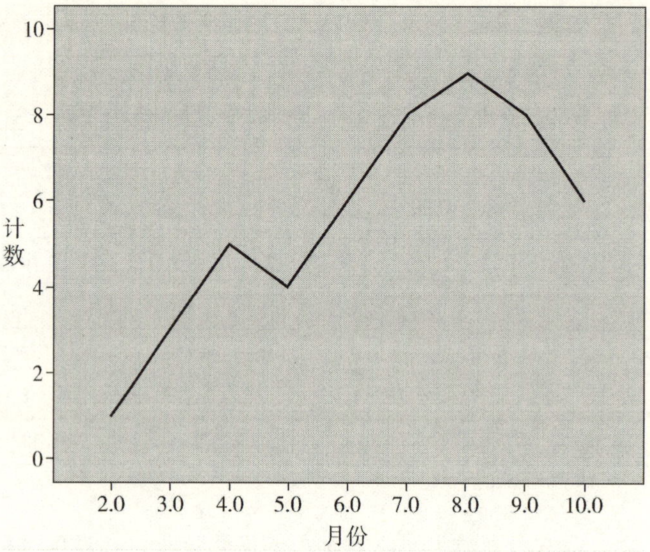

图 2　318 国道川藏线自驾车旅游者出行月份

从不同旅游动机的自驾旅游类型来看，以观光旅行、文化体验、兴趣爱好为目的的自驾旅游时长大都在 7～25 天，有极少数为了追求看完沿途所有景点，体验当地生活，或对摄影有天气方面的特殊需求，旅游时长达到 25 天以上。

表 7　318 国道川藏线自驾车旅游者年龄和旅游时长交叉分析表

		时长				总计
		7 天及 7 天以下	8～15 天	16～25 天	25 天以上	
年龄（岁）	10～20	0	0	1	0	1
	20～30	2	10	8	2	22
	30～40	1	8	7	0	16
	40～50	0	2	6	3	11
总计		3	20	22	5	50

表 8　318 国道自驾车旅游不同动机旅游类型和旅游时长交叉分析表

		时长				总计
		7 天及 7 天以下	8～15 天	16～25 天	25 天以上	
目的	观光旅游型	2	6	8	2	18
	休闲度假型	0	0	1	0	1

续表

		时长				总计
		7天及7天以下	8～15天	16～25天	25天以上	
目的	文化体验型	0	7	3	2	12
	探新求奇型	1	3	5	0	9
	兴趣爱好型	0	4	5	1	10
总计		3	20	22	5	50

5. *旅游消费*

根据统计结果，318国道川藏线自驾车旅游游客出行总消费在人均1500～20000元之间，跨度较大。

表9　318国道川藏线自驾车旅游者人均出行总计花费

个案数	有效	49
	缺失	1
平均值		7892.2806
中位数		7000.0000
标准差		4092.79281
范围		18500.00
最小值		1500.00
最大值		20000.00

从人均每天花费来看，200～500元的比例最高，占48%，其次是500～1000元，占36%。人均每天花费在200元以下的占10%，1000元以上的占4%，为极少数。其中人均每天花费在200元以下的原因可能在于部分游客特意为了体验“穷游”的新潮方式。

表10　318国道川藏线自驾车旅游者人均每天花费

		频率	百分比（%）	有效百分比（%）	累计百分比（%）
有效	200元及以下	5	10.0	10.2	10.2
	200～500元	24	48.0	49.0	59.2
	501～1000元	18	36.0	36.7	95.9

续表

		频率	百分比（%）	有效百分比（%）	累计百分比（%）
有效	1000 元及以上	2	4.0	4.1	100.0
	总计	49	98.0	100.0	
缺失	系统	1	2.0		
总计		50	100.0		

从年龄来看，20~30 岁的游客，人均每天花费在 200~500 元区间的比例最高。值得注意的是在 50 个游记样本中，人均每天花费 1000 元以上的全都是 20~30 岁的游客。这说明 20~30 岁的年轻人，既有追求经济实惠式出游的，也有追求安逸享受式出游的。30~40 岁的游客人均每天花费大都在 200~500 元和 500~1000 元，这部分人群既有消费能力，在消费上也保持了一定的理性。而 40~50 岁人群人均每天花费大都在 200~500 元的区间。

表 11　318 国道自驾车旅游者人均每天花费和年龄交叉分析表

		年龄（岁）				总计
		10~20	20~30	30~40	40~50	
均天	200 元及以下	0	2	1	2	5
	200~500 元	0	10	7	7	24
	501~1000 元	1	7	8	2	18
	1000 元及以上	0	2	0	0	2
总计		1	21	16	11	49

表 12　318 国道川藏线自驾车旅游者人均每天花费、性别组成和年龄交叉分析表

年龄（岁）			性别组成			总计
			男女个数相同	女性较多	男性较多	
10~20	均天	501~1000 元			1	1
	总计				1	1
20~30	均天	200 元及以下	1	0	1	2
		201~500 元	3	5	2	10
		501~1000 元	2	3	2	7
		1000 元及以上	1	1	0	2
	总计		7	9	5	21

续表

年龄（岁）			性别组成			总计
			男女个数相同	女性较多	男性较多	
30~40	均天	200 元及以下	1		0	1
		201~500 元	4		3	7
		501~1000 元	4		4	8
	总计		9		7	16
40~50	均天	200 元及以下	0		2	2
		201~500 元	4		3	7
		501~1000 元	1		1	2
	总计		5		6	11
总计	均天	200 元及以下	2	0	3	5
		201~500 元	11	5	8	24
		501~1000 元	7	3	8	18
		1000 元及以上	1	1	0	2
	总计		21	9	19	49

从性别角度分析，一个团体中男性占多数的自驾游团体和女性占多数的自驾游团体以及男女数量一样的团体（在游记中该情况多表现为夫妻和情侣）在消费特征上是不同的。男性较多的自驾游团体消费较为理性，人均每天花费大都在 201~500 元、501~1000 元，少部分花费在 200 元以下。女性较多的自驾游团体出现了花费在 1000 元以上的情况，没有 200 元以下的。夫妻或者情侣的自驾游团体消费能力表现出一定的年龄层次特征：20~30 岁的情侣或夫妻既有较少花费的，也有高消费能力的；30~40 岁的夫妻或情侣在旅途中既有追求价格合理的，也有追求舒适安逸的，消费额处于 201~500 元、501~1000 元的区间。40~50 岁的夫妻则表现出一定的消费理性，人均每天支出大部分在 201~500 元。

五、总　结

（一）318 国道川藏线自驾车旅游者的主要特征

1. 人口特征

（1）年龄。根据上文分析，可以看出 318 国道川藏线自驾车旅游的游客以中青年为主力军，其中 30~40 岁年龄段自驾游旅游者最多。20~30 岁的旅游者数量略多于 40~50 岁的旅游者数量，说明自驾游群体有年轻化的趋势。

（2）地域。他们主要来自318沿海等经济较为发达的地区，包括京津冀、长三角和珠三角地区，这些地方自驾出游文化较为成熟，受各种汽车俱乐部的宣传以及网络结伴出游方式的影响较深。

（3）性别。川藏线自驾车旅游游客中，男性多于女性。

2. 行为特征

（1）旅游动机。318国道川藏线自驾车旅游大部分游客以观光旅游为主要目的，旅行途中看重本土文化体验和精神感受，并满足摄影等爱好。选择318国道川藏线作为其旅游目的地，一是因为川藏线被赋予的精神内涵，并在网络形成了口碑发酵；二是因为旅游地大量未开发的旅游资源及其丰富的原始人文情怀；三是体验有别于城市的生活和追寻精神的暂时放松。

（2）出游组织方式。川藏线自驾车旅游者大部分选择以散客自驾游的方式出行，以家庭出游或者几个家庭协同出游为主，单车或者形成车队出发多是因为出行计划成型较为方便和安全，能够自由安排旅行线路。

（3）出行时间和旅行时长。五一、国庆黄金周是川藏线自驾车旅游游客集中出行高峰，另外因为季节性因素，8月到10月也是川藏线旅游的旺季。由于川藏地区的地理情况与线路情况，自驾游游客的旅游时间都比较长。

（4）旅游消费。318国道自驾车旅游游客消费能力跨度较大，存在部分把“穷游”的出行方式当成另外一种生活体验现象。川藏线旅游消费除了与各年龄段相关，还与出行团体中男女性别相关。

（二）318国道川藏线自驾车旅游的开发条件及存在的问题

经济社会的迅速发展、道路条件的改善、家庭汽车数量的增加都使得自驾车出游的条件已经变得相当成熟。随着20～30岁这一批除了追求生活质量更注重精神享受的年轻群体成长起来，以及消费能力较强、有充裕的业余时间、追求高端精神体验的中年人群慢慢成为自驾旅游的主力军，入藏旅游已经被他们贴上了密集的文化标签并赋予独特的精神内涵。旅游地应该抓住这样的机会，充分利用318国道川藏线周边得天独厚的旅游文化资源和人文色彩，营造良好的自驾游环境，吸引更多的自驾游游客。

但目前，318国道川藏线自驾车旅游也因自然环境恶劣、旅游开发程度低的现状存在许多问题。首先，虽然游客追求天然、去雕琢的景色，但是并不意味着他们必须要承担旅行途中的过多风险；虽然追求体验另一种生活方式，也不意味着对沿途基本的吃住行服务没有需求。因此旅游地迫切需要完善基础服务设施，以提升自驾游游客的安全度和满意度。另一方面，在信息时代，如何在旅游信息服务水平较低的318国道川藏线满足旅游者对于天气、路况等信息的获取，这也是在今后的旅游开发和自驾旅游的产品设计等方面需要解决的问题。最后，旅游的发展是一把“双刃剑”，可能会造成当地环境的污染和生态的破坏，甚至会影响到当地原本的文化与民风。因此在发展自驾旅游以促进旅游业发展的同时，应注重对沿途生态和文化的保护。毕竟318国道川藏线吸引游客的根本，是有别于城市的自然风貌和独特的人文风情。

参考文献

李莉，张捷．互联网信息评价对旅游者信息行为和出游决策的影响研究．旅游学刊，2013（10）．

产业与人口研究

“公司+农户”型组织治理结构的选择与制度变迁的特征

——以四川资阳生猪产业“六方合作+保险”机制为例

杨明洪　唐沿源　俞雅乖*

近年来，以发展农业产业化作为带动农业生产，增加农民收入、建设社会主义新农村的根本出路得到了社会各界的广泛认可，而且农业产业化也得到了较大的发展。但是，农业产业化的进程中也存在较多的风险，[①] 这些风险大体上可以分为三类：自然风险、契约风险（道德风险与敲竹杠行为）和市场风险。理论上，可以认为契约风险在三类风险中占有特殊重要的地位，原因在于通过一定的治理结构的设计在降低契约风险的同时因增强了组织的竞争力也减少了市场风险；自然风险虽主要通过保险等措施加以解决，但是在适当的安排下也能减少其发生的概率。但在实践中，各种解决农业产业化中的风险的措施并未取得较大的成效或进展，这些问题的存在严重地影响了农业产业化的深入发展，并最终影响“三农”问题的解决。本文以四川省资阳市的生猪产业的“六方合作”机制的制度安排为例，主要用新制度经济学的原理对其进行分析，以表明这种制度安排是由谁、怎样发生的以及其在防控农业产业化风险和促进农业产业化发展等方面的绩效。

---

* 杨明洪，四川大学社会发展与西部开发研究院，教授、博士生导师。研究方向：中国经济改革与发展。
唐沿源，景德镇陶瓷大学经济与管理学院，讲师。研究方向：财政学。
俞雅乖，宁波大学商学院，教授。研究方向：会计学。

① 杨明洪：《农业产业化经营的经济风险及其防范》，载《经济问题》，2001（8）；周立群、曹利群：《农村经济组织形态的演变与创新——山东省莱阳市农业产业化调查报告》，载《经济研究》，2001（1）；王德应：《农业产业化与风险防范》，载《农业经济问题》，1999（7）；裴汉青：《农业产业化经营中的违约行为及其矫正》，载《经济问题探索》，2005（12）；赵西亮：《农业产业化经营中的商品契约稳定性研究》，载《经济问题》，2005（3）；杨涛：《农业产业化中的机会主义行为：形式与原因研究》，载《西南民族大学学报》（人文社科版），2006（3）。

一、四川资阳生猪产业“六方合作+保险”机制概况

四川省资阳市位于四川盆地中部，面积7962平方千米，是典型的丘陵地带，辖4个县（市），人口490万，其中农业人口占86.7%，是传统的农业大市。近年来，随着四川省委将资阳市定为“建成全省丘陵经济发展典型”的目标的确立，资阳市委、市政府认为要在分散的经营和弱势农业产业下，提高农业的比较效益，稳定增加农民收入，只能走农业产业化之路。资阳市所属的4个县（市）中有3个是全国肉类生产百强县，作为资源禀赋的相对优势，发展生猪、山羊为主的畜牧产业便成为资阳市农业产业化的必然选择。在四川省委提出的“推进产业化、全面建小康”总体思路指导及省委有关部门的大力支持下，2003年资阳市实施了“千万生猪山羊外向型产业互补工程”（简称“千万工程”），即到2005年，在产业化龙头企业的带动下，使全市农民所养的生猪、山羊出栏数分别达到600万头和400万头。

为了解决种养业主和部分龙头企业因缺乏有效资产抵押和因经营时间短不能授信而融资难的通病，在人民银行资阳市中心支行的建议和帮助下，资阳市政府在2003年年底成立了“千万工程信用担保公司”。公司于2005年10月更名为“农业产业化信用担保公司”，扩大了信用担保范围；是“财政引导、多元投资、自主经营、独立核算、自负盈亏”的政策性有限责任法人，以“非盈利性、安全性、社会性”为经营的基本原则。到2006年8月末，该公司有41个股东，持股比例分别为：政府占比37%，资金来源为市、县财政资金3790万元；龙头企业和种养大户占比33%，为被担保企业、业主以担保金额的10%为入股资本金计3373万元；市城建投资公司占比近30%，资金来源为以土地开发收益权质押向国家开发银行软贷款3000万元，以股本形式注入公司。截至2007年6月底，担保公司资本已达1.3亿元，累计担保贷款6.9亿元，促进了生猪产业的快速发展。至此，公司的资本金总额达到10163万元，是2003年年底的1419万元的7倍之多，达到了银监会关于担保公司实收资本金必须到1亿元以上的最新要求，成为四川省内最大的农业担保实体。在担保公司等相关因素作用下，资阳市农业产业化发展的瓶颈得以突破，农业结构调整不断加快，农民收入不断增长。2003年，全市农民人均纯收入低于全省平均水平46.5元，居全省第15位；2004年增加了497元，增长了22.8%，绝对额首次超过全省平均水平，增加额和增速均居全省第一；2005年，又增加了308元，在四川众多的丘陵市（州）中居第二位，人均纯收入水平上升到全省第10位。

这种本来可喜的发展势头被一件突如其来的事打乱了。2005年7月到9月，资阳市发生了波及四川全省的人感染猪链球菌疫病：大量猪出不了栏，肉无法销售；对这个生猪产业占全市农业总产值40%的市来说，无异于一场“冰雹”。但同时，这次疫病也是一个信

号，它使人们重新开始反思并更加重视生猪产业发展中的一些问题：一是农户直接受自然风险和市场风险的双重威胁，发展的积极性不高；二是广大农户分散经营，难以达到规范化、技术化高质量生产的要求；三是农户在适度经营中，没有足够的流动资金购买崽畜、饲料等投入品；四是畜产品随着市场环境的变化，供求矛盾开始凸显等。在经过多方考虑论证后，由资阳市政府主导牵头的“担保公司＋金融机构＋饲料企业＋种畜场＋肉食品加工企业＋协会农户”的“六方合作”机制于2005年年底被提出，2006年初面世，并于3月正式在资阳市的雁江区和简阳市的145个村庄中试行。

所谓“六方合作”机制，即政府通过“合作”的规模向具有较强经营资质和经济实力并在群众中信誉度高的饲料加工企业和种畜场下达饲料粮储备计划；农发行等金融机构根据政府下达的粮食储备计划向饲料加工企业和种畜场发放低息贷款；农业产业化信用担保公司为贷款提供相应的信用担保；饲料加工企业和种畜场分别向参与合作的协会农户赊销或配送优质优价的饲料和崽畜；协会农户按标准化要求（人畜分离、独立建圈、生态隔离、沼气配套、标准化等包括圈舍、防疫、用药、记录等环节）饲养肉畜，并把订单交售给肉食品加工企业；肉食品加工企业按“优质优价”（每吨酮体高于同类产品300～600元/吨）的原则收购协会农户的肉畜，供加工出口专用，并代饲料加工企业、种畜场扣收向协会农户赊销的饲料款和种畜款。

经过半年多在部分地区运行，到2006年年底，“六方合作”机制已初显效果。全市参与肉食品加工企业3户，饲料企业9户，种畜场19个，养殖协会85个，参与合作的养殖农户达9555户，存栏生猪21.8万头。政府已向参与“六方合作”的饲料企业和种畜场下达粮食储备计划5万吨；农发行已发放储备粮贷款4492万元；饲料企业赊销、配送饲料3.1万吨；种猪场配送崽猪5.4万头，肉食品加工企业收购协会农户交售的优质生猪20余万头；协会收取风险金180万元；参保生猪23万头，风险保障金7000余万元。而到8月底，农发行已向参加“六方合作”的7户企业发放贷款1.77亿元；担保公司已累计提供担保3.7亿元，带动民间资金投入约6亿元；农信社向协会农户放贷近1亿元；国家开发银行计划向资阳市农业投资管理公司贷款1.5亿元，并委托农发行代理发放。融资难的问题基本得到缓解。此外，资阳市参加“六方合作”的80多个养殖家园，基本实现了“内循环、零排放”的循环经济格局，经济、生态和社会效益都较明显。

二、生猪产业的特点与治理结构的选择

在我国的生猪产业化经营中，“公司＋农户”成为主要的形式，从治理结构演化的角度考察，原先那种“公司＋农户”最简单的治理结构，在一系列外在压力的作用下，必然向着更为复杂的治理结构演进。这种演进是与市场交易及其交易成本紧密联系在一起的。

我们知道，在各种各样的交易形式中，有两种形式是处于特殊的地位：企业内部的交易和市场的交易。前者往往是指在统一的确定的所有权下进行的资源的行政性命令的配置，而后者则是指发生在不同的所有权主体之间的交易。尽管关于这种企业与市场之间的关系的划分存在一些争议，① 但我们仍然认为这两者有一定的区别，并且同意，前者代表了纵向一体化形式，后者是市场形式，而在这两者之间存在着广泛的混合的治理结构，② 就是“准一体化”。根据交易成本经济学，企业采用纵向一体化而不采用市场形式的主要原因在于因资产的专用性等引起的交易费用的节约。③ 而纵向准一体化是指，“企业获得了纵向一体化的好处，但没有因僵硬的所有权而带来的风险”④；或者“法律上独立的经济单位的持久的关系”⑤。

进入猪肉加工、销售领域的工商企业天然地面临着一系列问题：一是猪肉质量问题，猪肉质量发端于生猪养殖和加工过程，企业能够很好地控制加工过程，但通常无法控制养殖过程，因为这一端通常是农户完成的；二是价格问题，生猪价格波动之大，列中国农产品之冠，大起大落的生猪价格是企业难以应对的。另一方面，我国生猪养殖规模小、分散化经营的特点，使得养殖活动难以获得规模经济或范围经济的优势，削弱了农户的竞争力，降低了生猪的市场可进入性（accessibility），难以抵挡生猪价格的剧烈波动。这样的市场环境，促使利益各方必须寻求市场之外的治理结构形式：要么是纵向一体化，要么是准一体化。到底选择哪一种，取决于纵向一体化和准纵向一体化的各自治理结构的绩效，即从解决契约风险的效果和制度约束对两种治理结构的成本的影响去权衡。⑥

第一，就契约风险（contract risk）来讲，它包括道德风险（moral hazard）和敲竹杠问题（hold - up problem）。道德风险在纵向一体化的情况下较为严重，而敲竹杠问题在准一体化下较有可能，因此对组织形式的具体选择就要看哪种问题的可能性更大或更重要。在“公司 + 农户”型产业化结构下，合作农户饲养生猪是分散进行的，这使得农户的行为难以观察和监督。具体表现在对农户生产的积极性、对农业生产投入的浪费情况，对农业生产工具的使用、保管和维护等的监督成本往往远远高于只对农业生产成品的质量检查的

---

① 张五常：《企业的契约性质》，见《现代制度经济学》（上卷），北京，北京大学出版社，2005。该文认为只是由于合约的形式不同而已，企业与市场之间根本就不存在明显的界限，因而对其划分也是毫无意义的。此外还有其他一些关于企业与市场关系的看法，此处不一一列举。

② Williamson, O. E. Comparative economic organization: the analysis of discrete structural alternatives. *Administrative Science Quarterly*, 1991, 36 (2), pp. 269 - 296.

③ Williamson, O. E. Comparative economic organization: the analysis of discrete structural alternatives. *Administrative Science Quarterly*, 1991, 36 (2), pp. 120 - 143.

④ Blois, K. J. Vertical quasi - integration. *Journal of Industrial Economics*, 1972, 20.

⑤ Dietrich, M. The economics of quasi - integration. *Review of Political Economy*, 1994, 6 (1).

⑥ 艾伯托·弗尔南德斯等：《零担货车运输业中的准一体化》，见《制度、契约与组织——从新制度经济学角度的透视》（中译本），北京，经济科学出版社，2003。本文关于纵向一体化和准一体化的绩效的比较分析主要参照该文的分析框架。

成本，因而现实中多是让农户自己拥有土地、圈舍等生产资料的所有权。

敲竹杠问题是由资产专用性引起的。资产专用性的概念是威廉姆森首先提出的，他认为资产专用性是指资源在用于特定用途之后，很难再移作他用的性质，并且这种性质随着资产的种类与用途的不同而有所变化。[①] 资产专用性的存在使得合约双方互相要挟成为可能。本杰明·克莱因、罗伯特·克劳福特、阿曼·阿尔奇安（2005）沿着威廉姆森的观点，把资产专用性较强的情况视为一种与由市场壁垒或政府授权而形成的垄断相区别的特殊的垄断，即因资产的特定使用而产生的一种准租金，并因此使缔约后的机会主义行为由可能变为现实；并认为，对这种因可挤占准租金的存在而引起的缔约后机会主义行为即敲竹杠的解决，主要有两个措施：纵向一体化或缔结长期契约。

在“公司+农户”型生猪产业化结构下，资产的专用性包括物质资本的专用性和人力资本的专用性。物质资本的专用性，主要包括农户用于喂养生猪的特定的圈舍、生猪的特定品质等，这些费用一旦支出便很难改作他用；公司的物质资本的专用性包括用于农产品加工的一整套特定的设备，这些设备的投资一般较大，并且转作他用也较为困难。当然对于生猪产业而言，加工生猪的机器设备可能也可以作为其他相似的牲畜如牛、羊、鸡等的加工设备之用，而用于喂养生猪的圈舍可能很难改作喂养牛、羊、鸡等之用。专用性人力资本主要包括农户对一天喂养生猪的次数、一次喂养的量、喂养的时间安排、圈舍的卫生程度等方面的知识；对公司而言，是指关于对于生猪的特定的加工流程、技术水平、保管等。当然，上述物质资本和人力资本的专用性程度并不是固定的，在一定的制度安排下往往是可以增强和减弱的。

第二，就制度环境因素来讲，人们通常考虑的因素是劳动管制，如对解雇的限制、最低工资法等，以及税制对治理结构的影响等。然而，这两个对治理结构的选择通常考虑的制度环境因素在我国的生猪产业的治理结构选择上并没有显著的影响，相反，我国的实际情况是，对生猪产业的治理结构具有明显影响的制度环境因素是土地所有权的制度。

由以上关于契约风险的性质和制度环境约束的分析表明，在生猪产业中，通过纵向一体化虽然会解决敲竹杠的问题，但是存在较大的道德风险的可能性以及因制度环境约束所导致的过高成本。而准纵向一体化，通过农户享有农产品生产的生产资料所有权，能大大减少代理问题和道德风险，但是却也存在敲竹杠的问题。因此，一个比较可行的方法是建立准一体化的治理结构并辅之以一些必要的措施以改变契约风险的性质，达到效率的增进。

由上面的运行机制，我们可以看出，一方面，“六方合作”机制内各方关系是有别于市场之间的关系的。这不仅由于其交易的价格有别于市场价格，如金融机构的贷款利率低

---

① 转引自盛洪：《现代制度经济学》（上卷），引言部分，北京，北京大学出版社，2005。

于市场价格，饲料和崽畜的价格也低于市场价格（饲料低于市价 100 元/吨，崽畜低于市价 3% ~5%），农产品加工企业的肉畜收购价格高于市价（每吨酮体高于同类产品 300 ~ 600 元/吨），而且由于农户饲养生猪的各种程序方法都是按规定的要求进行的。另一方面，“六方合作”机制也是有别于完全的纵向一体化的。在“合作”内各方都有并追求各自的利益，掌握有自己生产资料的产权，尽管在一定程度上是不完全的。因此，“六方合作”机制具有准一体化的治理结构的特征。

第三，从契约风险的防控来看，除了上述的安排外，“六方合作”机制还有一系列的辅助措施。

除对农业产业化担保公司的注资外，还包括对合作内农户建设标准化圈舍给予 50 ~ 80 元/平方米补助，对引进 LY、YL 母猪给予 250 元/头的补助，饲养 DLY 优质猪给予 20 元/头的补助，并配套人畜饮水和农村能源等项目；对种畜场每赊销一头 DLY 优质猪补助 40 元；饲料企业每赊销或配送 1 吨饲料补助 10 元或 30 元；对参保的农户补助保费的 40%，对风险金补助总额的 25%。此外，辅助措施还包括对农户的信用评级，并根据等级的不同实行不同的赊销许可；对农户饲养的生猪进行免费的技术指导等。

这些辅助措施的实施使相关各方资产的投入更具专用性，或增大了相关各方资产转作他用的成本，因而有利于降低敲竹杠的可能性。如对饲料加工企业和种畜厂的赊销饲料和种畜的补贴、低息贷款等好处，使得他们改变经营方向的成本增大，这相当于增强了其投资的专用性，因而能够起到降低契约风险的作用。而对“合作”农户的兴建标准化圈舍的补助也增大了其投入的专用性，因为他如果不兴建，便得不到补贴，相当于增加了其转作他用的成本。同样的分析也适用于其他类似的辅助措施。

可见，这些辅助措施的实施大大改变了契约风险的性质，不仅降低了敲竹杠的可能，也更进一步降低了道德风险的程度。

第四，从自然风险和市场风险的防控来看，对于生猪产业的自然风险，如一些病疫、地震等灾害的影响，虽然可以通过对喂养的标准化等方式来减少，但是由于这些问题是包括生猪产业在内的所有农产业中的固有的问题，因而并不能消除。“六方合作”机制内的一个措施是实行农业保险和建立风险基金，这是减少自然风险对生猪产业发展的负面影响的有力措施。

正如我们在引言部分所表明的，市场风险也是生猪产业中的风险的一个重要部分，然而市场的千变万化的特点使得这个风险也是不可预料的，不可消除的，因而人们唯一能做的是对治理结构的调整，加强管理的科学等，以提高产品的竞争力。在我们上面的分析中表明，“六方合作”机制对内部风险的防控有利于这些目标的实现，因而在一定程度上是有利于防控市场风险的。

综上，我们可以看出，“六方合作”机制这种制度创新在很大程度上能起到防范生猪产业化中风险的作用。

三、“六方合作+保险”微观制度变迁的基本特征

“六方合作”机制作为一种制度安排或制度创新，我们对其特征的考察主要从制度变迁的主体、制度变迁的路径特征及政府在制度变迁中的作用等方面进行。

（一）制度变迁的主体：多元化

“六方合作”机制的制度变迁是以政府为主导，由其余各方积极参与配合的多元主体共同推动实现的。

首先，在制度变迁前、中及制度的运行中，各方都是其中的直接参加者，对制度的形成、运行和不断完善起着直接的影响作用，因而从一般的意义上说，他们都是制度变迁的主体。①

其次，各方作为制度变迁的主体还有特殊的表现。一是政府作为一个制度创新的主体。政府的创新主体地位表现在，政府对“三农”问题的真正关心与原制度运行难以达到预期效果之间的矛盾，使得政府有进行制度创新的动力并实际这样做了。而具体上主要是成立农业产业化信用担保公司并对其职责功能等进行定位，对各项政策的放开以引导金融机构、保险公司的参与，在“六方合作”机制运行过程中制定各种辅助措施等，这些都充分表明了地方政府是制度创新的一个重要主体。此外，地方政府的创新主体地位还通过农业产业化信用担保公司的功能体现出来。二是合约农户也是一个制度创新的主体。在2005年7—9月发生的那场人感染猪链球菌疫病中，广大的产业化农户是直接亲身体验和受害者，而对各种因市场价格波动而发生的各种风险他们也一定是亲身经历的，这样，产业化农户最能感受到原有体制的缺陷，因而就有改革原体制、创新制度的愿望。而对合约农户利益的合理满足就是对新制度形成的一个重要的约束条件，因而他们也是一个重要的创新主体。三是肉食品加工企业、种畜厂和饲料企业，他们一方面在原有体制下受到原料供给方面或产品销售需求方面的不确定性的影响；另一方面，新制度的形成必须要满足他们的利益，他们的要求也构成新制度形成的一个约束条件，因而他们也是制度创新的主体。四是金融机构也是一个重要的创新主体。随着政府逐步对“三农”问题的重视加大，广大的农村市场无疑对他们具有较大的吸引力，但是原有制度安排下的过高的风险阻碍了他们的进入步伐。这客观上使得他们希望有更好的制度安排，以便能更好地满足他们的利益，因

① 黄少安：《制度变迁主体角色转换假设及其对中国制度变革的解释——兼评杨瑞龙的“中间扩散假说”和“三阶段论”》，载《经济研究》，1999（1）。因而，我们在此处所指的变迁主体主要是广义上的制度变迁主体。

此，他们对新制度的积极参与配合及合理的要求就充分表现出他们的制度创新主体作用。

（二）制度变迁的路径特征：诱致性、连续性

关于路径特征，主要是指制度变迁的过程是诱致性还是强制性，是连续性的还是跳跃性等方面的含义。通过对“六方合作”机制的制度变迁的分析，我们可以看出“六方合作”机制虽然主要是在地方政府主导、组织下实施的，但是这主要体现的是政府在制度这种公共品的提供时相对于私人等其他主体的相对高效率。因此，它并不能掩盖“六方合作”机制这种制度创新的诱致性、连续性的制度变迁过程的特征。

“六方合作”机制制度变迁的诱致性、连续性特征主要表现在以下几个方面。

首先，“六方合作”机制内各方在新制度中都是有利可图的，是符合他们的利益的，他们都是根据利益原则自动地接受新制度的。对合作农户而言，不仅其生产投入的价格低于市价，肉畜的价格高于市场价格，其生产的流动资金和固定资产投入上都得到了信贷或财政上的支持，而且得到了免费的技术指导等好处。对崽畜厂和饲料企业而言，他们在“六方合作”机制中可以得到低息贷款、稳定的销售市场以及财政的价格补贴等好处；农产品加工企业通过“六方合作”机制可以得到有保证的、稳定的、优质的农产品原料供给，从而把管理的重点放在产品加工与市场开拓上以加快发展；而农发行等金融机构和保险公司，“六方合作”机制的形成增强了他们金融支农或开展业务的信心，为他们进一步在广阔的农村市场开展业务提供了重要的基础。可见，各方在制度创新中都获得了一定的利益，制度变迁是各方在经济利益的驱动下实现的，充分反映了诱致性变迁过程。

其次，从制度变迁的连续性和跳跃性来看，“六方合作”机制的形成是一个连续性的制度变迁过程。如果我们把“六方合作”机制看成是一项正式制度的话，那么在该制度成立前、中及后，各参与主体的习惯、思维、文化等方面的特征就是一种非正式制度。我们看到，在“六方合作”机制正式形成以前，资阳市农业产业化已发展到了一定的水平，正如我们在前面情况简介一部分已看到的：在农业产业化的推动下，资阳市的农民人均收入水平已有较大的提高；通过农业产业化担保公司的担保作用，已带动了大量民间资金发挥了支农作用；“六方合作”机制的直接思想来源——一种对粮食生产具有重大推动力的“四方合作”机制早已运行并为人们所熟悉；以及由农业产业化发展所带来的农民的生产生活方式的改变（很难想象一个一贯生活在传统农业生产条件下的农民突然有对其生产生活方式的规范化、标准化、效率化等方面的要求，那是何等困难），所有这些都为“六方合作”机制的制度创新准备了条件，是“六方合作”机制制度创新的必要准备。从这里，我们不仅看到了“六方合作”机制的成立的连续性变化过程，而且看到了非正式制度的变迁是正式制度变迁的前提。

（三）地方政府的作用：独特性

1. 成立“农业产业化信用担保公司”——撬动金融支农的杠杆

农业产业风险大、规模小等特点严重地影响了金融对农业的支持力度，农业产业化发展的巨大的资金需求与财政的微小力量之间的矛盾，决定了财政支农必须找到一个支点，而这就是信用担保公司。通过农业产业化担保公司的作用，到2006年8月末，3790万元的财政投入，已撬动了金融机构和民间资金投入近10亿元，放大了近30倍。

2. “六方合作”机制的运行中的财政补贴——新制度运行的润滑剂

在“六方合作”机制的运行中，政府在多个环节进行了大量的补贴。首先是对“农业产业化信用担保公司”的直接注资，使其得以启动其他环节的顺利运行。其次，对养殖家园农户建设标准化圈舍给予50～80元/平方米补贴，并配套人畜饮水和农村能源等项目；对参与种畜场安排的良种工程项目，每赊销1头DLY优质崽猪补助40元；饲料企业在合作内的每配送或赊销1吨饲料由财政补贴10元或30元；并对风险基金和参与保险的农户提供补贴。这些补贴措施的实施是“六方合作”机制得以顺利运行的重要保证。

政府的这些措施的实施不仅增强了财政对农业的支持力度，而且改变了财政对农业的支持方式，在一定程度上提高了支农的效率。

参考文献

［1］奥利弗·E. 威廉姆森. 资本主义经济制度. 北京：商务印书馆，2004.

［2］杨明洪. 农业产业化：作为一种契约性组织的效率及其决定. 四川大学学报（哲学社会科学版），2002（4）.

［3］黄少安. 四元主体联合创新中国铁路体制——以广东省三茂铁路公司的创建和发展为例. 经济研究，1997（5）.

［4］黄少安. 制度变迁主体角色转换假说及其对中国制度变革的解释——兼评杨瑞龙的“中间扩散假说”和“三阶段论”. 经济研究，1999（1）.

［5］战明华，吴小钢，史晋川. 市场导向下农村专业合作组织的制度创新——以浙江台州上盘镇西兰花合作社为例. 中国农村经济，2004（5）.

［6］艾伯托·弗尔南德斯等. 零担货车运输业中的准一体化//制度、契约与组织——从新制度经济学角度的透视. 北京：经济科学出版社，2003.

［7］L. E. 戴维斯，D. C. 诺斯. 制度变迁的理论：概念与原因//财产权利与制度变迁. 上海：上海三联书店和上海人民出版社，1994.

［8］L. E. 戴维斯，D. C. 诺斯. 制度创新的理论：描述、类推与说明//财产权利与制度变迁（中译本）. 上海：上海三联书店和上海人民出版社，1994.

［9］V. W. 拉坦．诱致性制度变迁理论//财产权利与制度变迁．上海：上海三联书店和上海人民出版社，1994.

［10］林毅夫．关于制度变迁的经济学理论：诱致性变迁与强制性变迁//财产权利与制度变迁．上海：上海三联书店和上海人民出版社，1994.

［11］盛洪．现代制度经济学．北京：北京大学出版社，2005.

村庄“空壳化”与“挂钉共同体”的形成

——基于黄土高原X村的个案*

解彩霞**

村庄是人类持续最长的社会单元，但中国改革开放30多年来，随着国家现代化、工业化、城镇化进程的加快，越来越多的村庄逐渐“消亡”。中国的行政版图上，每天几乎有70个村落消失，每一年都有上万个村落消失，① 中国最近十年总共消失了90万个自然村，② 这些具体数据的不同跟不同的统计方式有关，但村落的消亡却是一个不争的事实。村庄消亡的方式可大致归类为人为制造消亡和自然消亡两种类型，③ 各地出现的“9人村”“2人村”甚至“1人村”就是处在自然消亡边缘的村庄，而更多的村庄则处在“空壳化”即“消亡”的进行式中。

本文以黄土高原N省X村为例研究村庄“空壳化”的进程，以及伴随其中的传统“共同体”的瓦解和新的社会形态——“挂钉共同体”的形成。

X村位于六盘山麓以西、“穷甲天下，苦甲天下”的“西海固”地区，海拔1600米，土地贫瘠，气候干旱，资源短缺，交通闭塞。改革开放后，村民们为了获得更好的生活，以各种各样的方式离开村庄，使得村落内部人口数量急剧减少、结构严重失衡，房屋年久失修、院落空置，基础设施衰败。X村户籍人口99户377人，实际居住人口峰值在低峰30人和高峰60人之间，正处于“空壳化”的过程中。X村的“空壳化”进程既“与众不同”却又“泯然大众”，与众不同是指“空壳村”同其他形式发展的村落相比，它显然有不同的制度推动力和发展路径；泯然大众则指，这个村落不是单独的个案，而是中国数量

---

* 基金项目：国家社科基金西部项目“青海藏区人口流动及社会风险研究”（16XSH002）阶段性成果。

** 解彩霞，青海省委党校哲学社会学部，副教授。研究方向：现代性和后现代理论、社会变迁。

① 李培林：《村落的终结——羊城村的故事》，8页，北京，商务印书馆，2010。

② 冯骥才：《中国每天消失近百个村落，速度令人咋舌》，中国新闻网，http://www.chinanews.com/cul/2012/10-21/4263582.shtml。

③ 朱启臻、赵晨鸣：《留住美丽乡村——乡村存在的价值》，12页，北京，北京大学出版社，2014。

庞大的“空壳村”中的一个非典型代表。

一、村庄“空壳化”：动力与进程

农民流动是20世纪80年代以来中国最重要的社会现象之一，这个现象引起了所有社会科学的持久关注，有较大影响的是“推拉理论”“城乡二元理论”“结构二重性理论”“理性选择理论”。“推拉理论”在研究中国农民向外流动的动机时认为，农民向外流动是由村庄较低收入的推力和外出就业较高收入预期的拉力两种力量共同作用下形成的①；“城乡二元理论”认为，农民向外流动是摆脱二元经济束缚的有效途径；“结构二重性理论”研究认为，农民外流不仅仅是制度安排的阻碍或推动，也并非简单地只是个人追求利益最大化的经济理性选择，而是主体与结构二重化的过程②；“理性选择理论”认为，农民流动经历了“从生存理性到经济理性再到社会理性”的过程，因人地关系紧张而形成的“生存压力”使农民面临向外流动的“生存理性选择”，但由社会制度等结构性因素而造成的结构性压力的松弛是20世纪80年代以后形成大规模人口外流现象的主因，对“80后”等新生代农民工来说，社会理性选择则是向外流动的主要因素。③

X村的人口流动无疑是在村庄推力和外出生活的拉力共同作用下，农民经过经济理性和社会理性共同选择之下发生的社会现象，但对一个在历史传统上“封闭落后”，人口流动性极低，即使在改革开放之后也是很晚才加入全国人口流动大潮之中的村庄来说，农民作为“个体行动者”在流动过程中的“理性选择”并不能促发整个村庄所有年龄结构的人向外流动，对X村来说，作为农民向外流动的制度性的外力拉动作用，成为比农民流动理性选择策略更为重要的因素。

对人地关系进行不断调节的各项宏观制度设计，土地价值的变迁、农民对土地的使用方式等使村民和土地的关系不断发生变化，而这些变化则是农民不断走出村庄，促进村庄“空壳化”的重要动力。1980年，X村用最彻底的方式进行了土地包产到户，时任村长的XZD如是说：“土地承包的时候，所有耕种的熟地都划分成一片一片地分给每家每户，就连没有开发出来的荒地、林地也划成块，都落实到了每一户，到最后就剩下路和村委会小院没有分。”这种土地分配方式使得某一质量的土地不至于全部被一个或几个家庭所有，从而减少了任何一个家庭颗粒无收的可能，④ 但也因所有的土地都被划分给了农民进行生产经营，没有留下任何属于集体的部分，使得农民和耕种土地的收益一起获得的是对家庭

---

① 袁亚愚：《中国农民的社会流动》，成都，四川大学出版社，1994。

② 黄平主编：《寻求生存——当代中国农村外出人口的社会学研究》，昆明，云南人民出版社，1997。

③ 文军：《西方社会学理论：经典传统与当代转向》，19～22页，上海，上海人民出版社，2006。

④ 杨懋春：《一个中国村庄：山东台头》，南京，江苏人民出版社，2001。

的全部责任，对收益的家庭所有促使农民穷尽一切办法迅速提高农业收入，开荒种地成为包产到户后X村民的主要办法之一，到90年代初，村庄的耕地总量达到最大，农民通过加大劳动量进行“自我剥削”来提高收入，但却不可避免地陷入了“内卷化”农业[①]的泥沼里。2002年“退耕还林”在X村进行试点，推进极为顺利，村民自愿的“退耕还林”行为和历史上大规模的开荒种地行为形成鲜明对比，原因在于：青壮年劳动力的大量外流，老年人成为农业劳动的主力，无法再继续耕种陡坡山地；农业生产的投入越来越多，每亩土地的生产成本越来越高，土地劳动投入并不能持续增加家庭收入；随着全球气候变化和开荒种田引起的局部生态环境的破坏，使得农民不得不面临各种各样自然灾害和无法保障的收成，农业生产的风险越来越大；发放8年的粮食和现金补助的政策使得农民看到了比自己耕种还可能划算的未来。2008年的“一村一品”工程，成为农民不愿种地的最后一根稻草，农民FSP深有感触：“你说我们这地方的农民，就指望着几亩水浇川地过日子，乡上（指乡政府）不让在水浇地里种麦子，而用来种别的东西，那口粮就要在旱地里种，这几年的气候，旱地里种啥啥不成，到后来口粮都是个问题。再说，本来地就不多，山地都退耕还林了，人家这么弄，种地想倒个茬都没地可倒。”2010年，村民和村委会签订了“土地流转合同”，以每亩350元的价格把土地出租给了承包公司。土地流转是农民和土地关系的重要调整，农民自此以后可以收取自家土地所得的“货币地租”的同时，更有一部分中青年女性可以在流转掉的自家的土地上“打工”，获得每天30~50元不等的却高于种地收成的现金收入。“土地流转”避免了农民不种地而把土地撂荒的尴尬，避免了自己耕种土地带来的负收入的可能，使农民可以获得有保障的现金收入，成为农民较为欢迎的土地利用方式。

从X村土地包产到户30多年来的土地使用方式的变化可以看出土地价值的变化：包产到户之初，土地作为基本的生产资料，是全家人生活的全部依靠，是村庄人的“衣食父母”，人们抱着极大的热情开发和耕种土地；而随着人口不断外流，耕种土地的成本逐渐提高，土地收入在家庭收入中比例的降低等一系列的因素的推动，土地逐渐被转租甚至被撂荒，退耕还林成为改变局部自然环境和改善人地关系的重要制度，土地流转使农民具有的唯一“资本”——土地进入了要素市场，农民出租自家的土地，获得一定的收入。对农民和土地关系的一系列制度性的调整是和农民与农村社区的关系调整密切联系在一起的。

家庭联产承包顺利地解放了生产力，使X村在最初的几年，因农民对饥饿的集体记忆使得紧紧围绕家庭口粮的农业生产大获成功，粮食产量连年丰收，1983年的卖粮难问题，挫伤了农民通过种植粮食而致富的积极性，农民基于“生存理性”而不断寻求农业之外的

① 黄宗智：《长江三角洲小农家庭与乡村发展》，北京，中华书局，2000。

收入，成为农民不断向外流动的最根本的动因。“搞副业”成为最早的拓展生存空间的努力：年轻力壮的男性开始把自家剩余的农产品带到市场出售，再到后来把外面的各种产品带到村庄的集市上出售，农忙务农，农闲经商，“副业”收入成为家庭重要的收入来源。1993 年 2 月，X 村所在县通过政府的劳务输出机构和浙江杭州某公司达成协议，由该县一次性输出 35 位青年女性到该公司的电子厂工作，X 村第一位以“打工”为名的 16 岁女性走出了村庄，开启了 X 村的“打工潮”。最初的打工潮使得 X 村的年轻且受过初中以上教育的人口开始流动，而全国的工业化和城市化进程使得农民可以在各地如火如荼的建筑工地获得临时性的工作，X 村呈现有劳动能力的人口全员向外流动的格局。

促进 X 村农民以家为单位向外迁移，进而形成村庄“空壳化”的契机是当地的小城镇建设的开展。1995 年，X 村所在县的第一批商品房开始修建，拉开了商品房建设的序幕。2013 年，县城人口达到 3.14 万人，比 1995 年增加了近 10 倍，城镇建成区面积 3.8 平方千米，比 1995 年扩大了 4 倍，商品房的大量开发和较低的房价，使得一些有稳定收入和购买能力的农民和长期在外打工的既无法定居城市也无法回到农村的“双重边缘”的“农民工”，有了实现“准市民”身份和享受城市生活的折中选择，大量的农民得以在县城买房居住。

在人口大量外流，村庄学龄儿童减少的情况下，X 村所在县进行了教育资源的调整，采用了“整合高中教育到县城，集中初中教育向县城，适当保留小城镇”的做法。改变全县乡镇中学高中建制，改建成寄宿制初级中学，新建县高级中学，设计 3000 名在校学生和 60 个教学班，撤并 4 个乡镇的高中部，合并进县城中学。中学的格局发生了根本性变化：位于县城的中学容纳了全县 80% 以上的中学生；中心小学容纳乡镇学生总数 70% 以上。教育资源的调整，是乡村人口和适龄儿童越来越少的情况下的一种调适，但是为了孩子上学，更多的家庭选择在县城租房居住，促使人口大规模地离开村庄，向县城集中。

土地政策、土地使用方式、土地价值变迁、小城镇建设、教育资源调整等一系列的制度性因素和农民获得更好生活的愿望之间相互契合，成为 X 村村民不断向外流动的动力，使得村庄人口大量减少，形式“空壳化”村庄，而这也从根本上改变了传统的乡村“共同体”的特征。

二、“挂钉共同体”：解体与重构

斐迪南·滕尼斯[①]充满褒扬色彩的“共同体”建立在特定的自然基础之上，强调人们之间的相似性以及集体成员之间的共同性，在与生俱来的血缘和地缘及共同信仰的基础之

① ［德］斐迪南·滕尼斯：《共同体与社会——纯粹社会学的基本概念》，58～114 页，北京，商务印书馆，1999。

上，形成血缘共同体、地缘共同体和宗教共同体。人们在“共同体”里从出生之时起，就与同伴休戚与共，同甘共苦，成员之间有“兄弟般的责任”；人们在“共同体”内和其他人紧密联系，建立亲密的、单纯的、不分你我的、持久的和真正的共同生活；人们在“共同体”内真切地感觉到自己是共同体的一部分，但又不至于完全丧失自我。“共同体”是个体日常生活、情感和社会行动的载体，在共同体中，相互都很了解，人们可以放心地相信共同体内的成员，在需要帮助的时候，可以依赖共同体的成员。鲍曼因此感慨，共同体是个好东西，是一个温暖而又舒适的场所，它就像一个家，在它的下面，可以避风遮雨，它又像一个壁炉，在严寒的日子，靠近它，可以暖和我们的手，而共同体之外，却危机四伏。① 随着社会的现代化进程，村庄“共同体”不断瓦解和转型，取而代之的是由陌生人组成的城市“社会”。在“社会”里，人们摆脱了天生的从祖先那里继承下来的经历、思维和行为的方式，人与人之间不再保持亲密的关系，而是保持一定的恰当的距离；在“社会”里，人们不断权衡、取舍，并通过努力奋斗而选择性地加入他所希望的组织中；在“社会”里，人们无法真切地感受到自己和社会的直接联系，人们生活在社会之中就如同走进了异国他乡。

安全、温暖、舒适、值得信赖的“共同体”的“理想类型”是传统的以农业为生的“村庄”，而随着人口不断向外流动，人们之间的差异越来越突出，“共同体”存在的根基不复存在。

有一天下午，研究者和村里的老人们在村庄的公共领地晒太阳，从县城刚刚回到家里的两位老人也参加到了这个活动中。一个骑着摩托车的小伙子扬长而去，摩托车腾起了阵阵灰尘，人们立即开始讨论那个人是谁的问题，有人说是大老李家老大儿子家的儿子，有人说好像不是，人们热烈地谈论着一个并不熟悉的本村人。过了一会儿，一个中年男子开着汽车缓缓地到了人群的旁边，停下车并下车和在场的每一个人寒暄了几句。过了一会儿，一个背包的中年男人走了过来，也和人们寒暄了一会儿，告诉人们，他此次从省城赶回来是看望他生病的母亲。这个图景，正是村庄不同年龄段的人和村庄关系的特征：对大多数老年人来说，并不能离开村庄到城里居住和生活，村庄是生命的起点和终点，而对流动的老年人来说，不管他们走到哪里，落叶归根，村庄是他们的最终归宿；对中年人来说，村庄有年迈的父母，有熟悉的邻里村民，甚至有属于他的土地和房屋，是一个感情维系的地方；对青年人来说，村庄只是意味着爷爷奶奶或爸爸妈妈待着的地方，这个地方和他们并无太大关系，他们的人生一定在别处。村庄俨然已经不再具有“共同体”的全部特征，而是形成一种新的“挂钉共同体”。

---

① ［德］齐格蒙特·鲍曼：《共同体》，南京，江苏人民出版社，2003。

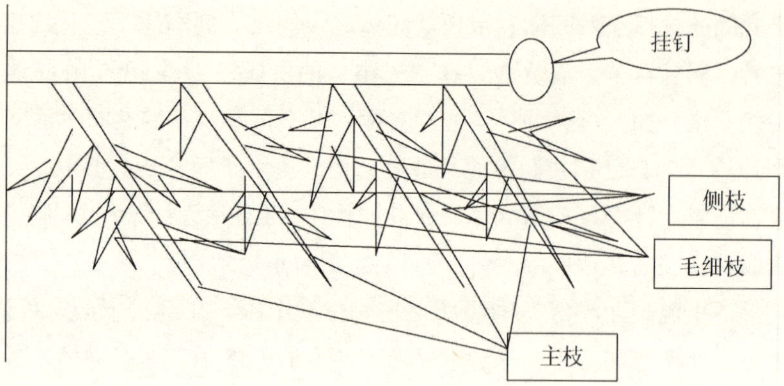

挂钉共同体示意图

挂钉是指地理和社会意义上的村庄。地理的村庄是一个与一定地点相联系，与自然生态环境相联系，与特定的生产生活方式相联系的村庄，而社会意义上的村庄首先是一个具有历史感的村庄，有建立在自然地理基础之上的文化系统。村庄越具有良好自然生态，可以传承的生产生活方式，继续发扬光大的文化传统和历史传承，则是越坚固的挂钉。个体是一个个挂在挂钉上的枝丫，根据个体和村庄的不同关系，分为主枝、侧枝、毛细枝。

主枝是生产生活仍旧主要面向村庄的人们，而最重要的则是60岁以上的老年人群。老年人中，即使那部分跟随子女已经实现外流，不再在村庄居住的老人，也和村庄有千丝万缕的联系。在是否从村庄挂钉上脱离的决策中，老人并不是决定的力量，老人是否离开村庄，取决于子女在外生活的能力，子女有能力保障老年人离开村庄之后的生活，则老年人可以彻底离开村庄，反之，则老年人一生的生命主要轨迹都会在村庄内部完成，老年人事实上是村庄的中坚人群，是枝杈的主枝。侧枝则是生产生活双面向的人们，主要指30岁~59岁的中年组人群。中年人有两类，一类是经过各种努力在各个城市安家的人，另一类是并没有离开村庄的人。在城市安家的人，老年之后也可能回到村庄，没有离开村庄的人，也可能随着孩子的流出而出现向外流动，最终的结果是，中年人中可能有一部分会由侧枝转变为主枝，在村庄居住、终老，而另一部分人则会和村庄完全脱离。毛细枝包括29岁以下的青年人和18岁以下的未成年人。青年人和未成年人的生活面向是向外的，他们和村庄的联系取决于父辈和村庄的关系，父母已经脱离村庄的，则会很快完全脱离村庄，而如果父母未能脱离村庄，或自己没有能力使父母脱离村庄，则可能会转化为村庄的侧枝，但这种转化的比例有多大是很难预测的。在村庄的老年人逐渐去世，一个个主枝逐渐掉落之后，可能转化为主枝的侧枝数量越来越少，可转化为侧枝的毛细枝数量更会越来越少，侧枝和毛细枝会随着主枝的掉落而掉落，从而使得村庄逐渐成为一个不断有个体脱落的临时的“挂钉共同体”。

X村“挂钉共同体”的形成过程中，人口数量大幅度减少、结构严重失衡，房屋大量空置是村庄“空壳化”的“实体性”的表现，而村民处于较明显的心理“空心化”状态，即仍旧在村庄居住的人，出现了独特的“幻灭感”心理现象，而已经离开村庄的人对村庄的“认同感”和“归属感”逐渐淡化的心理状态则是村庄“精神空壳化”的重要表现。实体和精神的“空壳化”最终使得村庄内聚力逐渐丧失，文化传承渐趋断裂，乡村文化消失，形成“形在而神散”[①] 的村庄，80 岁的郭老太太感慨道：“以前村里可热闹了，在地里干活的时候，人们喊着聊天。尤其是收粮食的时候，一个场里好多人在干活，热闹得很。天黑了，人们吃了饭，就在这块地方（村里的公共空间）聊天，娃娃们也出来玩，热闹得很。现在，大人没有几个了，娃娃也少得很，有时候你出来在村里逛一圈，都见不到一个人，想找个人聊天，都找不到。你看现在，村里长了草的院子有多少，让人看着真恓惶。”因人口大量外流，导致个体情感无处寄托，没有依赖和发泄的渠道，村民们心里“空落落”的“幻灭”感与日俱增，“恓惶”“孤独”等“空心”状态成了包围整个村庄的心理氛围，村民感慨：“这个村庄 30 年后或许就没有了。”在研究者调查的阶段，发现村庄里的人特别爱“扎堆”凑热闹，“扎堆”成为排解“孤独感”、化解“心理空心化”的重要手段。而对外出的人来说，因为生活的外向性和次生社会关系重要性的凸显，作为村庄共同体的成员资格不再重要，村庄中的“他人”的认同和接受不再重要，村庄的归属感迅速降低，村民对集体生活极少参与甚至漠不关心，外出的村民很容易隔断与村庄的社会联系和心理联系，传统意义上的身体和心理港湾的“共同体”逐渐解体，被临时的“挂钉共同体”所代替。

三、结论与讨论：农民“双向挂钉式”生活与村庄现代化

村庄“空壳化”是中国现代化进程速度最快的三十多年以来形成的独特村庄形态，这是在国家快速的现代化过程中，制度现代化的速度远没有跟上经济增长的速度，使得城乡二元结构成为长期存在的制度鸿沟，这个制度鸿沟是导致村庄“空壳化”的一个主要因素。X 村的农民和全国的农民一样，向外流动给“优先”发展的地区提供了大量廉价的劳动力，促进“优先”发展的地区快速地发展了起来，但因没有完整的制度保障农民在流入地的正常生活，使外流的农民无法在流入地顺利安家，而小城镇建设，给了那些想离开农村和因长期在外地打工而无法回村也无法留在“打工地”的农民一个折中的选择，使得农民快速向县城集中，加速了村庄“空壳化”的进程。但是人口大规模地向城市（镇）集中的过程中，却并没有相应的非农产业和岗位供农民选择，所以导致了“农村空壳化”和“城市农村化”并行：村庄人口生产难以为继，农业生产少人问津，文化传统无人传承，

① 朱启臻、赵晨鸣：《留住美丽乡村——乡村存在的价值》，12 页，北京，北京大学出版社，2014。

村庄“共同体”瓦解，形成临时的“挂钉共同体”，而拥入城镇的农民除转化了居住地点，衣、食、行的方式与农村生活无异，无法过上真正的有质量的“市民”生活，城市社会成为一种“类乡村”① 的生活，农民不得不承受“城镇留不下”“村庄回不去”的“双向挂钉式”的生活和双重社会风险。

村庄是中国悠久的农业文化的重要载体，因其独特的价值成为即使在高度现代化的社会其功能也是无可替代的②：村落是农业生产的重要场域，“民以食为天”，充足丰富的食物必须建立在足够数量和质量的有效耕地基础之上，而耕地围绕村落的分布方式使得大多数优良的土地能够被农民有效利用，从而保证了国家耕地安全以及国民的食物安全；村落的文化价值，千年传承的村落创造了丰富的物质文化和精神文化，并通过村庄“共同体”得以代代相传，成为整个国家的文化根基；村落的生态价值，农业生产的特殊性使得农民非常重视整个农村生态系统的和谐，在城市面临严峻的环境问题和“城市病”的时候，村庄的生态价值显得更为突出。高度现代化的社会并不是消除农业、农村和农民，而是让其以恰当的方式在现代化社会中存在下去，从而保证良好的农村形态，发挥其独特而又重要的作用。

参考文献

詹姆斯·C. 斯科特．农民的道义经济学：东南亚的反叛与生存．南京：译林出版社，2013.

① 詹姆斯·C. 斯科特：《国家的视角：那些试图改善人类状况的项目是如何失败的》，北京，社会科学文献出版社，2004。

② 朱启臻、赵晨鸣：《留住美丽乡村——乡村存在的价值》，12 页，北京，北京大学出版社，2014。

四川省新生代农民工就业风险问题研究

腾格尔*

一、引　言

农民工在中国经济快速发展和城市化加快的过程中的作用是至关重要的，如今登上时代舞台的“80后”和“90后”的新一代农民工，即新生代农民工，因为生活环境与出生年份的不同，他们面临的是更多的就业风险与挑战，比如工作稳定性差、工作强度较大、社会保障率低等就业风险问题。① 虽然这一群体有些是从小就生活在城市，他们与城市新生代之间有着许多相似的地方，但是因为户籍制度的限制和现行各类制度体系的不完善，导致他们难以与城市完全融合，就业风险逐年加大。

降低新生代农民工的就业风险，有利于中国经济与城市化建设进程不断向前发展，也和当前中国经济的发展与走势息息相关。新生代农民工为了自身的发展及生存，实现人生价值，城市就业成为他们的第一选择途径。然而，在他们就业过程中还存在较多的不确定因素。许多学者对农民工的城市就业风险问题给予很多关注，② 如何解决他们的就业风险问题是当下的新难点。

本文在借鉴相关研究理论的基础上，在四川省多个县市进行抽样调查，对新生代农民工进行样本总体描述得到基本特征，同时使用回归分析方法对影响新生代农民工就业风险的因素进行分析，运用多元线性回归分析法对新生代农民工在城市就业过程中存在的相关

---

* 腾格尔，四川大学社会发展与西部开发研究院，讲师。研究方向：管理工程。

① 李萍、谌新民：《迁入地就业容量与就业风险对劳动力流动的影响——以广东省为例》，载《中国人口科学》，2011（2）。

② 邓大松、李玉娇、严妮：《新型城镇化进程中农民工就业风险及其规避》，载《湘潭大学学报》（哲学社会科学版），2015（5）；杨昕：《新生代农民工的“半城市化”问题研究》，载《当代青年研究》，2008（9）。

风险影响因素进行验证总结，有针对性地提出可行的对策与建议。

二、文献综述

（一）新生代农民工就业风险

就业风险是影响我国农村剩余劳动力转移的重要因素，且总体来看，目前我国农村剩余劳动力的就业风险较大，形势不容乐观，[①] 因此就业风险成为当前学者们关心的问题之一，[②] 针对新生代农民工这一群体的就业风险，其研究基本上是对新生代农民工的基本特征进行描述及分析，并给出相应结论的政策建议。如潘寄青等人收集了山东省 16 个县（市）区 1000 余户农民实地问卷调研情况，从“80 后”的农民工的个体差异特征及就业优势等方面，探析新生代农民工在就业过程中的发展困境，并指出新生代农民工作为农村剩余劳动力向城市转移就业的主体将伴随我国城市化的过程而长期存在。[③] 李萍等人运用 2001—2008 年广东省的面板数据，考察就业容量和就业风险对劳动力流动的影响，发现迁入地经济发展创造的就业容量足够大时，劳动者为追求就业机会选择迁移就业；而迁入地的就业风险又会减少地区的吸引力，对劳动力流入有副作用。[④] 赵亮也认为新生代农民工是城市建设发展的重要力量，对当前城镇化的快速发展有着非常重要的作用。[⑤] 牟增芬围绕相关理论及国外农村劳动力转移过程经验，从不同的角度分析农民工群体，进而对新生代农民工城市就业现状及就业存在的问题进行分析，利用相关分析方法得出就业问题并提出对策及建议。[⑥] 杨前蓉指出，农民工就业对于维护社会稳定，推进我国城市化建设进程和整个农村全面小康建设有重要的意义。在农民工代际转换基本完成，新生代农民工成为农民工主体部分的今天，研究并破解新生代农民工就业困境迫在眉睫，需要分别从社会、政府、企业以及自身方面进行归因，找出针对新生代农民工就业困境的根本原因，并提出相应的对策及建议。[⑦]

但这些研究并不能够充分说明四川地区新生代农民工在农村剩余劳动力转移过程中的

---

① 程名望、潘烜：《就业风险对农村剩余劳动力转移的影响——模型与实证》，载《公共管理学报》，2010（3）。

② 陆绍凯：《风险可评估性对风险感知的影响——基于在校大学生就业风险的实证研究》，载《管理评论》，2011（12）。

③ 潘寄青、谭海燕、李娜：《新生代农民工城乡转移及就业路径探析》，载《当代青年研究》，2009（2）。

④ 李萍、谌新民：《迁入地就业容量与就业风险对劳动力流动的影响——以广东省为例》，载《中国人口科学》，2011（2）。

⑤ 赵亮：《新生代农民工城市就业对策分析》，载《企业导报》，2015（2）。

⑥ 牟增芬：《新生代农民工城市就业问题研究》，东北林业大学硕士论文，2011。

⑦ 杨前蓉：《新生代农民工的就业困难研究》，重庆师范大学硕士学位论文，2011。

就业风险理论。

（二）剩余劳动力转移就业

英国经济学家刘易斯的二元经济结构理论阐述了“两个部门结构发展模型”的概念，并在此基础上提出了二元经济结构理论，[①] 该理论至今仍是研究劳动力转移的主要理论依据。农村剩余劳动力向外转移特别是向省外转移的规模和速度不断加大加快，与此同时，出现的问题和面临的压力也越来越多、越来越大。[②] 李俊松对四川地区农村劳动力资源现状、数量及特征进行描述，进而分析转移的影响因素，并提出有效的就地转移及异地转移的政策及建议。[③] 程名望、史清华对农村剩余劳动力转移的影响因素进行了具体分析，在借鉴相关理论的基础上，建立了经济模型及分析方法，进行了微观性的描述，得出农村剩余劳动力的三大影响因素，并给出了相应的政策性建议，但该研究只限于沪、鲁、晋的样本，对四川省的指导意义有限。[④] 我国农业和农村发展中仍存在许多矛盾和问题，较为突出的是农民转移就业的社会风险问题。[⑤] 郝向勇指出，由于历史的、社会的、制度的方面的原因，加上一些主观方面的因素影响，农村劳动力转移面临一些问题，成为制约农村劳动力转移的障碍。[⑥] 黄天柱、夏显力则指出，借鉴国外农村劳动力转移的成功经验，探寻中国农村劳动力转移的方向和道路，有利于促进中国农村劳动力有序转移，他们提出了对中国有利的转移就业的多种方式，为选择中国农村剩余劳动力转移就业方式提供了可靠的理论依据。[⑦]

综上所述，关于农村剩余劳动力转移就业研究基本是从国情及农村劳动力转移现状的各方面进行分析，根据面临的问题提出对策及建议，但都是大范围的概括，不能概括本文研究地区的主要特征，不能充分说明四川地区新生代农民工在农村剩余劳动力转移就业的过程中面临的风险问题研究。

三、研究设计

相关理论是本次研究提出的影响因素的基本理论，这几个相关变量直接影响员工福

---

① Lewis, W. A. Economic Development with Unlimited Supplies of Labour. *The Manchester School*, 1954, 22（2）.

② 朱方明：《农业剩余劳动力转移理论评说》，载《经济学家》，1995（4）。

③ 李俊松：《四川省农村剩余劳动力转移问题研究》，山西财经大学硕士学位论文，2008。

④ 程名望、史清华：《就业风险、就业环境、就业条件与农村剩余劳动力转移——基于沪鲁晋364份务工样本的实证分析》，载《管理评论》，2010（12）。

⑤ 铁明太：《农村籍大学生就业风险与对策》，载《求索》，2011（5）。

⑥ 郝向勇：《我国农村剩余劳动力转移问题研究》，山东财经大学硕士学位论文，2013。

⑦ 黄天柱、夏显力：《国外现代农村剩余劳动力转移模式探析》，载《经济研究导刊》，2010（15）。

利、员工培训及发展空间，而间接对新生代农民工就业风险产生重大的影响。这几个变量包括：

（1）学历：通常人们会认为学历越高的人，就业能力越强，职业期望值越高，另外素质技能与收入相比的比例越高，更有利于个人在企业的上升空间扩张。学历及素质与技能相比比例对发展空间产生正相关影响。因此提出假设，学历以及素质技能与收入相比会对发展空间产生正相关影响。

（2）户籍所处地：户籍所在地是影响企业对其选择及制定发展通道的一个重要因素，城市户籍对个人发展空间有很大的帮助，农村户口的身份可能带来社会歧视，所以户籍对发展空间产生正相关影响。因此提出假设，户籍会对发展空间产生显著影响。

（3）就业所在行业：根据目前行业的分布变化以及现代化的进程，所选行业选择可能会间接影响农民工的就业培训质量及效率。根据时代变化选择就业方向有利于得到相对较多技能培训，与员工培训之间存在正相关关系。因此提出假设，就业所在行业会对员工培训产生正相关影响。

（4）工作时间：现在普遍出现的加班现象，使新生代农民工对企业产生不满，而失去在企业继续工作的发展空间，常规工作时间有利于个人对企业的认同感，从而稳定就业实现发展上升空间，所以与发展空间存在正相关关系。因此提出假设，工作时间对发展空间产生正相关影响。

（5）职业培训：培训时长及需求有利于他们的职业技术及其他社会技能的提升，进而提高培训质量及扩大个人发展空间，减低就业压力，对个人发展空间产生正相关影响。因此提出假设，培训时长及培训需求对员工培训及发展空间产生正相关影响。

（6）社会保险：社会保险是新生代农民工员工福利的权益及生活保障，有利于员工对企业的贡献度及自身满足感增强，减低就业风险度，给社会减少就业压力，所以它与员工福利之间存在正相关关系。因此提出假设，社会保险对员工福利产生正相关影响。

（7）食宿安排：食宿安排中，住房问题是新生代农民工就业问题的一大难题，员工福利达不到满足状态，从而导致离职率提升。解决住房问题有利于员工福利的保障，从而达到城市稳定就业，所以它对员工福利产生正相关影响。因此提出假设，食宿安排对员工福利产生正相关影响。

（8）职业规划：对于职业规划，如果没有自身职业规划以及企业上升发展通道规划，会对个人以及企业乃至于政府产生严重的劳动力过剩影响，从而出现就业困境，所以职业生涯规划与发展空间之间存在着正相关关系。因此提出假设，职业规划对发展空间产生正相关影响。

四、研究策略、变量设计与模型

（一）研究框架和方法

根据管理研究的规范，本研究对当前四川省新时代农民工的就业风险问题进行实证分析。主要解决在实际中发现的如下问题：第一，哪些因素最容易影响新生代农民工就业风险？第二，这些因素形成的原因是什么？第三，如何利用或改变这些因素，使得制度和政策向更有利的方向发展？

为了回答这些问题，本文开展问卷调查，收集受访者在员工福利、员工培训、发展空间三个方面的就业风险数据，并进行测度。选择员工福利是因为考虑到较多人在就业和工作过程中非常看重企业所提供的基本福利，影响了新生代农民工就业过程中的短期风险。在本研究中以企业提供社会保险和食宿安排的情况进行度量。而利用员工培训数据可以发现新生代农民工就业过程中，针对新员工培训的内容是否能够解决他们在就业中的职业技能问题，与中期发展有关。员工发展空间的调查结果反映了在职业发展过程中的进一步提升问题，关系到新生代农民工的长期职业发展和规划问题。因此，这三个维度分别从员工在短期、中期和长期的就业风险问题进行度量，是反映就业风险的三个有效指标。

表 1　新生代农民工就业风险体系研究构成

类别	一级指标	二级指标
新生代农民工就业风险	员工福利	社会保险
		食宿安排
	员工培训	培训内容
		培训时间
	发展空间	职业规划

管理研究中最为普及的数据分析方法为回归分析法，本文中综合运用描述统计、多元线性回归模型对获得的数据进行研究分析。本文研究思路是根据四川地区新生代农民工就业风险问题提出相关问题，在进行文献资料查阅工作后，根据相关理论及实际情况设计调查问卷并整理数据，分析得出相关结论并提出政策建议及对策，技术路线如下图所示：

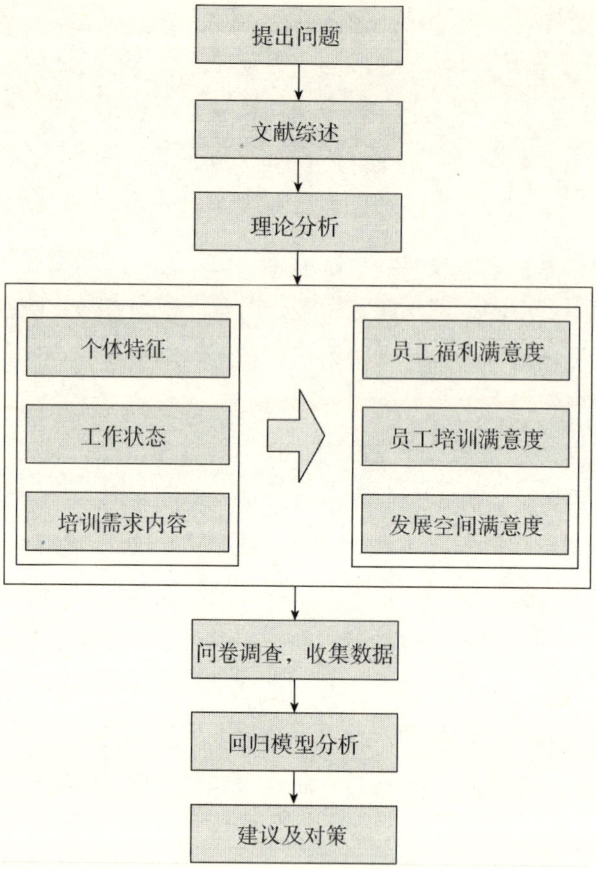

图1　技术路线图

（二）问卷调查和数据

为了掌握新生代农民工的就业以及就业问题的实际状况，本研究通过发放调查问卷方式进行了调查研究，收集论文所需要的数据和材料。本次抽样调查是以四川省作为主要的调查点，主要分布在四川省成都市、绵阳市、广元市、眉山市、内江市。调查对象为“90后”农村外出务工人员，其中也包括少数“80后”。本次发放问卷共240份，有效问卷184份，有效率76.7%。

1. 自变量

本研究自变量包括年龄、性别、学历、户籍所在地、收入、行业、工作时间、职业培训、社会保险、食宿安排、职业规划11个自变量。各自变量及选项如下：

（1）年龄：18岁以下、18~24岁、25~30岁、30岁以上。

（2）性别：男、女。

（3）学历：本科及以上，专科、高职高专，高中、中专，初中及以下。

（4）户籍所在地：农村和城市。

（5）收入（年人均收入）：1500～2500元、2501～3500元、3501～4500元、4500元以上。

（6）行业：建筑业、服务业、制造业、其他。

（7）工作时间：在工作时间变量中，设置了更换工作次数、目前工作年限、工作天数；

（8）职业培训：培训时长及培训需求可能会一起导致农民工对自身发展不满意而选择跳槽，导致就业风险。

（9）社会保险：很满意、满意、一般、不满意、很不满意。

（10）食宿安排：很满意、满意、一般、不满意、很不满意。

（11）职业规划：有规划并积极落实、有规划没有落实、没有规划。

2. 因变量

新生代农民工在就业后对企业的满意度影响他们的就业风险，本文采用的因变量是在满意度中提取的主要因变量，为员工福利、员工培训及发展空间，多角度分析新生代的就业风险问题。

（三）描述性统计

在接受调查的有效问卷中，男性共有91人，占比49.46%，女性为93人，占比50.54%。从男女人数占比中我们可以看出，本次调查问卷对象的性别组成比例基本相等。从被调查者年龄来看，最小为17岁，最大为32岁，其中18～30岁有174人，占比达到94.56%，说明在本次调查中"80后"到"90后"为主要人群。

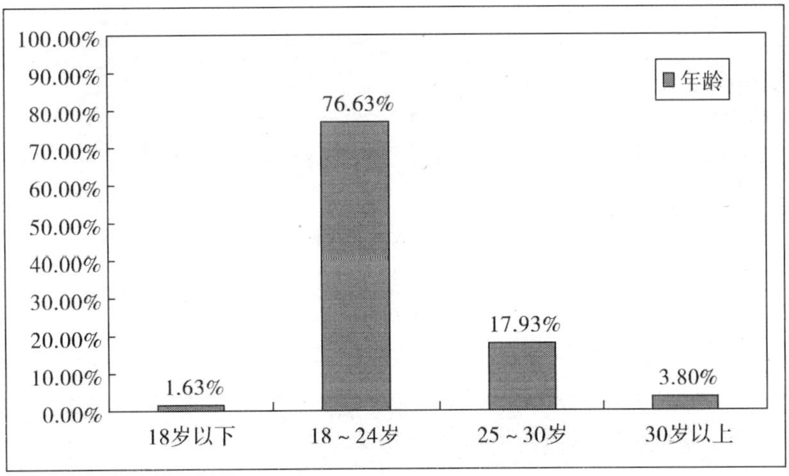

图2　各年龄人数占比

本文对首次工作年龄进行统计，其中 16～20 岁有 82 人，占 44.57% 的比例，表明新生代农民工第一次务工年龄相对较小，与传统农民工相比，他们的工作经验很少甚至基本无工作经验。

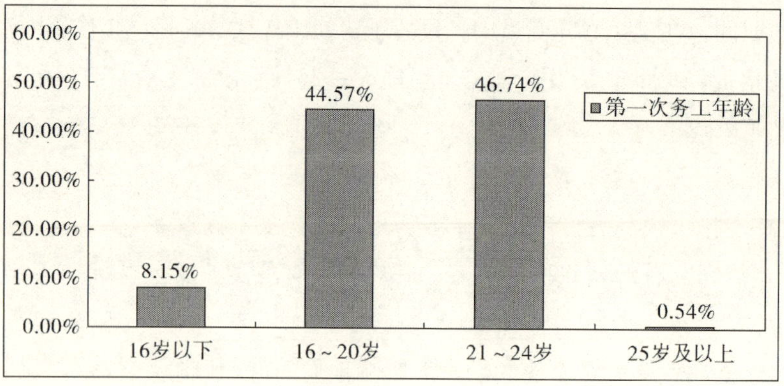

图 3　第一次务工年龄

图 4 是本次调查对象的学历组成图，由于我国 9 年义务教育的普及，以及现在高校较多，受调查的农民工中，专科及高职 49 人，占比 26.63%，本科及以上 79 人，占比 42.93%，因而新生代农民工的受教育程度明显提高。

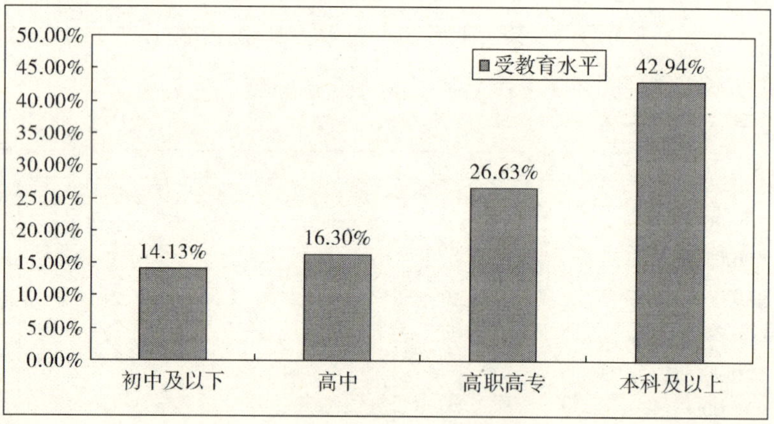

图 4　各学历人数占比

如图 5 所示，本次样本中的新生代农民工未能接受技能培训的为 56 人，占比为 30.43%，参加员工培训的机会很少，素质技能不能有效提高，而新生代农民工参加职业培训的人数为 128 人，占比 69.57%，但企业安排培训时间较少，累计接受培训时间较少，故员工参加职业培训的比例偏低。

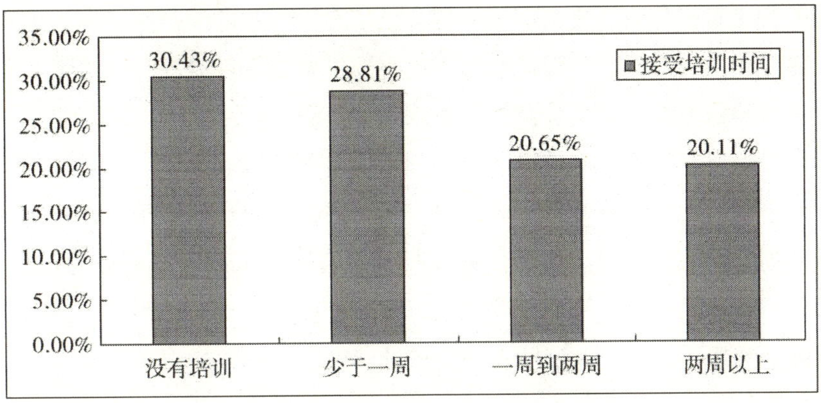

图5 累计接受培训时间

五、实证分析

影响新生代农民工就业风险的因素很多，既有自身因素，也有体制和外部因素。这些因素对就业风险程度变化产生影响的方式和程度都不相同。然而，实证分析中，受资料所限只能根据所能得到的调查问卷资料建立回归模型对新生代农民工的就业风险进行定量分析。

（一）新生代农民工员工福利满意度的实证分析

在这里以新生代农民工的员工福利满意度作为被解释变量，考虑到被解释变量的连续性和一致性，使用“Stepwise”方式对变量进行筛选，建立多元线性回归模型。

利用SPSS 17 建立如下多元线性回归模型：

$$Y_F = 0.329X_1 + 0.408X_2 + 0.21X_3 - 0.187X_4 + 0.076X_5 - 0.115X_6$$

其中，X_1 表示新生代农民工的社会保险满意度，X_2 表示新生代农民工的工资报酬满意度，X_3 表示新生代农民工的食宿安排满意度，X_4 表示新生代农民工的每周工作天数，X_5 表示新生代农民工进入该行业的原因，X_6 表示新生代农民工的月收入范围。该回归方程整体的P值为0，通过检验。R方表示的是所有自变量对于因变量解释的百分比，最大值是1，当 $R^2=1$ 时，表明因变量能够被自变量完全解释，根据表XXX所示，调整后的R方值为0.549，可以解释大部分的员工福利满意度，拟合程度还可以接受。

进入方程中的自变量共有六个，其中食宿安排、工资报酬和社会保险所占比重较大，并且正向影响员工福利的满意度水平，而每周工作天数和月收入两个因素则反向影响员工福利的满意度。由于常数项的统计检验显著性水平大于0.05，说明常数项与0之间具有显著性的区别，意味着在此回归方程中不存在常数项，因此，常数项未包含在回归方程中。

在正向影响的四个变量中，社会保险和工资报酬的系数较大，意味着提高新生代农民工的社会保险和工资报酬满意度能够极大提高他们对于福利的满意度，也说明在当前新生代农民工在寻求工作的时候，与传统农民工的主要区别之一就是在寻求高工资的同时，也要追求企业能够提供基本的社会保险，为将来做好准备。

同时，提供食宿安排也是影响员工福利满意度的重要因素之一。当前，新生代农民工正处于奋发搏击的时期，经济基础薄弱，很多人无法在城市中购买房屋，租房也给生活带来了极大的负担，而快节奏的工作和生活安排让这群年轻人很少有时间自己做饭，因此，提供一定的食宿，甚至是相关补贴能够在很大程度上提高他们对于福利方面的满意度。而这几个因素的叠加影响，也恰恰证明在现阶段针对农民工权益的保护仍有待完善，得不到有效的社会保险保障，会导致新生代农民工融入城市以及稳定就业困难重重。

同时，每周工作天数与员工福利的相关系数为 -0.187，在一定程度上符合预期，每周工作天数的增加，特别是工作加班数量的增多，往往造成新生代农民工对企业和工作岗位的认同感和满意度下降，而施行一定的休假制度则体现为员工福利的一种形式。

在问卷调查中，月收入存在负向影响并且和工资报酬同时进入到回归方程中，有一些出乎意料，似乎与实际情况不相符合。受访者在调查中通常认为月收入和工资报酬并非相同，工资报酬往往要少于月收入，只是属于月收入的一部分。当月收入不断增长，而工资报酬不变时，员工福利就会相应地减少。

表2　模型整体情况

R	R方	调整R方	标准估计的误差
0.751	0.564	0.549	0.622

表3　系数

	非标准化系数	T检验值	显著性水平
常数	0.560	1.946	0.053
社会保险满意度	0.329	6.115	0.000
工资报酬满意度	0.408	5.404	0.000
食宿安排满意度	0.210	3.920	0.000
每周工作天数	-0.187	-2.796	0.006
进入该行业的原因	0.076	2.747	0.007
月收入	-0.115	-2.422	0.016

（二）新生代农民工培训满意度的实证分析

新生代农民工较传统农民工在就业稳定性上优势体现就是具有更长时间的受教育年限和新知识的接受程度较快，所以对新生代农民工的培训是保持这部分群体竞争优势的重要手段，也是新生代农民工进行自我提升的重要途径。虽然新生代农民工学历较高，素质也相对较高，对职业期望值也很高，但一出校门就进入社会工作，职业技能培训和培训时间缺乏。那么，影响新生代农民工培训满意度的因素有哪些呢？本文尝试通过建立影响新生代农民工培训满意度的多元线性回归方程进行解释。

以新生代农民工培训满意度为因变量，选取累计接受培训时间、工作所在的行业、培训需求（专业知识培训需求、文化修养培训需求、职业技术培训需求、社交能力培训需求、领导组织能力培训需求）作为解释变量。

利用 SPSS 软件建立回归模型如下：

$$Y_P = 2.154 + 0.275X_1 + 0.146X_2 - 0.231X_3$$

其中，Y_P 表示新生代农民工培训满意度，X_1 代表累计接受培训时间，X_2 表示目前工作所在的行业，X_3 表示职业技术培训需求。

从模型的整体检验结果可知，自变量与因变量之间的整体拟合效果较好，三个自变量可以解释 72.3% 的新生代农民工培训满意度。

表 4　模型整体情况

R	R 方	调整 R 方	标准估计的误差
0.867	0.753	0.723	0.71

从进入到回归方程的表 5 中，可以看出由于采用“Stepwise”方法，每个变量和常数项的显著性均小于 0.05，说明这三个自变量对其产生显著影响。

在进入模型的自变量与因变量中，相关关系最强的是“累计接受培训时间”，其系数为 0.275，这说明在整个影响因素中，提高“接受的培训时间”能够提升新生代农民工职业技术培训需求满意度。这一结果可归结为两个原因：首先，新生代农民工在接受培训时，更加看重培训时长，时间更久的培训能够增加他们的自信心和执业能力；其次，当前企业进行培训时，一般仅仅针对专业技术进行短期培训，培训完成之后立即到岗，无法进行知识和技能的消化和理解，更多的技巧只能在实践中去得出，而更长的培训时间不但给予充分的时间保证，也给予了技术上的保证。

此外，另一个较为重要的影响因素，“职业技术培训需求”，非标准化系数为 0.231，意味着它对职业技术培训需求满意度同样有提升的作用。通过对培训时长的解释，再结合职业技术培训需求，可知当前新生代农民工的培训需求不仅在时长上有所要求，而且在培训内容上也有更多的需求。他们对培训内容的偏好也更加偏向于实际，即对职业技术的培训。其他类型的培训，如专业知识、文化修养、社交能力和领导组织能力，由于和他们在今后工作岗位中的匹配度不高，导致他们对此并没有较强的培训需求。同时，回归方程中的另一自变量“目前工作所在的行业”也提示我们，在进行针对新生代农民工的培训设计时，考虑到他们的职业性质，结合累计接受培训时间、目前工作所在的行业和职业技术需求，就可以给新生代农民工提供较好的能力提升机会。

表5　系数

	非标准化系数	T检验值	显著性水平
常数	2.154	10.715	0.000
累计接受培训时间	0.275	5.735	0.000
目前工作所在的行业	0.146	3.091	0.002
职业技术培训需求	0.231	2.024	0.044

（三）新生代农民工发展空间变化实证分析

影响新生代农民工的就业风险另一个重要因素是在职业发展中的前进空间问题。

在这里以新生代农民工对未来发展空间的满意度为因变量，选取与此相关的12个变量作为回归方程的因变量。最后通过回归模型的迭代得到筛选后的变量进入到模型中。同样，利用SPSS软件得到多元线性回归模型如下：

该回归方程的整体显著性为0，通过检验。调整R方是线性拟合方程的拟合度，调整R方的值为0.703，表示自变量对于因变量的拟合度为70.3%，说明三个自变量可以解释70.3%的因变量。

表6　模型整体情况

R	R方	调整R方	标准估计的误差
0.856	0.733	0.703	0.744

在表7中，显著性水平小于0.05，说明原假设自变量对员工发展空间会产生显著影响成立，就说明回归方程有意义，可以接受，并得到命题：存在一个或多个自变量对因变量

产生显著影响。

表7　系数

模型	非标准化系数	T检验值	显著性
常数	4.189	12.683	0.000
每天平均工作时间	-0.257	-3.161	0.002
农村户口还是城市居民	-0.630	-2.720	0.007
领导组织能力的培训需求	0.295	2.262	0.025

在表7中，每天平均工作时间、农村户口还是城市居民和领导组织能力培训需求这三个自变量的显著性P值小于0.05，说明这三个自变量对其产生显著影响。

最后进入模型的三个自变量中，与新生代农民工发展空间相关关系最显著的是每天工作时间，其相关系数是-0.257。这说明，每天平均工作时间的增加挤占了部分发展空间的满意度。随着我国生产水平的不断提高，企业试图增加工人劳动时间提高生产效率，同时很多新生代农民工通过加班等方式增加工资收入，但是这在很大程度上降低了他们在自我修养等其他方面的提升能力，降低了在职业发展空间中提高的可能性。

此外，户籍归属也成为影响因素之一。户籍在本文的研究中特指新生代农民工的户籍归属，由于当中少部分人已获得城市户口，所以在此有城市居民户口和农业户口的区分。户籍出现在影响因素中让人感到意外，但也给我们有所启发。城市与农业户籍的区别主要体现在所处环境的影响中，模型中相关系数为-0.630，说明与城市户口相比较，农业户籍的人群在职业发展满意度中表现出较低的水平。

模型中的“领导组织能力的培训需求”变量和发展空间的满意度呈现正相关关系，相关系数为0.295，说明增加一个百分点的领导组织能力的培训需求，新生代农民工发展空间的满意度就提高0.295%，这是由工人的内在需求所引起的。领导组织能力的培训需求上升，意味着在整个职业发展中具有向更高层次发展的基础和动力，也将极大推动未来发展前景。因此，员工培训中其领导能力的培养对在城市就业的新生代农民工发展空间影响很大。

六、结论与思考

（一）改革二元户籍制度

此次研究的结果表明，户籍制度限制影响了新生代农民工在城市的稳定就业。新生代农民工在这个特殊的时代阶段，他们与城市同龄的新生代有着相似的价值观和消费观，他们大多数倾向于成为城市居民，他们希望融入城市稳定就业与生活，但城市没有做好接受他们的准备，而成为他们在城市稳定就业的最大的阻碍因素是户籍制度。因此改革适应现时发展的户籍制度是非常重要的，它对与其相关的其他制度改革有着重大影响。

尽管目前国家关于二元户籍管理已推出一系列措施，但是必须保证新生代农民工在城市稳定就业和有稳定收入的基础上逐步开展。特别是在大城市不堪重负的情况下，引导他们迁入中小城市，以缓解大城市的落户压力。

（二）健全农民工的社会保障体系

社会保险在员工福利待遇中也起到影响他们在城市稳定就业的作用。新生代农民工在就业过程中通常要求享受到社会保险，进而实现在城市稳定就业的目标，从而降低城市就业风险。所以可以将新生代农民工这个具有鲜明特殊性的群体作为主体，全方位考虑农民工在城市就业过程中所面临的各种问题，有针对性地建立适合他们特殊的个体差异性、可实行的社会保险体系，以及健全现行的不完善的社会保障制度，帮助新生代农民工在内的社会人员得到有效的社会保障。

（三）依法保障劳动权益

此次调查结果显示新生代农民工存在严重的加班现象。企业延长工作时间及休息日加班的，应按规定对加班的员工给予加班工资报酬，且每周工作时间不能超过 44 小时。因为超过一定时间加班会对劳动者的身体带来严重损害，所以新生代农民工自身应提高法律意识，对自身劳动权益足够关注，依法保障自身劳动权益。

（四）做好自身职业规划

此次研究表明新生代农民工对其自身职业规划不明显，影响其在企业的发展空间，因此容易离职导致就业风险。刚进入社会的新生代农民工由于年龄相对较小，基本没有工作经验，再加上没有长期目标，在企业的长久发展很不理想。新生代农民工应分析自身情况，对自己进行职业评估，再结合社会环境分析，客观、实际地做出职业规划，以免进入就业困境。企业也应该根据个人表现情况，对其进行发展通道设置，使其有足够的发展空间，以减少人才流失，导致就业风险。

（五）定期开展用工培训

贝克尔在分析人力资本的形成时，特别强调在职培训的作用。他认为工人通过直接在生产中学习新技术，但这个过程非常缓慢，一个比较高效的办法是在职培训。[①] 本文研究结果中培训时间及培训需求对新生代农民工的在职培训产生显著影响，而培训时间又对其在城市就业的发展空间影响很大，对其稳定就业的影响更为严重。要改善他们目前素质技能与收入成反比的现象，就要满足新生代农民工在职业发展道路上的诉求，有利于企业的短期目标以及长远目标的实现，更有利于城市经济的发展。

1. 用人单位开展在职培训

第一，在培训时间方面，结合培训的实用性与时代性，定期开展员工培训，给员工足够的技能知识以及其他技能。第二，在培训资金方面，根据员工需求，增加现行的培训支出，减少企业目前的收益，但对未来的收益影响相对较为重要。第三，在培训内容方面，可依据包含新生代在内的农民工所需要的职业技能及其他技能的培训需求，根据需求选择给员工进行培训的科目，并定期开展员工培训，以此来提高企业对员工培训的质量及效率，进而提高员工的职业技术能力及其他技能，帮助新生代农民工更好地实现就业以及在企业发展的上升空间，让企业的效益实现最大化。

2. 政府提供岗前培训

在当前国家经济情况允许的前提下，根据农民工的培训需求，在进行对农民工培训项目的财政投入力度加大的同时，还应该尽可能提供更多的能够帮助农民工提高技能及其他方面的免费培训项目，可以提高农民工培训项目费用的补贴标准，使更多的农民工有机会接受更多的技能培训，降低城市就业风险度。

① 谢奕、林珹珹：《人力资本理论的形成与发展》，载《中国人力资源开发》，2001（2）。

成都市重点产业人才政策完善研究

李晓梅　王　姗*

成都实施创新驱动战略，推动产业转型升级，建设国家中心城市，需要集聚国内外人才资源要素。作为国家实施“一带一路”战略和长江经济带建设的战略支点城市，成都市实施人才战略要着眼国际格局和国家战略。因此，研究成都市重点产业及人才现状，分析成都市人才政策存在的问题，对成都市推进人才工作，建设国家中心城市具有重要现实价值。

一、成都市重点产业及重点产业人才发展现状

（一）重点产业现状

重点产业产值占全市90%以上。截至2014年，成都市重点产业工业总产值达9352.37万元，占全市产值比重90.09%，同比增加1079.24万元，但占比同比减少0.12%，较2012年增加2770.78万元，占比增加6.29%；主营业务收入在2014年达到8942.26万元，同比增加1019.28万元，占比减少0.06%，较2012年增加2288.08万元，占比增加6.25%。

重点产业产值整体呈现平稳上升的趋势。截至2014年，电子信息产业工业总产值达3338.9万元，占全市总产值的32.16%，较2012年增长1025.98万元，年均增长率达20.15%；机械产业在2013年达到近年来的最高产值1257.24万元，较2012年增长446.33万元，2014年产值小幅回落；2014年汽车产业工业总产值达1415.65万元，占全市总产值的13.64%，较2012年增长677.66万元，年平均增长率为38.5%；2014年，石油化工产业

* 李晓梅，四川大学社会发展与西部开发研究院，副研究员。研究方向：人口与经济。
王姗，四川大学社会发展与西部开发研究院，硕士研究生。研究方向：人口与经济。

工业总产值达743.02万元，占全市总产值的7.16%，较2012年有较大增幅，年平均增速51.66%，增速在重点产业中位列第一；食品、饮料及烟草产业工业总产值为1147.566万元，占全市总产值的11.05%，较2012年增长215.19万元，年平均增速为10.94%；冶金产业工业总产值达484.78万元，占全市总产值的4.67%，较2012年增长31.2万元，年平均增速为3.38%；近3年来，建材产业工业总产值在360万元处轻微波动，增速缓慢。

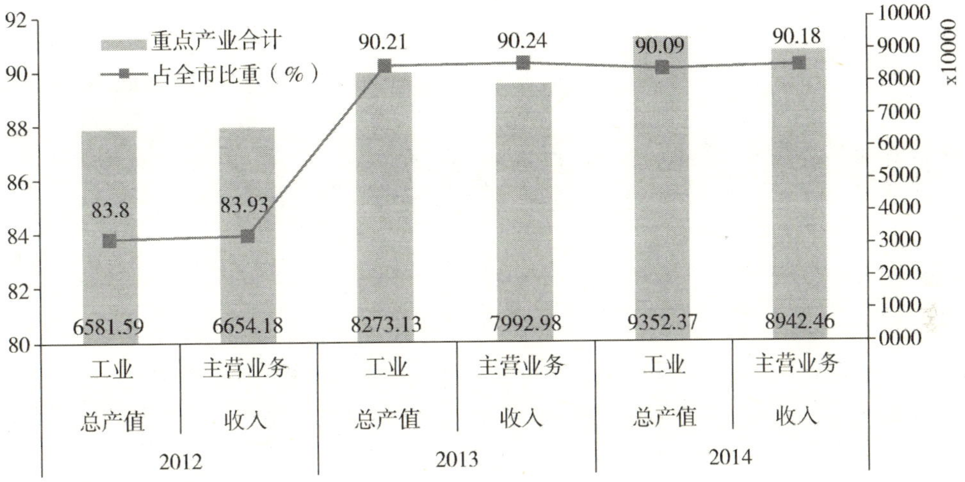

图1　2014年成都市重点产业工业产值规模及占全市比重（单位：万元,%）

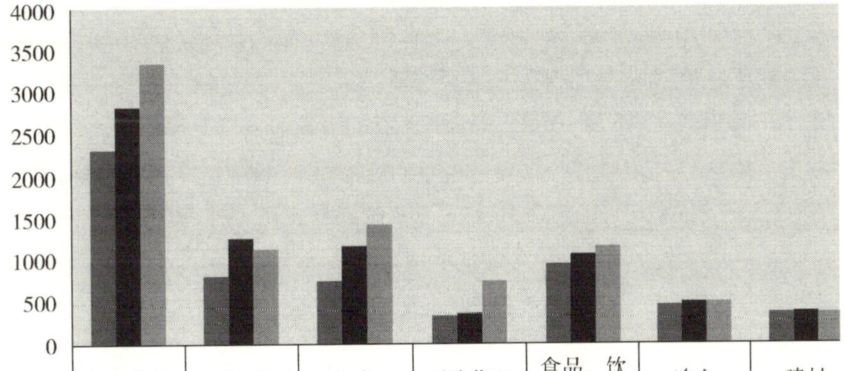

	电子信息	机械	汽车	石油化工	食品、饮料及烟草	冶金	建材
2012	2312.92	810.91	737.99	323.04	932.37	453.58	351.39
2013	2825.48	1257.24	1159.57	350.44	1060.81	486.06	369.42
2014	3338.90	1128.46	1415.65	743.02	1147.57	484.78	359.94

图2　2014年成都市重点产业工业产值规模（单位：万元）

（二）重点产业人才现状

1. 技能人才：高级技能人才稀缺

截至2015年，成都市技能人才为289680人，中级工类106863人，占技能人才36.89%，位列第一，普工类84030人，占技能人才29.00%，高级工类55846人，占技能人才19.28%，而技师或高级技师类4658人，仅占技能人才1.61%，处于较低水平。

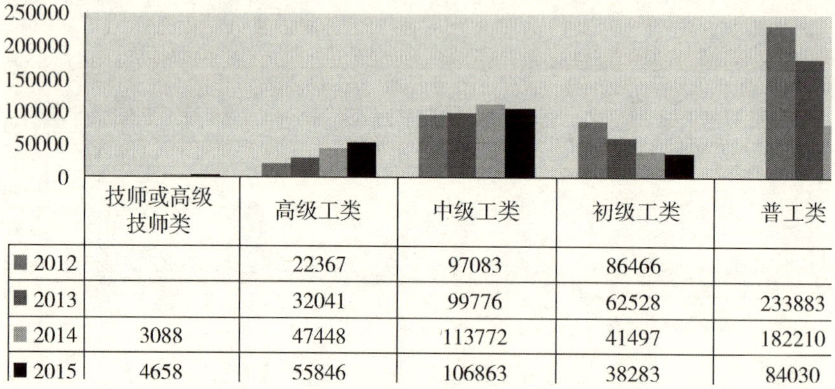

	技师或高级技师类	高级工类	中级工类	初级工类	普工类
2012		22367	97083	86466	
2013		32041	99776	62528	233883
2014	3088	47448	113772	41497	182210
2015	4658	55846	106863	38283	84030

图3　成都市2012—2015年技能人才规模情况（单位：人）

备注：数据是成都市人社局从市技能鉴定中心获得的数据。其中2014年、2015年的技师数据除市本级鉴定取证外，还包括部分市级机构在省上鉴定的数据。2012年及2013年技师数据因当时未归口到市人社局，故无相关数据。2013—2015年的普工类数据为市就业局提供。

2. 高等院校毕业生：人才流入大于人才流出

2015年，成都籍应届本专科毕业生人数为23620人，占总毕业生人数的14.21%。成都就业人数合计60218人，占总毕业人数的36.22%，说明成都市具有较强的人才吸纳能力，人才流入大于人才流出。

表1　成都高校招生/就业概况

考生招录/就业情况	人数	占2015年总毕业人数比例（%）
成都籍考生合计	23620	14.21
成都市就业人数合计	60218	36.22

数据来源：成都市教育局。

成都地区的4所“211”“985”院校在教育投入、人才培养、招生录取等方面都具有明显优势，其培养人才的质量也较高，这部分学校毕业生留在四川和成都的情况如下：

表 2　“211”工程建设大学在蓉/川就业具体情况

学校名称	2015 年本校毕业总人数	在成都就业人数	占当年本校毕业生总人数比例（%）	在四川省就业人数	占当年本校毕业生总人数比例（%）
四川大学（“985”）	10362	3399	32.80	4482	43.25
电子科技大学（“985”）	5662	1718	30.34	1910	33.73
西南交通大学（“211”）	6612	1810	27.37	2057	31.11
西南财经大学（“211”）	4762	1410	29.61	1624	34.1

数据来源：成都市教育局。

3. 人才专业分布：建筑相关专业供给最大，销售业务、电子电器专业供给规模上升

从人力资源市场上的求职专业类型可以看出，建筑相关专业需求最大，占比 16.9%；财务审计、销售业务分别以 10.4%、8.5% 位居第二、三位。与上年同期相比，十大求职岗位专业中，销售业务、电子电器排名上升 1 位，行政后勤文秘、人力资源排名下降 1 位，其余岗位排名无实质变化。

表 3　成都人才市场年度十大求职岗位专业

排序	求职岗位	比重（%）	同比排名变化
1	建筑	16.9	—
2	财务审计	10.4	—
3	销售业务	8.5	↑1
4	行政后勤文秘	7.3	↓1
5	工程机械	6.2	—
6	电子电器	4.2	↑1
7	人力资源	3.5	↓1
8	生产运营	2.8	—
9	技工	2.5	—
10	客户服务售前售后支持	2.2	—

4. 重点产业从业人员：电子信息产业从业人员约占 1/3

截至 2015 年，成都市重点产业从业人员规模为 80.7 万人，电子信息产业从业人员规模达 25.1 万人，占重点产业从业总人数 31.10%，位列第一；轻工，机械，食品、饮料及烟草产业从业人员规模分别为 14.2 万人、12.3 万人和 8.6 万人，所占比例均超 10%；石

油化工、冶金产业从业人员规模排名靠后，均未超过 4 万人，所占比例在 3.5% 左右。

表 4　2015 年成都市重点产业从业人员数

重点产业	从业人员（万人）	占重点产业总人数比例（%）
电子信息	25.1	31.10
机械	12.3	15.24
汽车	7.4	9.17
石油化工	3.2	3.97
食品、饮料及烟草	8.6	10.66
冶金	2.7	3.35
建材	7.2	8.92
轻工	14.2	17.60

数据来源：成都市经信委。

二、成都市人才政策现状

2016 年，成都市人才供给的政策支撑主要依托于市委、市政府的“人才新政十条”与部门发布的重点产业和新兴产业人才开发名录。

（一）成都市现行人才政策

1. “人才新政十条”

大力度、细节化和全方位是“人才新政十条”的特点。在对引进人才资助力度、鼓励与奖励人才、培养本土人才、鼓励支持创新创业、提升人才服务等方面，均提出具体而详细的做法，实施分类、分层资助，对国际顶尖人才、国家级领军人才、地方高级人才分别给予 300 万元、200 万元、120 万元的资金资助，区（市）县给予相应的配套资助，将对引进人才资助具体化；设立了创新创业人才杰出贡献奖，对于在成都创新创业 5 年以上且为经济社会发展做出重大贡献的高层次人才，经评审认定，授予“成都市杰出人才”荣誉称号，给予 100 万元的奖励；推出“成都优秀人才培养计划”“创业新星计划”“产业实用人才开发五年行动计划”，通过以上计划实现对本土人才的培养；推动金融创新，支持创新创业，推进建立产业基金与股权投资基金聚居区，在提升人才服务方面，推出了诸多新举措，如成都人才服务 APP 等，简化人才来蓉工作、生活程序。

2. 重点产业和新兴产业开发名录

一方面为人才提供更加全面、详细的就业信息，降低人才求职成本，吸引所需人才；另一方面引导市场人才培育方向。

成都市人社局发布的重点产业和新兴产业开发名录，在岗位类型、岗位数量、需求数量、需求条件以及区域类别上发布具体详细的数据与要求，将重点产业人才需求具体化，同时，方便各类人才了解信息。

（二）重点城市人才政策对比分析

1. 武汉

（1）相对优越的宏观发展条件。武汉市位属长江经济带的中游，在长江经济带培育世界级产业集群的战略部署上，新型平板显示、集成电路、先进轨道交通装备、汽车制造、电子商务五大重点领域有四个以湖北武汉为核心；在十大新兴产业集群中，七个以湖北武汉为核心，同时，促进中部崛起战略、自主创新示范区、全面创新改革试验区域等诸多国家机会在武汉汇集，相对于成都，武汉具有相对优越的宏观发展条件，在此背景下，武汉市的集成电路产业取得重要发展。

（2）良好的城市发展基础。武汉市是长江经济带中游地区的核心城市，在长江经济带三大区域竞争力空间分布中，位于中游地区的武汉市在综合竞争力、经济规模竞争力、社会富足度竞争力、发展效率竞争力、发展互动竞争力等方面，均好于或持平于位于长江经济带下游地区的成都，可见，武汉市的城市发展基础好于成都市。

（3）丰富的高校与人才资源。武汉市具有相对丰富的高校与高素质人才资源，武汉市的“985 工程”“211 工程”高等院校数量均多于成都，武汉大学、华中科技大学正加快建设世界一流大学，同时，武汉市的在校生数量、每年的毕业生数量均远远高于成都，丰富的高校与人才资源为武汉的发展提供了源源不断的智力支持。

（4）便捷的高端人才服务。武汉市的人才政策优势集中体现在其便捷的高端人才服务上。武汉市推出的“城市合伙人”计划，首先，将实行“一张绿卡全程服务”，凭卡可享受奖励补贴、创业扶持、居留落户、住房安居、子女入学、医疗社保等相关待遇和服务，方便高端人才来武汉创业发展；其次，武汉市放宽落户门槛，简化落户手续和审批流程，设立“社区公共户”，对来武汉工作的创新创业人才及配偶、未成年子女，实行落户免审直批；最后，高校、科研院所科研人员离岗在武汉创办科技企业的，保留编制、身份、人事关系，档案工资正常晋升，5 年内可回原单位继续工作，免除了高校、科研院所创业的后顾之忧。

2. 重庆

（1）人才引进政策具体化。2016 年，重庆市重点部署的产业有电子信息产业、机械

（含航天航空、汽车）产业、食品（含烟草）产业、医药产业、冶金建材产业、石油化工产业、新兴产业，在对重点产业人才引进上，政策进行了细化与具体化。重庆市将人才引进主要集中在四类，在高端人才最为关心的工作条件、生活条件等方面做出具体详细的规定，方便各类人才对照查找。

（2）成立战略性新兴产业股权投资基金。重庆市成立了战略性新兴产业股权投资基金，率先在金融领域推动创新，支持重点产业发展，通过基金引导投资方式推进重庆战略性新兴产业发展，战略性新兴产业股权投资基金由重庆市政府产业引导股权投资基金和重庆市属国有企业共同出资设立，引入社会资本共同参与，按照“政府引导、市场运作、科学决策、防范风险”的原则运行。重庆市战略性新兴产业股权投资基金将以“股权或股权＋债权”等方式将资金投向电子核心部件、物联网、机器人及智能装备、新材料、高端交通装备、新能源汽车及智能汽车、综合化工及化工新材料、页岩气、生物医药、环保等重庆市十大重点发展的战略性新兴产业，以引导投资方式推进重大项目引进、重大科技成果转化、企业并购重组等项目实施。通过战略性新兴产业股权投资基金的引导，必将有更多的资本投入重点产业的投融资当中。

3. 上海

（1）全球分工的竞争能力。上海市作为国家化大城市，具有参与全球分工的竞争能力，同时也是长江经济带的“龙头”。上海市将人工智能、量子通信、虚拟现实、精准医疗等新兴技术及产业体系的发展作为重点，一方面，积极承担国家战略，大力发展航空航天、海洋工程装备、核电装备等战略重点，积极参与国际产业合作与竞争；另一方面，积极培育量子通信、工业互联网、先进传感器与物联网等新兴领域，实施一批产业创新专项，力争在关键核心技术领域和产业化方面取得重大突破，占领国际竞争的高地。因此，上海市的人才工作更具有国际化特征，广泛吸引全球人才来上海创业、工作。

（2）国际化视野的人才工作。上海市的人才工作更具有国际化，依托上海的国际化优势，推出了一系列吸引国际人才的示范性做法。探索建立了上海自贸试验区海外人才离岸创新创业基地，加大建设海外人才引进渠道和平台建设力度，建立多层次的离岸创业服务支持系统，建立了离岸创业托管模式，为海外人才营造开放、便利的创业营商环境；试点建立与国际规则接轨的高层次人才招聘、薪酬、考核、科研管理、社会保障等制度；扩大外籍高层次人才在口岸和境内申请办理 R 字签证的范围，为其提供入境和停居留便利。对经上海人才主管部门认定的外籍高层次人才、上海科技创新职业清单所属单位聘雇并担保的行业高级人才或其他邀请单位出具证明属于高层次人才的，允许其在抵达口岸后申请 R 字签证，入境后按照规定办理居留许可；持其他签证来华的，入境后可申请变更为人才签证或按照规定办理居留许可，同时上海市人社局推出“上海人社移动 APP”，把包括外国人相关管理和服务在内的工作延伸到移动终端上，为海外人才和用人单位提供更方便、更快捷的服务。

（3）先行试点的人才政策改革平台。上海以上海自贸试验区、上海张江国家自主创新示范区为改革平台，发挥“双自联动”优势，创建人才改革试验区，推进人才政策先行先试。扩大高校、科研院所自主权，提高科研人员在科研成果中获得的收益；尽快探索建立将财政资金支持形成的、不涉及国防、国家安全、国家利益和重大社会公共利益的科技成果的使用权、处置权、收益权，下放给高校。高校、科研院所可以签订协议的方式，进一步将其授予研发团队，单位主管部门和财政部门对科技成果在境内的使用、处置不再审批或备案，科技成果转移转化所得收益留归单位，纳入单位预算，不再上缴国库。引入科技成果市场化定价机制，高校、科研院所与研发团队可自主选择评估定价或协议定价方式，通过签订授权合同确定具体处置方式，提高科研人员成果转化收益比例，科技成果转化所得收益，研发团队所得不低于70%，研发团队收益具体分配方案，由团队负责人与团队成员协商确定。科技成果转化所得收益用于人员激励部分，可一次性计入高校、科研院所当年工资总额，但不纳入绩效工资总额基数，率先在全国推动人才、科研成果的引进与管理。

4. 深圳

深圳在电子信息方面，目前已形成了以计算机、通信、微电子为代表的电子信息产业群，在生物医药方面和新能源、新材料方面在全国处于领先地位，作为我国最先开放的城市，深圳在人才工作中更加注重将本土人才进行国际化培养，利用毗邻香港的地缘关系，开展深港人才互通，同时，实现了对高端人才服务的新型化。

（1）本土人才进行国际化培养。深圳大力推动人才和项目国际合作交流，鼓励和支持各类创新主体、社会团体和其他机构等与国（境）外机构开展人才、技术和项目合作交流，符合条件的给予一定的研修津贴和资助；实施学生国际交流计划，支持各级各类院校开展多种形式的学生交换互读，支持优秀高中毕业生和在校大学生、技校生到国（境）外留学，鼓励符合条件的高校、科研机构接收培养国际生；完善深港人才交流合作机制，依托深港青年梦工场、博士后交流驿站等平台，开展深港两地人才和项目常态化合作，建立深港联合引才育才机制，每年举办深港行业协会人才合作活动，选聘香港专业人士到深圳前海管理局及所属机构任职，港澳高校学生在前海蛇口自贸片区实习、休学创业或自主创业的，享受与深圳市高校学生同等待遇，大力对本土人才进行国际化培养。

（2）高端人才服务新型化。深圳大力建设新型的高端人才服务，一方面，推动高端人才服务的渠道发展，支持创建国家级人力资源服务产业园区，促进人力资源服务机构集聚和规模发展；充分利用高端人才服务机构吸引人才来深圳发展，加大高端猎头机构引进培育力度，力争到2017年年底前引进和打造10家左右知名猎头机构，鼓励有条件的人力资源服务机构在境外建立分支机构，加强与境外人力资源服务机构合作；扩大人力资源服务业开放，争取外资独资设立人力资源服务机构的试点；支持创建国家级人力资源服务产业园区，促进人力资源服务机构集聚和规模发展；另一方面，大力为创新创业人才提供服务，设立深圳市人才研修院，利用研修院举办“群英会”，推动创新创业人才与专业服务机构、企业进行对接，举办高层次人才国情研修、教育培训，开展疗养保健等，加强对人才的政治引领和关心关爱，增强认同感和向心力。为使人才工作更具效果，深圳建立了人才服务效果反馈制度，采取“一年一调查、一年一评估”的办法，广泛听取企业、社会公众和人才的意见，对人才政策落实情况进行跟踪研判，根据需要及时对人才政策进行修改完善，及时清理不合时宜的政策性文件。

（三）对成都市人才工作的启示

1. 人才引进集聚的国际化视野

在全球分工体系深化的背景下，成都市在未来将更多地参与国际化分工，因此，成都市的人才工作一方面必须树立国际化的视野，人才工作要更多地国际化，学习上海市人才工作的国际化，把海外留学人员作为引进的主要群体，充分利用全球人才，加大开放力度，为海外人才提供便捷的服务与出入境往来；另一方面，学习深圳市的做法，对本土人才进行国际化培养，定期将本土人才送往国外进行交流学习，增强本土人才的国际化能力。

2. 人才服务群体的细分与针对性

成都市可以借鉴重庆市将人才进行细化与分类，针对不同类型的高端人才，在工作条件、生活条件包括政治待遇等方面进行细化与落实。成都市出台的各类人才政策也都较为具体，但均分布于不同类型、不同部门的政策文件中，不够细化，在具体落实上也存在一定的问题，成都市可借鉴重庆的做法，将所要引进的人才进行统一分类，在工作条件、生活条件上分类做出规定，并集中在一个政策文件中，使得人才服务更加细化和有针对性，并能够更好地落实。

3. 人才服务政策的新型化

借鉴武汉、上海、深圳等市的高端人才“一卡通”政策，将本人及家属落户、配偶就业、子女入学、医疗社保、人才安居、居留和出入境证件申请、自用物品进境免税证明、创业扶持等服务集中在一卡上，方便高端人才创业、就业与生活。成都市的人才服务总体而言目前已较为全面，在高端人才来蓉工作与生活上，在程序上已尽量简化与方便，但与“一卡通”相比，程序上还是较为繁琐，成都市未来可推行“一卡通”政策，将引进人才的工作、生活、子女教育、医疗保健、出入境等一卡办理，方便人才来蓉工作与生活，增强成都市的吸引力。借鉴深圳市大力发展高端服务人才的渠道，着力打造高端猎头公司，充分利用猎头公司灵活的工作方式，接触引进高端人才，推动人才引进工作的灵活性。

三、重点产业人才政策存在的问题分析

（一）人才引进问题

1. 主动工作意识不强

满足于当前的人才局面，看不到产业发展的竞争在某种程度上也就是人才的竞争，对今后产业发展对人才引进工作的要求缺乏清醒认识，“走一步看一步”心态重，引进工作缺乏前瞻性。

2. 政策宣传不够

对全市引进人才的政策宣传不广泛，宣传存在方式与渠道单一、形式主义严重等问题，就是在文件里写着、网上挂着、报纸上登着，并且官话、套话严重，使宣传效果不佳。

3. 政策操作性不强

有的政策只是做出“原则性”强调和要求，缺乏与之配套的具体操作办法，看不到实实在在的优惠；有的即使有具体办法，但缺乏绿色通道，引进人才在办事过程中同样会遇到“门难进、脸难看、事难办”的情况，其优惠性力度不大，对人才的吸引力不强。

4. 政策落实效果不好

人才引进优惠政策的实施往往涉及财政、税务、人事、教育、民政、公安等多个部门，且这些部门在政策实施过程中往往存在利益冲突，使部门之间相互牵制、互设关卡，最终导致政策出台慢、落实难、不到位。

（二）人才培养储备问题

1. 产学研合作不够

市域高校、科研机构的人才培养与产业需求脱节，相关专业设置落后于产业需求，特别是一些新兴产业急需人才却没有相应专业进行培养，相关研究更是缺乏。有的高校即使有相关专业，但高校尤其是本科院校的课程设置重理论知识而轻实践能力培养，使大学毕业生、科研机构难以较快适应产业发展需求，致使学校同地方政府合作、学校同企业合作深度不够，项目平台缺乏，成果转化慢，效果不够明显。

2. 成果转化收益分配机制不完善

尽管国家出台了《关于加强高等学校科技成果转移转化工作的若干意见》，但具体到每个高校和科研机构，目前还没有具体的操作办法。加上，一项成果转化后收益涉及产权、经济效益、社会效益等很多方面，如果缺乏法律支撑和保障，仅靠科研人员和企业“谈判”确定，必定缺乏长期性。

3. 人才储备政策缺乏

对政府来说，目前还缺乏全面系统的全市人才储备办法和具体实施方案，对人才储备工作还没有引起足够重视。对企业来说，人才储备应该是人力资源的一项重点工作，但在实际中，因受经营压力、人才投入等各种因素的影响，真正把人才储备做到位的企业不多，企业还是满足于“眼前够用”，没有站在长远发展的角度来储备人才。

4. 企业培养储备人才缺乏积极性

人才培养需要一定的财力、物力与人力投入，而培养后的人才具有很大的流动性，导致规避风险与追逐利润最大化的企业缺乏人才培养动力，更偏向于招聘有多年工作经验的人才。

（三）人才发展管理问题

1. 人才评价体系不完善

当前领导绩效评价的核心指标仍然是GDP，导致很多政府部门、很多企业对人才工作尤其是人才培养、发展不够重视，政府层面缺少实实在在、行之有效的政策，企业层面落实政策打折扣，大大降低了人才工作的整体效果。

2. 人才奖励激励措施不足

目前，市级层面尽管出台了一些奖励措施，但还仅仅是经费上的，作为人才发展，经费是基础，团队、政策、工作环境等更重要，而这类奖励激励措施比较缺乏。

3. 人才服务机构机制不健全

人才服务机构是发现、引进、管理、服务人才尤其是高层次人才的重要载体。从服务管理手段上说，尽管已经从纸质时代走上了电脑时代，但仅仅还是停留在“数据库”的阶段，一些数据还是“死数据”，如何依托“大数据”开展人才预测、预警、培养、储备、使用等信息化管理水平还比较低，工作效率低下，针对性缺乏。从服务质量上说，人才服务机构普遍存在服务理念落后、服务环境不好、服务态度欠佳等问题，人才服务总体水平不高，不利于吸引和留住人才。

四、完善重点产业人才政策思考

（一）进一步完善人才支持政策

1. 财政支持政策

设立人才开发专项资金，按财政支出的一定比例纳入预算，并随着财政收入的增加而逐年增加，该经费专款专用，重点资助人才培养、引进和科研人才创新工作；对企业引进的人才尤其是高层次及紧缺人才给予财政补贴，补贴额度根据人才层次及重要程度而定；设立引进人才科研专项基金和创业扶持基金，支持高层次人才进行科学研究与创新创业；为高层次人才科研和创业提供信贷担保，缓解研发与创业资金压力；对引进人才创业、购房及购车等给予税收减免，对创业免除3年左右的所得税；每年，从传统及重点产业和战略新兴产业中，遴选重点人才（团队）项目进行综合资助。

2. 住房支持政策

建立和完善流动人才同常住居民相同的医疗、保险通用制度；出台人才住房补贴、住房公积金优惠、经济适用房优先申请权等政策，支持高层次人才安家乐业；建立高层次人才子女入学绿色通道，使其享有和本地居民子女同等的入学待遇。

3. “柔性流动”政策

对于紧缺人才，可不受单位性质、编制、城市人口控制指标的限制，其配偶、子女随人随迁，配偶、子女自行联系工作单位或就学有困难的，由人社部门与用人单位根据其能力及专长帮助联系和推荐工作单位；对前来工作或服务的柔性流动人才，可实行灵活多样的工资分配方式，引导鼓励高层次人才不变身份、不变户口、不调档案前来创新创业；建立“特别机制”，鼓励企业采取岗位、项目、任务聘用等多种方式用好用活人才，“不求所有，但求所用”。

4. 政企联合政策

把重点产业人才工作纳入党委、政府重要工作内容，研究出台“十三五”期间重点产业人才工作规划，细化完善年度重点人才工作，把重点产业人才工作列入全市党委、政府年度目标考核内容；政府要发挥自身优势，牵头组织企业形成人才招聘联盟，定期到海内外人才聚集地联合招聘人才，打造人才招聘品牌，形成人才招聘合力；政府部门同产业企业之间要定期召开联席会议，及时掌握重点产业的规划、发展情况，使人才工作有的放矢，实现产业、人才同规划、同部署。

（二）进一步完善人才培养机制

1. 构建产学研联合培养机制

高校要与企业合作对接，提高人才培养的应用导向和实践能力；企业要与高校对接，加大引进高校人才的力度，尤其是取得重大科技创新成果的专家、学者；以四川大学为重点，紧紧抓住四川大学作为国务院确定的首批“双创”示范基地之一这一大好机遇，实现人才“为我所用”；依托四川大学、成都电子科技大学以及全球一流大学、一流科研机构，在成都进行科研成果转化；鼓励和支持企事业单位设立博士、博士后科研工作站，在创新型企业分批建立博士、博士后创新实践基地，促进博士、博士后科研工作与中小型企业科研项目紧密结合。

2. 建立职工技能公共实训基地

大力扶持发展职业技术教育，对实用型技能人才培养给予一定的财政补贴与资助；根据重点产业发展需求，按照“市场导向、合理定位、资源共享、功能互补”的原则，对职工技能公共实训基地进行科学规划与布局，财政扶持建立与完善职工技能公共实训基地，并且向技工院校和企业开放，提升职工技能水平；组织开展各种职业技能竞赛和同业交流活动，共同提升技能水平；加强企业、培训机构、劳动力市场和公共实训基地的联系，提高基地利用率，扩大服务范围。

3. 加大本土人才自主培养力度

围绕重点产业企业对高技能人才的需求，科学制定并发布紧缺职业（工种）培训目录，鼓励院校和职业培训机构大力开展企业职工岗位技能提升培训；实施“创业新星”计划，在重点产业项目中选拔和培育一批创新能力强、创业项目优、发展潜力大的青年人才，给予大力资助；实施“产业实用人才开发五年行动计划”，引导企业依据贡献度从成果转化收益中提取一定比例进行特殊奖励或实行股权、期权奖励。

4. 建立人才预测机制

每年围绕重点产业项目，深入开展企业人才需求调查，全面掌握了解重点产业企业人才需求情况，对重点产业急需人才结构、数量等做出预测，制定年度《成都市重点产业紧缺人才专业目录》，作为人才引进和培养的依据，并及时向社会公布有关人才需求信息；建立人才离职预警机制，通过员工考勤、绩效考评、离职评估等定期观察人才的工作积极性与工作满意度，积极采取相关措施防范人才离职。

（三）进一步完善人才激励机制

1. 建立健全人才评价体系

打破地域、身份、年龄、学历、资历、名额等限制，推行资格考试与评聘相结合、考试考核与同行评议相结合、社会公认与业内认可相结合的评价方法；建立科学合理、明确具体的高层次人才评价体系，突出创新、应用、管理、领导能力等指标的权重，并使人才评价与薪酬待遇挂钩，与创新、创业平台结合；既要建立统一的高技能人才评价体系，又要鼓励企业构建有自身特色的高技能人才评价体系，突出操作性与实践性；坚持价值首位原则，重视青年人才的潜能开发，建立以能力与业绩为基础、由品德、知识、能力、业绩等指标构成的人才评价体系；根据重点产业发展态势，阶段性调整人才评价体系，使其与重点产业的智力需求相吻合。

2. 完善人才激励机制

对涉及的重点产业领域，尽可能多地设立引才“伯乐奖”，激励企事业单位、人才中介组织等多渠道引才；在全市重点发展的产业中选定一批企业，试点探索建立“企业提需求+高校出编制+政府给支持”的联合引才机制；建立重能力、重贡献、重实绩的收入分配制度，建立以政府奖励为主导、单位奖励为主体、社会奖励为补充的多元化人才奖励机制；建立技术、管理、信息等多要素参股或参与收益分配的企业制度，推行高层次人才年薪制、技术与管理入股、股票与期权激励等制度，对于在职发明的专有技术给企业带来的收益，按适当比例提取用以奖励发明人及相关贡献者。

3. 用好“菁蓉训练营”创新创业平台

依托全市平台，围绕重点产业，面向全社会征集创业者（团队）创业优秀项目，邀请专业化、市场化的创业导师和培训机构举办创业训练营，对效果显著的项目给予重奖。

（四）进一步完善人才服务机制

1. 发展与完善人才服务机构

依托成都人才发展促进会，加快培育发展人才服务机构，鼓励民间资本投资人才服务行业，扶助信用、法律、知识产权、管理与信息咨询、人才服务、资产评估等各类专业中介服务机构发展；引进海外知名度高、服务能力强的人才猎头与培训机构，高起点促进人才服务机构发展。

2. 提高服务质量效率

建立一站式人才服务中心，简化人才优惠政策的落实程序，通过一站式办理各种关系转接、落户、科技奖项申报和各类优惠政策审批等，为引进人才提供全程高效的服务，减少人才在各部门间的往返次数，实行并联预审，以有效减少办理事务的等候时间；抓好人才资源信息网络建设，整合现有人才资源，完善专家库，通过人才市场、人才网和人才报（APP）等，多渠道、多途径开展人才信息无缝即时交流，实现信息全面共享，扩大宣传面。

3. 健全跟踪服务机制

建立各级领导干部联系高层次人才制度，深入了解高层次人才的内在需求，为人才及家庭成员提供贴心服务；根据高层次人才在不同阶段的任务及完成情况，派专人提供服务，并针对问题提供“点对点”的跟进服务，及时提出解决方案和反馈信息；对高层次人才配备“创业导师”和“创业助理”，由创业导师提供研究发展、经营管理、市场开拓等方面的经验，扶持企业发展壮大，由创业助理提供从优惠政策落实、寻求融资渠道、外部关系协调到子女入学、配偶就业、住房问题等各方面的帮办服务。

参考文献

[1] 李燕萍，郑安琪，沈晨，罗静子．国家自主创新示范区人才政策评价——以中关村与东湖高新区为例（2009—2013）．武汉大学学报（哲学社会科学版），2016（2）．

［2］张再生，杨庆．海外高端人才政策评估及优化对策研究．天津大学学报（社会科学版），2016（2）．

［3］汪怿．全球人才竞争的新趋势、新挑战及其应对．科技管理研究，2016（4）．

［4］孙海法，王凯，徐福林．政府人才政策与企业人才需求契合关系研究．吉林大学社会科学学报，2016（3）．

社会保障制度下城市贫困家庭境遇差别的因素分析

——以内蒙古通辽市为例

宫　灏　王晓宇*

一、问题的提出与文献回顾

（一）问题的提出

贫困问题作为中国社会最主要的社会问题之一，引起了社会各界的广泛关注。为解决这一社会问题，政府制定了一系列的社会保障制度、社会福利制度，政府、组织和个人也都在致力于反贫困的工作。但是，无论是社会保障制度的实施，还是贫困家庭社会福利的获取，都有很多规则不完善或监管不到位的地方。这就导致贫困家庭在相同的社会保障制度下却有着不同的福利境遇，主要表现为经济层面所获资助的不同，且该不同境遇会进一步导致贫困家庭在政治权利、社会交往、社会心理等各方面的消极后果。这种现象在城市贫困人口群体中更为明显。贫困家庭遭遇的不同境遇也成为我国贫困问题无法得到准确解决的主要原因之一。本文以内蒙古通辽市为例，分析在社会保障制度下影响城市低保家庭福利境遇的诸因素。

（二）文献回顾

在西方国家，关于社会保障制度的萌芽可以追溯到1601年英国伊丽莎白女王时期《济贫法》的颁布。自《济贫法》开始，国家和政府介入了为弱势群体提供社会保障的活动，这在客观上也促进了社会保障形式的重大改变。随着时间的推移，社会保障制度也在

---

* 宫灏，四川大学社会与西部开发研究院，人口学硕士研究生。研究方向：人口社会学。
王晓宇，内蒙古师范大学社会学民俗学学院，人类学硕士研究生。研究方向：文化人类学。

不断地完善，如英国的新《济贫法》、德国的社会保险三法，一直到1935年“罗斯福新政”时期，美国国会通过了《社会保障法》。这部法律首次提出了“社会保障”的概念，这也标志着现代社会保障制度的基本成型，从此全世界各个国家开始普遍建立并实施社会保障制度。到1942年《贝弗里奇报告》的提出，开启了福利国家型的保障模式。到今天，西方国家的社会保障制度已经比较完善，有许多新的社会保障形式，人们可以根据自身的情况选择适合自身的模式。

我国社会保障制度的建立开始于20世纪50年代初，但社会保障的思想与实践自古就有。几十年来，我国的社会保障制度经历了初创、调整、倒退和重建四个阶段。① 诸多学者对国内的社会保障制度，特别是城市居民的最低生活保障制度进行了相关研究。

部分学者围绕着制度、公民和政府三者之间的权责关系进行了分析。例如，郑功成认为建立完善的社会保障制度是政府的义务，社会救助的主体和救助对象之间应该是一种法律上的平等关系。② 他还建议应该将其他社会救济制度纳入最低生活保障制度，使之成为能够满足贫困人口生存需要的综合援助制度。③ 并在《维护生存权与底线公平的根本性制度保障》中提到最低生活保障制度保障了贫困居民基本的生存权，对其在国家社会保障制度中发挥的作用给予了充分肯定。④ 李景韬认为在城乡发展过程中政府起到关键的作用，主要体现在提供财政上的支持，同时对施行社会保障的机构进行职能上的监督和管理。⑤ 李杰矩认为政府是城市低保制度实施过程中的责任主体，实行低保制度是对国家财政收入进行再分配的一种形式。⑥

部分学者对与低保制度相关的其他一些保障制度进行了整体的研究。如洪大用提出低保家庭的贫困问题不仅仅体现在经济方面，它同时涉及教育、就业、医疗及心理等很多方面。应该在实施低保制度的同时关注这些相关配套措施的建立，这些相关制度与低保制度同时发挥作用，才能使低保家庭的贫困问题得到有效处理。⑦

另有学者对城市低保家庭的社会支持网络进行了研究。如尹海洁通过对哈尔滨市256户低保家庭的调查访问，发现城市贫困人口的经济支持网络有规模小、同质性强和主要由强关系构成的特点。⑧ 贺寨平、曹丽莉、张凯用定量研究的方法对天津城市贫困人口的社会支持网络进行研究，探讨了贫困人口社会网络的时空分布的基本状况及其决定因素，并

---

① 史柏年：《社会保障概论》，1页，北京，高等教育出版社，2004。
② 郑功成：《社会保障学——理念、制度、实践与思辨》，70页，北京，商务印书馆，2000。
③ 郑功成：《社会保障学——理念、制度、实践与思辨》，61页，北京，商务印书馆，2000。
④ 郑功成：《维护生存权与底线公平的根本性制度保障》，载《中国社会保障》，2009（9）。
⑤ 李景韬：《政府在城乡社会保障统筹建设中的作用分析》，载《发展杂志》，2009（2）。
⑥ 李杰矩：《城市居民最低生活保障制度发展探讨》，载《中国社会报》，1997（12）。
⑦ 洪大用：《进一步完善中国救助体系的若干问题》，载《长沙民政职业技术学院学报》，2003（3）。
⑧ 尹海洁：《城市贫困人口的经济支持网研究》，哈尔滨，哈尔滨工业大学出版社，2008。

指出其网络时间上延续较长，空间上分布狭小的特点。①

还有学者对我国城市居民最低生活保障制度的缺陷进行了研究。如唐钧认为我国的最低生活保障制度虽然能保证将有限的资金用到救助对象身上，但是这不能从根本上解决低保家庭的贫困问题，所谓“授之以鱼不如授之以渔”，缺点就是不能“授人以渔”。②“祝建华对我国城市最低生活保障制度实施过程中所出现的问题和缺陷进行了研究，认为我国城市居民最低生活保障制度的实施理念和目标应该从保障基本生存权转向促进社会发展，从满足城市弱势群体的基本生活需要转向促进全社会各阶层的和谐”③。郭健美与邢洁针对城市低保的边缘群体，从社会救助机制的角度进行研究。“当前的社会救助政策没能覆盖到这些边缘群体，因此，应针对这一群体对低保制度进行完善，坚持以人为本、范围广泛、救助多元性、实施渐进性的原则”④。

综上所述，我国的社会保障制度发展时间较之国外要短，但是政府一直致力于在制度实施过程中不断发现问题、解决问题，使其更加完善。社会保障制度特别是城市最低生活保障制度虽得到了学者的广泛关注，但他们大都从制度的角度分析其缺陷，而较少从贫困家庭的角度出发，分析其在谋求社会福利的过程中的境遇差别。

二、概念的界定

（一）社会保障

本文提到的社会保障指“以保障民生为目的，以国家制定的相关法律作为保障，政府部门和社会组织作为保障主体，对保障对象提供物质帮助和服务的制度和事业，其中保障对象是指那些有经济困难或者因社会风险事故造成不能满足基本生存需要的全体公民”⑤。

（二）城市最低生活保障制度

根据《城市居民最低生活保障条例》可以得出这样一个定义：“城市居民最低生活保障制度指政府部门为保障城市贫困居民的基本生存需要，以当地公布的最低生活保障线作为标准，对那些家庭收入在保障线之下的城市贫困居民进行援助的制度。地方政府部门在这一过程中起到主要责任，实施过程中以入户调查为主，实行动态管理。”

① 贺寨平、曹丽莉、张凯：《城市贫困人口的社会支持网研究》，34页，北京，中国社会出版社，2011。

② 唐钧：《城乡低保制度：历史、现状与前瞻》，载《红旗文稿》，2005（18）。

③ 祝建华：《城市居民最低生活保障制度的理念转型与目标重构》，载《中州学刊》，2009（5）。

④ 郭健美、邢洁：《城市低保边缘群体社会救助机制的设计与完善》，载《经济与社会发展》，2009（8）。

⑤ 史柏年：《社会保障概论》，196页，北京，高等教育出版社，2004。

三、城市贫困家庭的现状

（一）贫困家庭的现状

笔者家于2006年被认定为城市低保家庭，自2008年起居住在通辽市科左后旗甘旗卡镇的廉租房小区。对于贫困家庭的材料获取主要源于自身的生活经历和就地田野调查。在调查中发现，通辽市的贫困家庭主要以下岗职工、失业者和残疾人为主，基本为中、老年人，贫困类型主要是诱发性贫困，很多家庭有负债。部分家庭居住面积小，甚至没有住房。虽然城市贫困人口有社会保障的支持，但是如果家庭成员中有重大疾病，或者是有子女在上学，那么他们将无法负担。大部分家庭享受城市最低生活保障，但也有一小部分家庭没有，这一小部分家庭没有享受城市低保金的原因，正是下文将要讨论的。

（二）城市居民最低生活保障标准

一个家庭是否能够享受最低生活保障是政府部门根据最低生活保障标准确定的。由于各国的经济发展水平和生活质量有很大差异，所以最低生活保障标准每个国家都不一样，一国中各个城市的标准也不同。这个标准要根据当地的经济发展水平、消费水平、需求结构等各方面来确定。确定最低生活保障线的方法主要有市场菜篮法、恩格尔系数法、国际贫困标准法等。

下表为2015年通辽市内各个旗县关于城市最低生活保障的标准①：

2015年通辽市内各旗县城市最低生活保障基准线

地区	旗县（市、区）	城市保障标准（元/月）
通辽市	平均标准	540
	科尔沁区	550
	霍林郭勒市	580
	科左中旗	520
	科左后旗	520
	开鲁县	520
	库伦旗	520
	奈曼旗	520
	扎鲁特旗	520
	开发区	580

① 资料来源：http://www.northnews.cn/2015/0227/1873124.shtml。

政府制定并实施社会保障制度，特别是城市低保制度，就是要给那些不能满足基本生存需要的城市贫困居民一定的援助。这种类型的援助，其目的不是使他们快速地脱离贫困，而是旨在维持他们的基本生活，维持人的基本生存权。

（三）申请社会救助的福利境遇差别

城市贫困居民都希望通过申请城市最低生活保障金来满足生活需要。政府有意愿，同时更有责任去援助这些贫困人群。但是，本来“你情我愿”的事最后却出现了诸多不公平的结果，使得低保制度的真实目的无法完全实现。调查发现，贫困人口在申请最低生活保障的过程中有以下几种不同的境遇：第一，符合低保条件的家庭能够获得城市低保的待遇，但其中有一部分符合条件的家庭却没有获得低保资格。第二，在这些获得低保的家庭中还可分为享受的低保资助与其贫困程度相符合的家庭和资助情况与其贫困程度不相符合的家庭两类。低保资助与其贫困程度不相符合的家庭还可分为两种，即获得低保的资助超出于其贫困程度所应该享受的标准和获得低保的资助远差于其贫困程度所应该享受的标准。值得注意的是，一些不符合低保条件的家庭也能够获得低保待遇。以上论述可总结如下图：

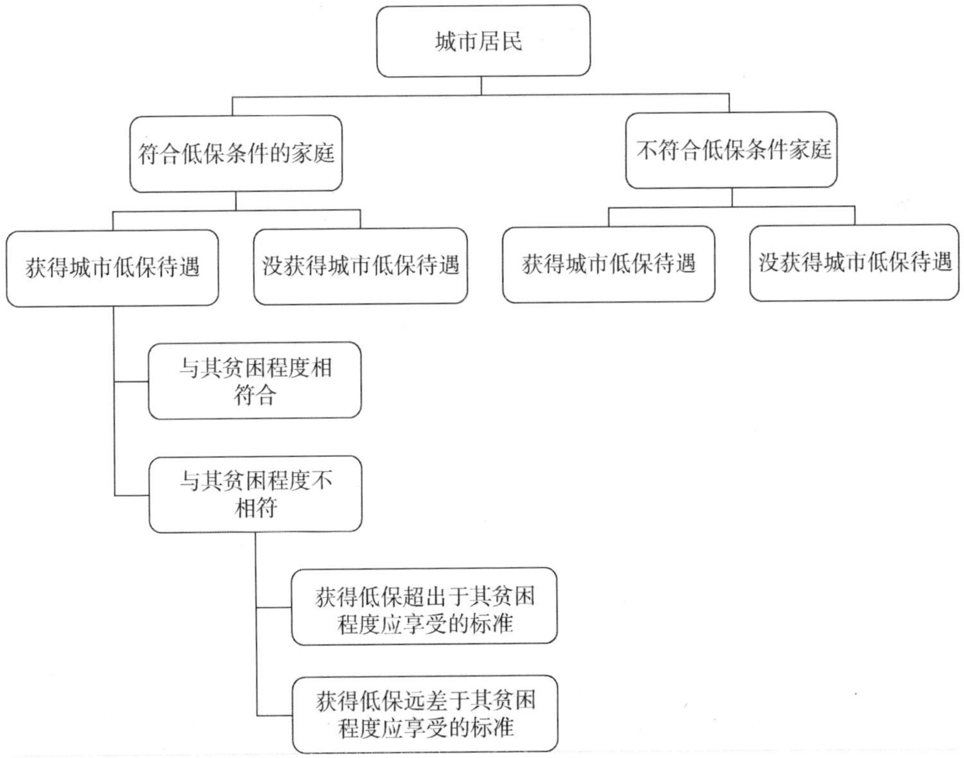

图1　申请最低生活保障时的不同境遇

正常情况下，国家的社会福利制度实施结果应该是符合条件的贫困家庭获得与其贫困程度相符合的低保待遇，但是从图中我们可以看到有很多预期之外的情况出现，也就是本文所说的不同福利境遇。

图中表示的仅是享受低保金待遇的差别，这是经济上的差别。当这种经济上的差别发生后，贫困家庭还要面对因经济差别带来的政治权利、社会交往、社会心理等各个方面的消极后果。例如，在政治权利方面，这些贫困家庭成员可能把不公平待遇归结于政府工作人员的以权谋私，对他们产生怨恨，与公务人员之间关系日趋紧张。在社会交往方面，没得到低保待遇的家庭生活无法维持，在社会交际方面会更与社会隔绝，同时他们还会对那些得到低保待遇的家庭产生嫉妒心理甚至是敌意。在得到低保待遇的家庭中，由于享受标准的不同，邻里之间可能相互排斥、发生争执等。在社会心理方面，贫困家庭会产生怨恨、嫉妒这样的负面情绪，并且这些负面情绪可能会影响到下一代的价值观和社会认知，从而导致贫困的恶性循环。

四、城市贫困家庭福利境遇差别的原因

（一）从社会保障制度的实施过程分析

1. 制度实施主体的因素

（1）地方政府不重视。城市最低生活保障制度是国家制定并组织实施的，但是政策落实到地方政府，特别是乡镇一级政府时，得不到重视。通辽市作为内蒙古自治区比较大的一个盟市，是蒙古族最集中的地方。考虑到民族特征以及当地情况，政府实施城市最低生活保障制度时会着重考虑民族成分，可能出现偏袒少数民族的情况，实施过程也松懈不严谨。同时，对于从事相关低保工作的人员也没有进行严格的监督和管理，权责不明确。因此，政府工作人员不重视的工作态度就可能会使一些真正贫困的家庭得不到资助，而一些不够贫困标准的家庭钻了漏洞。

（2）对居民家庭经济状况的审查存在问题。通辽市申请城市最低生活保障金的流程是：城市居民先提交低保申请。然后，管理审核部门会通过入户调查、访问等形式，对申请低保金家庭的经济状况进行核实。最后，确定最终符合情况的家庭。在这一过程中，少数家庭为了得到城市低保的资格，弄虚作假，隐瞒真实的财产金额，少报甚至不报，工作人员却视而不见。随着通辽市低保制度审查流程的完善，民主审议和公示的流程让所有居民都可以对审查结果提出质疑。但是，居民的金融资产、固定资产、车辆信息、社会保险等分散在其他机构和部门的信息，市民政部门的工作人员没法获得，所以不能有效核实。许多居民在外务工，在调查他们的家庭收入和家庭具体的人口数时，如果他们对自己的工

作和收入状况隐瞒不报，那么民政部门工作人员也无法有效核实。

2. 组织因素

（1）监督管理不严格。无论是社区、街道办事处还是民政部门的工作人员，可以说他们在审批低保的工作中都有着很大个人化“权力”，因此难免会出现利用职权之便，与关系户一同弄虚作假的现象。同时，当这些工作人员的亲属申请低保的时候，他们也会格外照顾。所以，出现了“骗保”“关系保”“人情保”。

（2）基层低保工作人员数量不足和素质较低。城市低保的受理、审核、调查和申报工作非常复杂，工作量很大。这些工作主要由社区居委会的工作人员完成。工作人员每天都要入户调查、整理审核材料，人员的数量明显不足。同时，很多社区居委会的工作人员文化水平不高，对政策和工作程序缺乏了解。工作态度不好，很可能与居民发生矛盾冲突。同时，有许多工作人员是汉族，他们不懂蒙古语，在核实蒙古族贫困家庭情况时有语言上的障碍。

（3）宣传工作不到位。有关城市低保制度的信息主要通过三条渠道进行宣传，即民政部门官方网站、广播电视以及政府公告公示。但是，这三种渠道都存在各自的缺陷。如官方网站更新不及时，耽误了贫困居民及时申报低保。同时，很多关键性文件在网络上查询不到。信息公示的时间不符合标准，公示的信息也是晦涩难懂，对于那些文化水平比较低的人根本就是“天书”。

3. 信息因素

贫困家庭谋求社会福利过程中的境遇差别，与政府工作人员的工作方式有关。主要体现在现行体制下的信息流通呈现单一渠道的特点，其导致了信息在流通的过程中必然会出现一定程度的筛选与屏蔽。

单一渠道是指下级对上级的汇报与上级对下级的监督所使用的是同一信息渠道。当上级行政部门向下级行政部门了解工作情况的时候，下级必须按照所属逐级向上汇报，不能越级；当上级监督审核下级工作时，也使用同样的方式。由下到上与由上到下使用同一信息渠道，如图 2 所示。

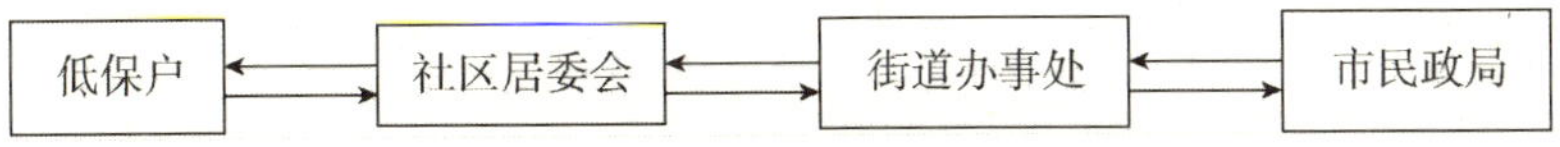

图 2　行政部门的信息渠道①

当下一级行政部门向上级行政部门汇报工作情况时，汇报人会考虑自身利益、所属小

① 尹海洁：《城市贫困人口的经济支持网研究》，413 页，哈尔滨，哈尔滨工业大学出版社，2008。

团体或组织利益的得失，从而对所要汇报的信息进行筛选或者一定程度的屏蔽，把那些对自身有力的信息汇报于上级，而且汇报的过程中会把这些有利的信息夸大；汇报对自身不利的信息时，这些信息只是一带而过或者缩小其危害，有的不利信息自然就被屏蔽了。当有上级行政部门向下级了解工作情况时，因为对下级具体的工作情况不了解，都是由下级工作人员解释汇报，那些不利的信息就被屏蔽了。这种情况在现有体制中是不可避免的。于是，就出现了上级部门不知道出了什么问题，知道了也得不到解决的现象。

单一渠道的信息流通方式导致假贫困家庭的出现，假贫困家庭是指那些不符合条件但获得社会福利的家庭以及获得社会福利的资助超出于其贫困程度应该享受的标准的家庭。国家为解决贫困问题所制定的社会福利制度是一项涉及所有居民、覆盖非常广泛的制度，其影响很大。制定这项制度的同时考虑到这种假贫困现象的发生，也制定了与其相对应的严格的法规条例。例如由各级低保管理审核部门对通过审批并享受城市低保待遇的居民，以户为单位进行公示，接受全体公民的监督。对于那些不符合享受低保条件但仍领取低保金及低保物质资助的家庭，任何公民都有权利向管理审核部门提出意见，管理审核部门应按程序受理意见，并对所反映的情况进行调查核实，如若情况属实，应及时处理，取消其低保资格。[①] 针对这样的法规条例，各民政部门在实施过程中都非常注意细节，极尽完善这项福利制度。例如，内蒙古通辽市的低保审批流程如下图：

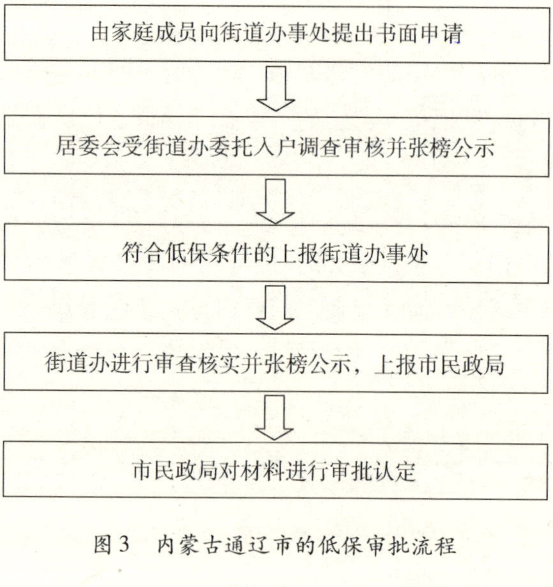

图3　内蒙古通辽市的低保审批流程

① 来源于：中华人民共和国国务院令，2004年第271号，《城市居民最低生活保障条例》，http: www. jincao. com/fa/law12. 07. htm。

可以看到，这一流程从办事的效率与效果上看已经没有漏洞，不会让那些假贫困家庭钻了空子。但是假贫困现象依然存在，这只能说明是执行过程中发生了一些违规操作。可能是在申请和审批的过程中，居委会的工作人员没有认真负责；可能是工作人员利用职权之便与假贫困家庭一起弄虚作假；可能是街道办事处的工作人员没有认真核实。通过调查发现，很多居委会并没有把低保户的调查核实结果公示出来，没有申请低保的居民根本不知道哪些家庭申请了，哪些家庭享有低保待遇。

（二）从贫困家庭的角度分析

1. 信息获得的缺陷

信息获得的缺陷是如何影响贫困家庭福利获取的呢？究其原因，是多数家庭对社会保障制度及相关的政策、法规条例不了解。在信息公开写入行政法后，有关社会民生的制度政策老百姓应该是了解的，但现实情况却恰恰相反。国家发布的政策信息的获得主要有以下几种渠道：互联网、广播、电视和报纸获得信息、政府部门的宣传以及道听途说。

通过调查发现，首先，这些贫困人群主要是中、老年人，其文化水平比较低，很难通过互联网与阅读报纸这两种渠道获得信息。即使有一些人可以熟练地使用计算机，但民政部门的官方网站上关于社会福利的政策信息却并不丰富。并且，网站更新不频繁，有时一个月更新一次，如果没有什么重大事件，甚至几个月都不更新。其次，虽然政务公开了，但是很多政府部门的红头文件是不公开的，这些信息只有那些被称为“体制内的人”才了解。公开的信息宣传力度不够，即使是宣传也不会入户到各个家庭中去，信息公示的时间不符合标准，公示的信息也是晦涩难懂。电视新闻以及道听途说成为获得信息的主要渠道。电视虽然会报道相关的信息以及一些政策的发布和调整，但并没有介绍具体细节。因此，获得福利政策相关信息最主要的方式就是听“别人”说。人们生活在一个相互联系的社会中，每个人都会与其生活环境周边的或与其有血缘、地缘、业缘关系的人相互交往，信息的交流就是交往过程中的主要环节。贫困家庭主要就是通过这一渠道来获得政策信息的。

根据霍夫曼的交换理论，人们之间的交往具有功利性，交往过程中渴望从对方身上有所收获。[1] 这就导致一些不掌握资源的贫困家庭社会关系狭窄，甚至是与外界隔绝。这样就会发生当有社会福利要发放时，这些贫困家庭并不知情，没有申报或是错过申报的时间，出现条件不符合、材料不齐全等情况。因此，就有了符合条件的家庭不能获得社会福利的情况发生。

---

① 侯钧生：《西方社会学理论教程》，221页，天津，南开大学出版社，2010。

2. 社会资本因素

著名社会学家布迪厄使用了物理学中场域的概念。他指出场域作为一个冲突的社会空间，这一社会空间中的行动者都利用自身的资源去获取自己的利益。他在这种观点中还引入了资本的概念，他将资本划分为经济资本、文化资本、社会资本和符号资本。在本文中，我们主要关注的是社会资本。“社会资本是指当一个人拥有某种持久性的社会关系网络时，这种社会关系便成为他实际的或潜在拥有的资源。一个人拥有的社会资本量既取决于他可以有效调动的关系网络的规模，也取决于网络中各个成员所拥有的资本（经济的、文化的与符号的）的容量。社会资本并不是天然产生的，而是通过持续性的建构、经营，有意识地笼络、交往与反复协调才能形成；这种资本的再生产还决定于那些促进正当交换活动、排斥不合法交换活动的各种制度”①。

（1）资本占有量在信息获得方面的作用。上文提到，贫困人口在谋求社会福利的过程中有不同境遇是因为信息方面的缺陷，这一点我们可以用社会资本的理论来解释。贫困家庭主要是从亲人、朋友和邻居等有亲密关系的人口中了解有关于社会福利方面的信息。这些人处在贫困家庭成员的社会关系网络之中，也就成为贫困家庭所掌握的资源，即社会资本。我们可以根据贫困家庭中成员的社会关系网络的大小来区分他们社会资本占有量的多少。社会关系网络大的家庭，他们所拥有的社会资本就多；反之，他们所拥有的社会资本就少。掌握社会资本多的家庭，社会关系网络大，在这社会关系网络中更有可能存在政府工作人员，这使得他们获得社会福利信息的可能性就大，那么获得社会福利的机会也就更大一些；反之，则机会就小。也就是说，掌握社会资本多的贫困家庭获得社会福利的可能性更大。社会资本就是这样在谋求社会福利的过程中起作用，社会资本占有量直接影响贫困家庭掌握社会福利政策信息的多少。

（2）在获取申请低保过程中的作用。如果贫困家庭都及时掌握了社会福利政策的信息，信息真实并且有效，他们依据所获得的信息判断出自身符合申报的条件，并且都已经及时地申报到了居委会。那么，是什么原因导致在几个月过后，一些家庭已经有街道办事处的工作人员到家中入户调查核实，另外一些家庭却没有进入核实程序呢？出现这种情况，主要还是社会资本在其中起作用。

城市低保家庭的认定数量有限，但贫困家庭数量多，导致城市低保制度不能满足所有贫困家庭谋求保障的需要。这就使得认定与否不再取决于条件是否满足，而是被认定家庭的社会资本情况。贫困家庭的社会资本量，决定了其社会关系网络的大小以及社会关系网络所涉及的范围。因此，认识行政工作人员的可能性越大，获得社会保障制度救济的可能性也就越大。

① 侯钧生：《西方社会学理论教程》，413页，天津，南开大学出版社，2010。

五、城市低保制度与目标群体的相互关系

城市低保制度是为解决城市贫困人口问题而制定的。这一制度在实施的过程中，也为适应贫困家庭的需要而不断改进完善。厘清城市低保制度与目标群体贫困人口之间的相互关系，对于我们认识城市低保制度，了解城市贫困人口的情况，探讨城市贫困人口依靠社会保障制度摆脱贫困有很大的帮助。

起初，全国各省的贫困标准是统一的，给予补助也遵循一致的原则。到 1994 年各地方政府才开始出现差异，根据本地的实际情况确定标准，给予贫困家庭符合当地标准的经济补助。低保制度的推广很迅速，但是各地在实施的过程中没有经验，制度不完善，让很多人钻了空子。1999 年颁布的《城市居民最低生活保障条例》，使这一制度有了明确的实施标准，得到法律的保障。到今天，城市低保制度已经比较完善，是城市贫困居民谋求基本生存权的主要方式。例如，通辽市为防止“人情保”“关系保”的现象提出了《城乡低保经办人员和嘎查村（居）民委员会干部近亲属享受低保待遇备案办法》《通辽市城乡低保投诉举报核查办法》。为完善贫困家庭的认定，还提出《通辽市城市低收入家庭认定办法》。

城市低保制度的制定实施也对城市贫困居民有很大的影响。比如笔者自己家，父母都是下岗工人，这符合城市低保的认定标准。但从 1999 年到 2006 年之间，家里都没有享受过低保金的帮助。其主要原因有二：第一，父母常年在外打工根本不知道有城市低保制度。第二，多年不回家乡，人际关系脱节。第一点只能解释 1999 年到 2004 年之间没获得低保金的原因。但自从 2004 年回乡之后，听说这一制度后，开始申请，但始终得不到回应。后通过家里长辈的朋友，朋友又找在民政局工作的亲戚才引起社区关注。又通过不断地申请及社区工作人员的调查走访，直到 2006 年才被认定为城市低保家庭。这一漫长的过程对笔者家产生了很大影响。首先，对城市低保制度以及低保金的申请流程、相关规定都有了深入的了解；其次，通过不断地申请，认识了很多社区、街道办以及民政局的工作人员，还有很多一起申请低保金的贫困户。这两点影响对于笔者家多年之后回乡生活，重新融入家乡生活有很大的帮助。

笔者之后在廉租房小区的生活中还发现，很多贫困家庭开始时一起申请低保金。但每个家庭在申请城市低保金的过程中会遭遇福利境遇的差别，这种城市贫困家庭的境遇差别会对他们今后生活中的人际关系、社会心理产生很大影响。

总结以上内容，城市低保制度与目标群体贫困人口之间的关系就是，低保制度因贫困人口而制定，因贫困人口而不断完善；贫困人口因低保制度而维持生计，因低保制度而获得了摆脱贫困的机会，因低保制度而获得了与普通家庭不同的生活经历。

六、结　语

城市贫困家庭是指处在贫困边缘的家庭和低保家庭，这些家庭在申请城市最低生活保障的过程中遭遇的不同境遇主要源于城市低保制度实施主体的缺陷。城市低保制度实施的主体是行政部门，精准扶贫的要求提出之前，地方政府不重视扶贫工作，特别是在审查贫困情况的过程中，对居民家庭经济状况的审查也存在问题，这导致很多家庭没有得到社会保障制度的救济。贫困家庭不同境遇的另一个重要因素就是贫困家庭掌握社会资本的状况。贫困家庭掌握社会资本的多少直接影响了其能否获得社会救济，贫困家庭掌握的社会资本越多，越容易了解到社会保障制度的相关信息，从而获得社会救济的可能性就越大。

应深刻认识城市低保制度与目标群体贫困人口之间相互促进、相互影响的关系。建议贫困家庭在通过社会保障制度谋求帮助时，应积极主动地了解相关的政策信息。政府部门自身也存在着组织、信息传递等方面的缺陷。应深入贯彻习近平总书记提出的精准扶贫的要求，把扶贫工作作为全面建成小康社会的重点，不断提高行政工作人员的素质，制定统一的工作流程、工作标准。希望通过对城市贫困家庭不同境遇的影响因素的分析，使城市贫困家庭在今后的生活中得到应有的支持。

参考文献

[1] 李馨．完善我国城市居民最低生活保障制度的对策研究．渤海大学硕士学位论文，2012.

[2] 郑功成．中国社会保障制度的变迁与评估．北京：中国人民大学出版社，2002.

专题报告

“美丽中国”省区建设水平（2016）研究报告（简本）

四川大学“美丽中国”研究所

一、研究背景

十八届五中全会审议通过了《中共中央关于制定国民经济和社会发展第十三个五年规划的建议》和《中国共产党第十八届中央委员会第五次全体会议公报》。全会强调到2020年要全面建成小康社会，为了实现这一目标，我们必须牢固树立并切实贯彻创新、协调、绿色、开放、共享的发展理念。会议明确指出：坚持绿色发展，必须坚持节约资源和保护环境的基本国策，坚持可持续发展，坚定走生产发展、生活富裕、生态良好的文明发展道路，加快建设资源节约型、环境友好型社会，形成人与自然和谐发展现代化建设新格局，推进美丽中国建设，为全球生态安全做出新贡献。

2016年12月21日习近平总书记主持召开中央财经领导小组第十四次会议时对我国生态文明建设做出重要指示强调，生态文明建设是“五位一体”总体布局和“四个全面”战略布局的重要内容。各地区、各部门要切实贯彻新发展理念，树立“绿水青山就是金山银山”的强烈意识，努力走向社会主义生态文明新时代。要深化生态文明体制改革，尽快把生态文明制度的“四梁八柱”建立起来，把生态文明建设纳入制度化、法治化轨道。要结合推进供给侧结构性改革，加快推动绿色、循环、低碳发展，形成节约资源、保护环境的生产生活方式。要加大环境督查工作力度，严肃查处违纪违法行为，着力解决生态环境方面突出问题，让人民群众不断感受到生态环境的改善。各级党委、政府及各有关方面要把生态文明建设作为一项重要任务，扎实工作、合力攻坚，坚持不懈、务求实效，切实把党中央关于生态文明建设的决策部署落到实处，为建设美丽中国、维护全球生态安全做出更大贡献。

党的十八大报告首次提出“美丽中国”的概念，强调建设“美丽中国”，并把生态文明建设放在了突出地位，尤其强调了在经济建设、政治建设、文化建设、社会建设中生态文明的融入。十八大以来，党中央从美丽中国“五位一体”总体布局的战略高度，对生态文明建设提出了一系列战略部署，为推进生态文明、努力建设美丽中国、实现中华民族永续发展指明了前进的方向和建设路径。

全国唯一的“美丽中国”研究机构——四川大学“美丽中国”研究所对“美丽中国”进行了持续而深入的研究，成立了“美丽中国”建设水平评价课题组，课题组成员认为“美丽中国”概念是美学概念、生态学概念和社会学等多学科概念的统一，是学术概念与治国理念的高度统一，是时代趋势、人民呼声与集体智慧的统一。它有三个基本点：一是突出生态文明建设；二是强调生态文明建设融入经济、政治、文化、社会建设；三是“美好生活”这一奋斗目标。因此，美丽中国，是环境之美、时代之美、生活之美、社会之美、百姓之美的总和，是世界视野、国家高度和百姓感受的统一，是中国价值、中国目标和中国道路的统一。而建设美丽中国，核心就是要按照生态文明要求，通过生态、经济、政治、文化及社会五位一体的建设，实现人民对美好生活的追求，实现民族伟大复兴的“中国梦”。（参见图1：“美丽中国”概念模型图）

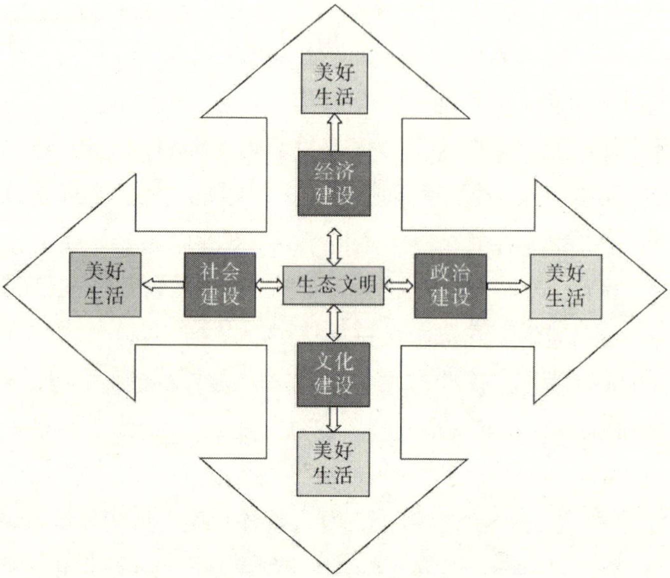

图1 “美丽中国”概念模型图

《“美丽中国”省区建设水平（2016）研究报告》是“美丽中国”省区“五位一体”建设水平的研究报告。四川大学“美丽中国”研究所密切结合党中央精神，深入研究“美丽中国”的深层含义，广泛参考“美丽中国”建设相关研究成果，“美丽中国”省区建设评价指标体系在上一年指标体系基础上，根据国家的最新发展战略和发展重点，新增了部分指标。新增指标包括：国家生态市建设、国家水生态文明城市建设、国家级特色小镇建设等。

四川大学“美丽中国”研究所根据党中央关于美丽中国——生态文明建设的战略部

署，完善“美丽中国”建设评价体系的指标选取和权重分配，科学评价“美丽中国”建设水平。需要指出的是，港澳台地区因统计口径不相同，暂不包括在本报告中。

课题组负责人：

蔡尚伟教授，博士生导师，四川大学“美丽中国”研究所所长、四川大学社会发展与西部开发研究院副院长、四川大学文学与新闻学院教授、四川大学文化产业研究中心主任。

程励教授，博士生导师，四川大学“美丽中国”研究所执行所长、四川大学历史文化学院教授、美国普渡大学客座教授。

课题组核心成员：

龙莉、应厚非、宋艳丽、帅志强、张舒媛、廖敏、杜青岳、张媛媛、高娥、魏铭、谢丽、李占胜、张丽霞、邓梦静、余婷婷、徐玉梅、田良、张丽。

二、指导设计原则和指标体系构建

“美丽中国”省区建设水平评价的主要目的是根据“美丽中国”的生态、经济、政治、文化和社会“五位一体”建设综合发展、融入生态文明的理念，客观科学地测评相关省区的建设水平，促进各地深入、有效建设“美丽中国”。

（一）指标设计的指导原则

衡量指标的选择要求既要充分反映各个省区“美丽中国”的建设现状，也要呈现“美丽中国”省区建设力度和潜力。“美丽中国”建设水平评价课题组成员在参考国内外城市相关评价指标体系和学术研究成果的基础上，遵循导向性、合理性、客观性、开放性等指导原则选取评价指标。

1. 导向性原则

指标体系要充分发挥导向、引领作用，激励各省区进一步增强科学发展意识和发展能力，创新体制机制，切实有效地加快科学发展进程。指标设置要与党的十八大报告、十八届三中全会决定、习近平讲话和中央“十二五”规划建议等相关国民经济和社会发展规划指标衔接一致，以增强指标体系的政策导向与实践意义。

2. 合理性原则

指标选取符合逻辑，具有充分的代表性和论证性。测算方法基于学界现有的研究基础。在坚实的学理基础上，征求相关领域专家意见，选取充分反映“美丽中国”三个基本方面建设水平的指标。

3. 客观性原则

指标选择具有客观性，同时兼顾统计数据的权威性、可获得性，使指标可采集、可量化、可对比。

4. 开放性原则

指标体系具有动态性和开放性，根据国家和地区发展的阶段性以及评价对象的差异性对指标体系进行补充、完善和修订。

（二）指标体系

根据以上指导原则，“美丽中国”评价指标体系由生态维度、经济维度、政治维度、文化维度、社会维度构成，分别反映生态之美、发展之美、治理之美、文化之美与和谐之美，评价指标体系具体框架如图 2 所示。

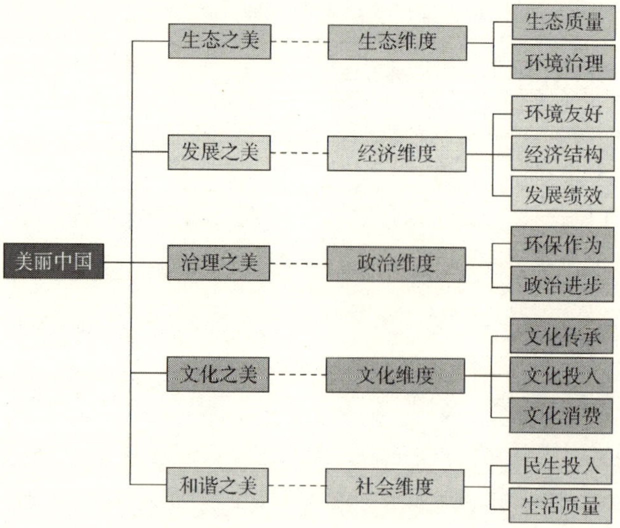

图 2　评价指标体系框架图

“美丽中国”省区建设指标体系坚持开放性和动态性原则，在 2015 年指标体系基础上进行微调，由生态维度、经济维度、政治维度、文化维度、社会维度 5 个一级指标、12 个二级指标、57 个三级指标构成。相关指标体系如表 1 所示：

表 1　指标体系

一级指标	二级指标	三级指标	单位	备注
一、生态维度	（一）生态质量	1. 世界自然遗产地数量（含双遗产地）	处	正指标
		2. 国家级自然保护区数量	处	正指标
		3. 国家级风景名胜区数量	处	正指标

续表

一级指标	二级指标	三级指标	单位	备注
一、生态维度	（一）生态质量	4. 国家级地质公园数量	处	正指标
		5. 森林覆盖率	%	正指标
		6. 湿地面积占辖区面积	%	正指标
		7. 建成区绿化覆盖率	%	正指标
		8. 每万人拥有的国家级自然保护区面积	公顷/万人	正指标
		9. 每万人拥有的森林及草原面积	公顷/万人	正指标
		10. 人均水资源量	立方米/人	正指标
		11. 人均公园绿地面积	平方米	正指标
	（二）环境治理	1. 一般工业固体废弃物综合利用	%	正指标
		2. 生活垃圾无害化处理率	%	正指标
		3. 污水处理率	%	正指标
二、经济维度	（三）环境友好	1. 万元国内生产总值能耗	吨标准煤/万元	逆指标
		2. 单位 GDP 主要废气污染物（SO_2、NO_2、烟粉尘）排放量	千克/万元	逆指标
		3. 单位 GDP 废水排放量	吨/万元	逆指标
	（四）经济结构	1. 地区 GDP 总量	亿元	正指标
		2. 第三产业增加值占 GDP 比重	%	正指标
		3. 居民消费占 GDP 比重	%	正指标
	（五）发展绩效	1. 人均城乡居民储蓄存款额	元	正指标
		2. 城镇居民人均可支配收入	元	正指标
		3. 农村居民人均纯收入	元	正指标
		4. 城镇居民可支配收入比上年增长	%	正指标
		5. 农村居民纯收入比上年增长	%	正指标
		6. 国家级特色小镇数量	个	正指标
		7. 国家级重点贫困县数量	个	逆指标
三、政治维度	（六）环保作为	1. 节能环保支出占公共财政预算支出的比重	%	正指标
		2. 农林水事务支出占公共财政支出的比重	%	正指标
		3. 国家级生态文明先行示范区数量	个	正指标
		4. 国家生态市（县区）数量	个	正指标

续表

一级指标	二级指标	三级指标	单位	备注
三、政治维度	（六）环保作为	5. 国家水生态文明城市建设试点数量	个	正指标
		6. 近一年突发环境事件次数	次	逆指标
	（七）政治进步	1. 是否实施自然资源资产离任审计制度		正指标
		2. 是否实施干部差异化绩效考核制度		正指标
		3. 是否实施差额选举		正指标
四、文化维度	（八）文化传承	1. 世界文化遗产地数量（含双遗产）	处	正指标
		2. 世界非物质文化遗产数量	个	正指标
		3. 国家级重点文物保护单位数量	处	正指标
		4. 国家非物质文化遗产数量	个	正指标
		5. 中国传统村落数量	个	正指标
	（九）文化投入	1. 文化体育与传媒支出占地方公共财政预算支出比重	%	正指标
		2. 每百万人拥有博物馆数量	个/百万人	正指标
		3. 每百万人拥有文化馆数量	个/百万人	正指标
		4. 每百万人拥有公共图书馆数量	个/百万人	正指标
	（十）文化消费	1. 城镇居民人均全年文化教育娱乐的现金消费占全年消费支出比重	%	正指标
		2. 农村居民人均全年文化教育娱乐的现金消费占全年消费支出比重	%	正指标
五、社会维度	（十一）民生投入	1. 教育支出占公共财政支出比重	%	正指标
		2. 社会保障与就业支出占公共财政支出比重	%	正指标
		3. 住房保障支出占公共财政支出比重	%	正指标
		4. 医疗卫生支出占公共财政支出比重	%	正指标
	（十二）生活质量	1. 城镇居民人均住宅建筑面积	平方米	正指标
		2. 农村居民人均居住面积	平方米	正指标
		3. 每万人拥有公共交通车辆	辆/万人	正指标
		4. 每万人拥有医护人员数量	人/万人	
		5. 城乡居民收入比（农村 =1）	%	逆指标
		6. 平均预期寿命	岁	正指标

1. 生态之美——生态建设指标

习近平总书记强调，走向生态文明新时代，建设美丽中国，是实现中华民族伟大复兴的中国梦的重要内容。“美丽中国”建设要突出生态文明，要求地方各级政府树立尊重自然、顺应自然、保护自然的生态文明理念。因此，“美丽中国”建设水平评价应突出生态指标的分量，才能更加科学地评价生态建设情况。该项评价的二级指标设置为生态质量与环境治理。生态质量指标设置为森林覆盖率、每万人拥有的国家级自然保护区面积、每万人拥有的森林及草原面积、建成区绿化覆盖率、湿地面积占辖区面积等。环境治理下设生活垃圾无害化处理率、污水处理率、一般工业固体废弃物综合利用率指标。

生态建设指标主要反映生态环境现状和环境治理程度，体现保护生态和环境治理的要求。

表2　生态之美——生态建设指标

二级指标	三级指标	指标说明
生态质量	1. 世界自然遗产地数量（含双遗产地）	通过自然遗产、森林、湿地等反映省区的生态本底，是衡量省自然资源情况的重要指标。通过公园绿地建设和城区绿化情况充分反映了建成区内绿化状况，衡量建成区内对环境的保护力度。森林、湿地、水资源情况数据反映了生态资源实际状况，是反映整体生态环境水平的重要指标
	2. 国家级自然保护区数量	
	3. 国家级风景名胜区数量	
	4. 国家级地质公园数量	
	5. 森林覆盖率	
	6. 湿地面积占辖区面积	
	7. 建成区绿化覆盖率	
	8. 每万人拥有的国家级自然保护区面积	
	9. 每万人拥有的森林及草原面积	
	10. 人均水资源量	
	11. 人均公园绿地面积	
环境治理	12. 一般工业固体废弃物综合利用	反映工业固体废弃物的利用程度，这是反映地区循环经济发展的重要指标
	13. 生活垃圾无害化处理率	反映生活垃圾的处理程度。生活垃圾已成为省区环境的主要污染源之一，要加强资源循环利用和生态环境保护，增强可持续发展能力，使人民在良好的环境下生活，需要监控城市生活垃圾无害化处理情况
	14. 污水处理率	反映一般的污水处理情况

2. 发展之美——经济建设指标

根据十八届五中全会提出的创新、协调、绿色、开放、共享的发展理念，经济指标包涵了环境友好、经济结构以及发展绩效。其中，环境友好设置为万元国内生产总值能耗、单位 GDP 主要废气污染物（SO_2、NO_2、烟粉尘）排放量、单位 GDP 废水排放量三个三级指标；经济结构设置为地区 GDP 总量、第三产业增加值占 GDP 比重、居民消费占 GDP 比重三个三级指标；发展绩效设置为人均城乡居民储蓄存款额、城镇居民人均可支配收入、农村居民人均纯收入、城镇居民可支配收入比上年增长、农村居民可支配收入比上年增长、国家级重点贫困县数量、国家级特色小镇数量等 7 个三级指标。

经济建设指标主要反映优化经济结构、化解产能过剩、促进城乡协调发展，实现全民共享发展的成果，体现生态文明融入经济建设的要求，建立环境友好型社会。

表 3　发展之美——经济建设指标

二级指标	三级指标	指标说明
环境友好	万元国内生产总值能耗（吨标准煤/万元）	这些指标反映了省区经济可持续发展水平、资源节约与利用效率，把资源消耗同环境损害、生态效益纳入经济指标体系，更能体现美丽中国的经济含义，与十八届三中全会精神保持高度一致
	单位 GDP 主要废气污染物（SO_2、NO_2、烟粉尘）排放量（千克/万元）	
	单位 GDP 废水排放量（吨/万元）	
经济结构	地区 GDP 总量（亿元）	反映地区经济发展状况
	第三产业增加值占 GDP 比重（%）	反映产业结构优化升级的指标，对于经济发展方式转变及省、市整体竞争力具有重要意义
	居民消费占 GDP 比重（%）	反映优化经济增长需求结构的指标，提高消费需求贡献率，可以促进三大需求拉动的平衡发展，增强经济发展的内生动力
发展绩效	人均城乡居民储蓄存款额（元）	这些是反映居民生活水平的指标，选用人均，既体现发展第一要义，又体现“美丽中国”的构建以人为本，同时选用增长速度，充分考虑了人民生活水平的动态变化，以衡量“美丽生活”的实际绩效
	城镇居民人均可支配收入（元）	
	农村居民人均纯收入（元）	
	城镇居民可支配收入比上年增长（%）	
	农村居民可支配收入比上年增长（%）	
	国家级特色小镇数量	
	国家级重点贫困县数量	

3. 治理之美——政治建设指标

政治建设指标设置为环保作为与政治进步两个二级指标，三级指标设置为环境保护支出占地方财政预算支出的比重、农林水事务支出占公共财政支出的比重、国家级生态文明先行示范区数量、国家生态市（县区）数量、国家水生态文明城市建设试点数量、近一年突发环境事件次数（次）、是否实施自然资源资产离任审计制度、是否实施干部差异化绩效考核制度、是否实施差额选举等。

政治建设指标主要反映十八大以来党中央提出的加强生态文明制度建设，政府生态建设投入，官员生态政绩考核等，体现生态文明融入政治建设的要求。

表4　治理之美——政治建设指标

<table>
<tr><th>二级指标</th><th>三级指标</th><th>指标说明</th></tr>
<tr><td rowspan="6">环保作为</td><td>1. 节能环保支出占公共财政预算支出的比重</td><td>反映环境治理保护投入力度的重要指标</td></tr>
<tr><td>2. 农林水事务支出占公共财政支出的比重</td><td>反映政府对农村生态环境的投入情况</td></tr>
<tr><td>3. 国家级生态文明先行示范区数量</td><td rowspan="4">反映政府对生态文明建设的重视程度以及相关生态文明制度建设是否完善</td></tr>
<tr><td>4. 国家生态市（县区）数量</td></tr>
<tr><td>5. 国家水生态文明城市建设试点数量</td></tr>
<tr><td>6. 近一年突发环境事件次数（次）</td></tr>
<tr><td rowspan="3">政治进步</td><td>1. 是否实施自然资源资产离任审计制度</td><td>反映政府对自然资源管理的决心和力度</td></tr>
<tr><td>2. 是否实施干部差异化绩效考核制度</td><td>反映政治民主进步程度</td></tr>
<tr><td>3. 是否实施差额选举</td><td>反映政治的民主进步程度，十八大报告指出要保证人民依法实行民主选举、民主决策、民主管理、民主监督；更加注重发挥法治在国家治理和社会管理中的重要作用</td></tr>
</table>

4. 文化之美——文化建设指标

文化建设在生态文明建设中也有着重要的推进作用，文化指标设置为文化传承、文化投入和文化消费三个二级指标。在二级指标文化传承下设置世界文化遗产地数量（含双遗产）、世界非物质文化遗产数量、国家级重点文物保护单位数、国家非物质文化遗产数、中国传统村落数量、文化体育支出占公共财政预算支出的比重、每百万人拥有博物馆、文化馆、图书馆数量以及居民文化消费指数等三级指标。

文化建设指标反映了文化生产经营、公共文化投入建设情况，要符合十八届五中全会提出的建立完善现代公共文化服务体系、推动社会主义文化大发展大繁荣的精神，体现生态文明融入文化建设的要求。

表5　文化之美——文化建设指标

二级指标	三级指标	指标说明
文化传承	1. 世界文化遗产地数量（含双遗产）	反映省区文化传承与文化保护的重要指标
	2. 世界非物质文化遗产数量	
	3. 国家级重点文物保护单位数量（处）	
	4. 国家非物质文化遗产数量（处）	
	5. 中国传统村落数量	
文化投入	1. 文化体育支出占地方财政公共财政预算支出的比重（%）	反映省区文化投入的重要指标，衡量城市对文化的投入状况
	2. 每百万人拥有博物馆数量（个/百万人）	反映省区文化设施建设的水平和为群众提供文化服务、繁荣群众文化生活的指标
	3. 每百万人拥有文化馆数量（个/百万人）	
	4. 每百万人拥有公共图书馆数量（个/百万人）	
文化消费	1. 城镇居民人均全年文化教育娱乐的现金消费占全年消费支出比重（%）	反映城镇和农村居民文化教育娱乐消费的指标，是衡量城镇和农村人民文化生活状况的重要依据
	2. 农村居民人均全年文化教育娱乐的现金消费占全年消费支出比重（%）	

5. 和谐之美——社会建设指标

十八届五中全会指出，按照人人参与、人人尽力、人人享有的要求，坚守底线，突出重点，完善制度，引导预期，注重机会公平，保障基本民生，实现全体人民共同迈入全面小康社会。习近平多次强调要持续努力保障改善民生。社会建设指标分为民生投入和生活质量两个二级指标：民生投入有四个三级指标，包括教育支出占公共财政预算支出比重、社会保障与就业支出占公共财政预算支出比重、住房保障支出占公共财政预算支出比重、医疗卫生支出占公共财政预算支出比重。生活质量有农村居民人均居住面积、每万人拥有公共交通车辆、每万人拥有医护人员数量、城乡居民收入比、平均预期寿命等6个指标。

社会建设指标根据习近平提出的“美好生活”设计，全面反映民生基本问题，体现生态文明融入社会建设的要求。

表6　和谐之美——社会建设指标

二级指标	三级指标	指标说明
民生投入	1. 教育支出占公共财政预算支出比重（%）	反映教育、社会保障、医疗卫生的投入情况，是体现习近平在常委见面会上讲话精神的重要指标
	2. 社会保障与就业支出占公共财政预算支出比重（%）	

续表

二级指标	三级指标	指标说明
民生投入	3. 住房保障支出占公共财政预算支出比重（%）	反映教育、社会保障、医疗卫生的投入情况，是体现习近平在常委见面会上讲话精神的重要指标
	4. 医疗卫生支出占公共财政预算支出比重（%）	
生活质量	1. 城镇居民人均住宅建筑面积（平方米）	反映居民居住情况的重要指标
	2. 农村居民人均居住面积（平方米）	
	3. 每万人拥有公共交通车辆（辆/万人）	
	4. 每万人拥有医护人员数量（人/万人）	衡量能够为群众提供医疗卫生服务的人力资源的能力
	5. 城乡居民收入比（农民 =1）%	综合反映省区城乡统筹发展，新型城镇化建设的重要指标
	6. 平均预期寿命（岁）	反映了各个省区疾病水平和卫生服务水平的综合状况

三、测评方法

生态、经济、政治、文化、社会五个方面的综合性指数是反映“美丽中国”建设水平的主要依据。“美丽中国”省区建设水平评价的主要目的是根据“美丽中国”的生态、经济、政治、文化和社会“五位一体”建设综合发展、融入生态文明的理念，客观科学地测评相关省区的建设水平，促进各地深入、有效建设“美丽中国”。

依据联合国人类发展指数（Human Development Index，HDI）的测量方法。本思路是根据每个评估指标的上、下限阈（即最大值和最小值）来计算单个指标指数（即无量纲化），再根据指标权重求和，衡量出“美丽中国”省区建设水平。此种方法测算的指数不仅可以比较各省区建设水平的相对位次，而且也可以考察各省区在每个一级指标上的相对位次。

（一）指标上、下限阈值的确定及指标无量纲化①

在计算单个指标指数时，首先必须对每个指标进行无量纲化处理，而进行无量纲化处理的关键是确定各指标的上、下限阈值。将第 i 个指标的实际值记为 X_i，权重为 W_i，下限阈值和上限阈值分别为 X^i_{min} 和 X^i_{max}，无量纲化后的结果为 Z_i（i 为三级指标序数，j 为二级

① 政治维度中“是否实施差额选举”这一指标，由于所有测评城市都实施了差额选举，故直接给予每个城市满分，该项指标未参与无量纲化。

指标序数）。

无量纲化，也叫数据的标准化，是通过数学变换来消除原始变量（指标）量纲影响的方法。按照公式（1）和公式（2），各指标无量纲化后的值 Z_i 在区间［0，100］内。

正指标无量纲化计算公式：

$$Z_i = \frac{X_i - X^i_{\min}}{X^i_{\max} - X^i_{\min}} \times 100 \quad (1)$$

逆指标无量纲化计算公式：

$$Z_i = \frac{X^i_{\max} - X_i}{X^i_{\max} - X^i_{\min}} \times 100 \quad (2)$$

（二）指标权重的确定

根据导向性、合理性、客观性指导原则确定各主要评价指标的权重，是“美丽中国”综合评估能否成功的关键问题。为体现生态文明的突出地位，在五位一体均衡发展的基础上，将生态一级指标权重确定为28%，再采取等权重方法确定经济、政治、文化和社会四个一级指标权重确定为18%。按照层次分析法，将每个维度的权重依照指标层级逐步平均分配至每个二级指标和三级指标，得到各维度二级指标权重 W_j（如表7）和三级指标权重 w_i。

表7 指标权重

一级指标	权重（%）	二级指标	权重（%）
生态	28	1. 生态质量	14
		2. 环境治理	14
经济	18	3. 环境友好	6
		4. 经济结构	6
		5. 发展绩效	6
政治	18	6. 环保作为	9
		7. 政治进步	9
文化	18	8. 文化传承	6
		9. 文化投入	6
		10. 文化消费	6
社会	18	11. 民生投入	9
		12. 生活质量	9

（三）各维度得分和综合得分的合成

1. 各维度得分的计算方法

将某一维度指标的所有指标无量纲化后的值与其权重按公式（3）计算就得到该维度得分 I_k，其中 k 为一级指标序数。

$$I_k = \frac{\sum Z_i w_i}{\sum w_i} \tag{3}$$

2. 综合得分的计算方法

将美丽中国评价指标体系中的 57 项指标无量纲化后的分值与其权重按公式（4）计算就得到"美丽中国"建设水平综合得分。

$$I = \sum_{i=1}^{53} Z_i w_i \tag{4}$$

（四）缺失值处理办法

由于各城市数据公开情况和统计口径差异，部分指标中存在个别城市的数据缺失情况。

如果某一个城市第 j 项二级指标中的第 i 项三级指标数值缺失，则该项三级指标不纳入计算，将其权重 w_i 由此二级指标中其他三级指标承担，其他的三级指标权重变为 w_i'，$w_i' = \frac{W_j}{n_j - m_j}$。其中 n_j 为该二级指标范围内三级指标的个数，m_j 为该二级指标中缺失值的个数。

四、数据来源

表 8 "美丽中国"省区建设指标数据来源

一级指标	二级指标	三级指标	数据来源
一、生态维度	（一）生态质量	1. 世界自然遗产地数量（含双遗产地）	《中国统计年鉴 2016》、各省区统计年鉴 2016、各省 2016 年国民经济和社会发展公报、中华人民共和国环境保护部、国家林业局官方网站、各省区环境保护局和林业局、统计局官方网站等
		2. 国家级自然保护区数量	
		3. 国家级风景名胜区数量	
		4. 国家级地质公园数量	
		5. 森林覆盖率	
		6. 湿地面积占辖区面积	

续表

一级指标	二级指标	三级指标	数据来源
一、生态维度	（一）生态质量	7. 建成区绿化覆盖率	《中国统计年鉴2016》、各省区统计年鉴2016、各省2016年国民经济和社会发展公报、中华人民共和国环境保护部、国家林业局官方网站、各省区环境保护局和林业局、统计局官方网站等
		8. 每万人拥有的国家级自然保护区面积	
		9. 每万人拥有的森林及草原面积	
		10. 人均水资源量	
		11. 人均公园绿地面积	
	（二）环境治理	1. 一般工业固体废弃物综合利用	
		2. 生活垃圾无害化处理率	
		3. 污水处理率	
二、经济维度	（三）环境友好	1. 万元国内生产总值能耗	《中国统计年鉴2016》、各省区统计年鉴2016、各省区2016年国民经济和社会发展公报、中华人民共和国环境保护部、国家林业局官方网站、各省区环境保护局和财政局、统计局官方网站等
		2. 单位GDP主要废气污染物（SO_2、NO_2、烟粉尘）排放量	
		3. 单位GDP废水排放量	
	（四）经济结构	1. 地区GDP总量	
		2. 第三产业增加值占GDP比重	
		3. 居民消费占GDP比重	
	（五）发展绩效	1. 人均城乡居民储蓄存款额	
		2. 城镇居民人均可支配收入	
		3. 农村居民人均纯收入	
		4. 城镇居民可支配收入比上年增长	
		5. 农村居民纯收入比上年增长	
		6. 国家级特色小镇数量	
		7. 国家级重点贫困县数量	
三、政治维度	（六）环保作为	1. 节能环保支出占公共财政预算支出的比重	《中国统计年鉴2016》、各省区统计年鉴2016、各省2016年国民经济和社会发展公报、各省区相关党政部门官方网站、环保局网站、财政局网站等
		2. 农林水事务支出占公共财政支出的比重	
		3. 国家级生态文明先行示范区数量	
		4. 国家生态市（县区）数量	
		5. 国家水生态文明城市建设试点数量	
		6. 近一年突发环境事件次数	
	（七）政治进步	1. 是否实施自然资源资产离任审计制度	
		2. 是否实施干部差异化绩效考核制度	
		3. 是否实施差额选举	

续表

一级指标	二级指标	三级指标	数据来源
四、文化维度	（八）文化传承	1. 世界文化遗产地数量（含双遗产）	国家文物局官方网站、国家非物质文化遗产官方网站、世界非物质文化遗产名录官方网站、《中国文化文物统计年鉴2016》《中国统计年鉴2016》、各省区2016年统计年鉴、各省区2016年国民经济和社会发展公报等
		2. 世界非物质文化遗产数量	
		3. 国家级重点文物保护单位数量	
		4. 国家非物质文化遗产数量	
		5. 中国传统村落数量	
	（九）文化投入	1. 文化体育与传媒支出占地方公共财政预算支出比重	
		2. 每百万人拥有博物馆数量	
		3. 每百万人拥有文化馆数量	
		4. 每百万人拥有公共图书馆数量	
	（十）文化消费	1. 城镇居民人均全年文化教育娱乐的现金消费占全年消费支出比重	
		2. 农村居民人均全年文化教育娱乐的现金消费占全年消费支出比重	
五、社会维度	（十一）民生投入	1. 教育支出占公共财政支出比重	《中国统计年鉴2016》、各省区2016年统计年鉴、各省区2016年国民经济和社会发展公报等
		2. 社会保障与就业支出占公共财政支出比重	
		3. 住房保障支出占公共财政支出比重	
		4. 医疗卫生支出占公共财政支出比重	
	（十二）生活质量	1. 城镇居民人均住宅建筑面积	
		2. 农村居民人均居住面积	
		3. 每万人拥有公共交通车辆	
		4. 每万人拥有医护人员数量	
		5. 城乡居民收入比（农村=1）	
		6. 平均预期寿命	

五、初步测评结果

依据上述“美丽中国”省区建设水平评价指标体系，“美丽中国”研究所对2016年列入评价的31个省区的综合建设水平指数进行了测算，结果如下：

（一）31个省区的综合建设排名

综合得分前十名的地区依次为江苏省、北京市、浙江省、山东省、安徽省、四川省、福建省、陕西省、湖南省、山西省。

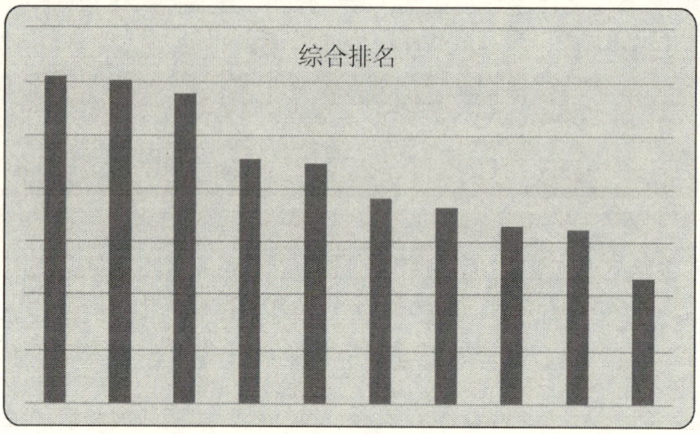

图3 “美丽中国”2016省区综合建设前十名情况

（二）31个省区的单项指标建设排名

1. 生态之美

由于2016年各省区加大了生态建设力度，各省区在生态建设方面的得分明显好于上一年。

生态建设指标排名前十的地区依次为山东省、福建省、广东省、安徽省、浙江省、四川省、湖南省、广西壮族自治区、重庆市、江苏省。

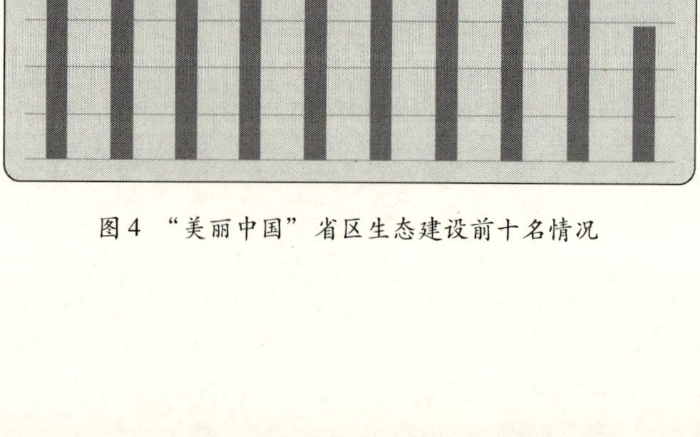

图4 “美丽中国”省区生态建设前十名情况

2. 发展之美

经济建设指标各省市得分具有较大差距，北京市、江苏省、上海市、浙江省处于“领跑”区，其中，北京市、江苏省、上海市、浙江省得分超过60分。其余省区得分较低，说明各省区的经济生态化建设，尤其是经济转型、地区可持续发展方面仍有待提高。

经济指标排名前十的地区依次为北京市、江苏省、上海市、浙江省、广东省、山东省、安徽省、江西省、天津市、重庆市。

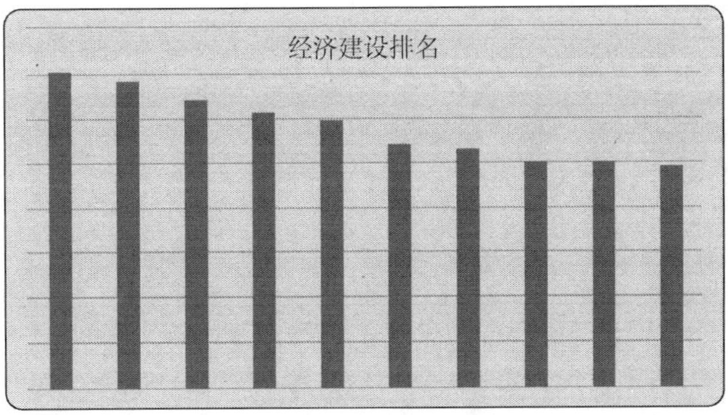

图5 “美丽中国”省区经济建设前十名情况

3. 治理之美

政治建设指标前十名的省区得分较高，部分省区制定了生态文明建设规划，及时公布环境信息，制定了干部离任“生态审计”制度。在未来发展过程中省区还需要进一步改进和完善政治建设，更好地实现绿色执政，推进社会公平正义。

政治指标排名前十的地区依次为河北省、内蒙古自治区、江苏省、浙江省、安徽省、四川省、北京市、山东省、陕西省、湖南省。

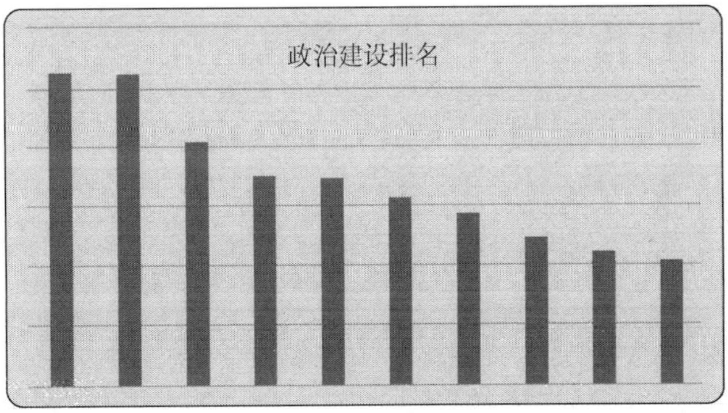

图6 “美丽中国”省区政治建设前十名情况

4. 文化之美

文化建设指标整体水平不高，表明各省区需要加大对文化保护、文化传播、文化发展方面的投入，加快完善文化管理体制和文化生产经营机制，建立健全现代公共文化服务体系。

文化指标排名前十的地区依次为山西省、江苏省、陕西省、内蒙古自治区、青海省、西藏自治区、浙江省、北京市、宁夏回族自治区、福建省。

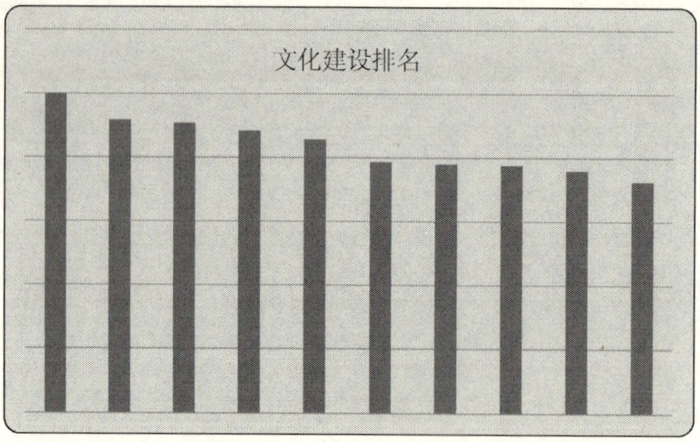

图7 “美丽中国”省区文化建设前十名情况

5. 和谐之美

社会建设指标整体水平较低，说明各省区在推进“美好生活”建设方面还需要进一步加强。社会指标排名前十的地区依次为河南省、陕西省、四川省、湖南省、北京市、山东省、浙江省、湖北省、安徽省、广西壮族自治区。

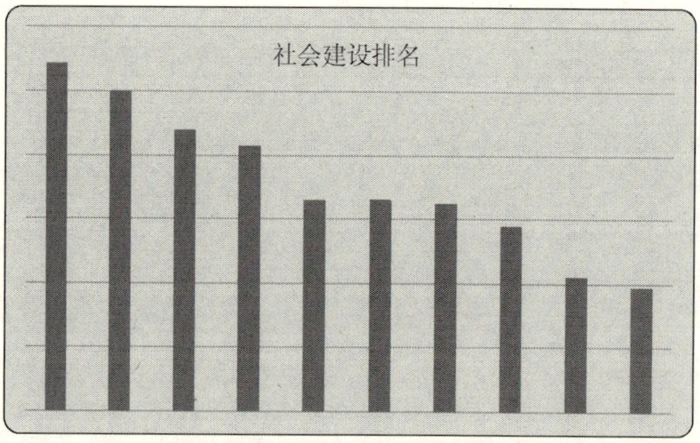

图8 “美丽中国”省区社会建设前十名情况

图书在版编目（CIP）数据

西部发展评论.2016/杨明洪主编.—北京：民族出版社，2017.8

ISBN 978-7-105-15013-7

Ⅰ.①西… Ⅱ.①杨… Ⅲ.①西部经济—区域经济发展—2016—文集 Ⅳ.①F127-53

中国版本图书馆CIP数据核字（2017）第210514号

西部发展评论（2016）

主　　编：杨明洪
策划编辑：张海燕
责任编辑：张海燕
封面设计：金　晔
出版发行：民族出版社
地　　址：北京市东城区和平里北街14号　邮编：100013
网　　址：http：//www.mzpub.com
电　　话：010-64228001（编辑室）
　　　　　010-64224782（发行部）
印　　刷：彩云龙印刷有限公司
经　　销：各地新华书店
版　　次：2017年9月第1版　2017年9月北京第1次印刷
开　　本：787毫米×1092毫米　1/16
字　　数：321千字
印　　张：15
定　　价：60.00元
ISBN 978-7-105-15013-7/F·430（汉340）